2020년 어린이집 평가지표와
2019년 개정 누리과정 반영

놀이중심

반응성 상호작용

교수법 **1** _ 이해편

2판

| 김정미 저 |

학지사

2판 머리말

최근 우리나라 어린이집 평가지표와 누리과정에서는 '놀이중심 교육' 그리고 '상호작용'을 강조하고 있다. 그리고 이번 2020년 지침에서는 이에 기반한 아동중심 교육을 적극적으로 적용하기를 기대하고 있다. 그러나 현장에서 이를 직접 적용해야 하는 교사들은 지금까지 하던 것과 무엇이 다른 것인가 또는 어떻게 해야 하는 것인가에 대해 많이 혼란스러워하는 것 같기도 하다. 하지만 이는 영유아 발달과 상호작용의 원리를 이해한다면 그대로의 실천이라 본다.

Mahoney 교수의 반응성 상호작용 교수(RT) 이론은 구성주의 철학에 기반한 관계중심 프로그램(relationship focused intervention program)이다. 영유아 발달을 촉진하는 목적을 달성하기 위하여, 학습 성취를 위해서는 생후 초기 어른과 영유아 간의 관계, 즉 부모-영유아, 교사-영유아 간의 관계 형성과 일상 중 어른과의 상호작용을 강조하고 있다. 보육을 포함한 일반적인 조기개입(early intervention) 모형에서는 영유아기 발달에 어른, 특히 부모의 개입을 강조한다. 영유아기의 아이들이 능동적으로 학습과 활동에 참여할 때 즉각적으로 피드백을 줄 기회가 가장 많은 사람이 바로 부모이기 때문이다. 그렇다면 하루 평균 약 6시간 이상의 보육을 하고 있는 우리의 현실을 봤을 때 영유아기에 많은 시간을 함께하며 영향을 미치는 영유아 교사와의 상호작용 영향을 간과할 수 없을 것이다. 이러한 이유로 보육현장에서는 영유아 교사의 역량을 강조하고 일상 중 상호작용을 어떻게 하는가가 부각되고 있다. 이는 저자가 특히 영유아 교사 교육으로서 반응성 상호작용에 대한 이해와 역량을 강조하는 이유이기도 하다.

저자는 한국에서 발달심리학을 전공하고 미국 Case Western Reserve University에서 박사후 과정으로 Mahoney 교수와 함께 RT 프로그램을 연구하였다. 그리고 2008년 『Autism and Developmental Delays in Young Children: The Responsive Teaching Curriculum for Parents and Professionals』(Mahoney & MacDonald, 2007)의 한국어판인 『부모와 교사를 위한 반응성 교수 교육과정』을 출판하고, 2021년 RT 개정판인 『Responsive Teaching: Relationship-Based Developmental Intervention』(Mahoney & Perales, 2021, 출판중)을 출판하며, 지금까지 약 20여 년 가까이 지속적으로 연구하고 가르치며 영유아 보육교사, 유치원 교사, 치료사 그리고 부모를 대상으로 'RT 반응성 상호작용 교수'를 전하고 있으며, 이를 연구 주제의 정체성으로 생각하고 있다 해도 틀리지 않다. 이것은 개인적으로는 발달심리학을 전공하고, 임상에서 수없이 영유아 발달을 관찰하고 또 두 자녀를 키우면서 아이들이 자신의 진로를 고민하며 사회에 적응해 가는 과정을 지켜볼 때, 진정으로 아동이 자라는 발달을 설명하고 그들이 잠재력을 발현하며 성장하도록 촉진하는 데는 구성주의 철학이 적합하다는 연구적·실제적 확신을 가지기 때문이다.

국내에서는 RT 프로그램이 임상현장에서 먼저 소개되었지만, 일찍이 Mahoney 교수는 INDAP(Individualizing Developmentally Appropriate Practices for young children) 프로그램을 개발하여 영유아 교육과정에 적용하였다. 반응성 상호작용 교수 이론은 체계적 교육과정과 연구검증을 바탕으로 구성주의 영유아 교육철학과 적용 방법을 잘 설명하고 있다. 이 '놀이중심 반응성 상호작용 교수법'은 Mahoney 교수의 RT 프로그램에 기반하여 우리나라 어린이집과 영유아 교육현장에 적합한 이론과 방법을 선택하고 실험 연구(pilot study)를 통해 구성하였다. 특히 어린이집 또는 유치원에서 영유아를 교육하는 보육교사나 유치원 교사가 활용하고, 2020년 어린이집 평가지표와 누리과정에서 강조하는 놀이중심 반응성 상호작용 교수를 구현하기 위해 직접 적용하는 교사의 입장에서 실용적 지침을 만들고자 고민하였다. 따라서 교사들에게 2020년부터 적용되는 표준보육과정 및 누리과정과 어린이집 평가지표에 부합하며 현장에서 '어떻게 해야 할지(how to)'에 대한 구체적 지침과 가이드가 될 것이라 본다.

또한 '놀이중심 반응성 상호작용 교수'를 이해하는 것은 영유아 교사가 반응적인 교사로서 영유아기 발달에 중요한 성장을 위해 갖추어야 할 지식과 역량을 키우는 데 도움이 되리라 생각한다.

『놀이중심 반응성 상호작용 교수법』은 크게 이해편과 실제편으로 구성되었다. 이해편은 크게 세 부분으로 나누어, 'I. 영유아 발달의 이해' 'II. 놀이중심 반응성 상호작용 교육과정' 'III. 일과에서 반응성 상호작용 적용'으로 구성하였다. 내용 구성을 살펴보면 다음과 같다.

'I. 영유아 발달의 이해'에서는 영유아의 발달을 이해하는 데 기본이 되는 원리와 아동관 그리고 영유아 발달의 중심축 행동을 설명하고 있다. '발달'은 영유아가 자라는 과정과 이해의 교과서라 할 수 있다. 발달을 알면 영유아가 '왜 그렇게 하는지' '어떻게 해 주어야 하는지' '부모에게 무엇을 상담해야 하는지'에 대한 해답을 얻을 수 있기 때문이다. 그래서 이미 많은 책에서 소개하고 있지만 이 책에서도 간략히 짚어 보고자 하였다.

'II. 놀이중심 반응성 상호작용 교육과정'에서는 놀이중심 영유아 교육과 반응성 상호작용 교수 이론에 대해 설명하고 있다. 놀이중심 영유아 교육에 대한 이해 그리고 Mahoney의 반응성 상호작용 교수 이론의 철학과 프로그램 내용을 설명하고, 우리나라 대상의 연구검증으로 구성한 보육과정과 유아 교육과정에 적합한 구체적인 방법과 절차를 소개하였다.

'III. 일과에서 반응성 상호작용 적용'에서는 보육과 유아 교육 활동을 운영하는 실제적인 상황에서 일어나는 에피소드 중에 연령별로 적합한 반응적 상호작용 태도와 부적응 행동이 발생할 경우 어떻게 반응적으로 대처하고 적용할지에 대한 반응적 훈육을 소개하였다.

이 책을 완성하면서 영유아 교육의 주체, 배움의 주체 그리고 배움의 실현 주체인 영유아가 주도적 역할을 하고 영유아가 해석하는 '일(work)의 가치'인 놀이가 중점적 실천이 되어야 함이 당연하다는 것을 새삼 깨닫는다. 그러나 영유아의 배움과 삶의 현장에는 항상 부모 또는 교사로서 어른이 함께하며 그들이 세운 목표와 주체자의 실현 간의 차이를 혼동하고 있는지도 모른다. 교육적 성취를 위해 어른으로서 우리가 할 수 있는 '최선의 실행(best practice)'은 영유아의 현재를 인정하는 것이라 생각한다. 영유아의 발달은 구성주의 관점에서 해석하고 아동중심 접근으로 영유아를 능동적 주체자로 인정하여, 스스로 발현하도록 기회를 마련하고 지지하며 격려해 주는 것이 어른이 할 수 있는 최선의 역할이라고 생각한다.

최근 RT 어린이집 운영을 지향하는 어린이집에 'RT 반응성 상호작용 교수' 컨설팅을 하면서, 영유아 교육과 발달 현장에 구성주의 관점을 구현하기 위해서는 무엇보다 Mahoney 교수의 RT 프로그램이 체계적 이론이 있고 구체적인 'how to'가 있어, 실제 적용하는 데 용이하다고 생각한다. 그래서 많이 전하고 나누고 싶다.

이 책을 펴내기까지 저자의 아이디어를 늘 지원해 주고 이번에도 영유아 교사에게 있어 반응성 상호작용 교수의 중요성에 적극 동조해 준 학지사 김진환 사장님, 독자에게 좀 더 쉽게 이해되는 책을 만들고 싶은 저자의 요구를 적극 수용해 준 편집부 김순호 이사님 그리고 내용과 그림을 맞춰 가며 함께 생각하고 세심히 적용해 준 정은혜 과장님께 감사드리며, 이 책을 기획할 때부터 완성할 때까지 함께 고민해 주고 RT가 영유아 교육현장에 적합한 적용이 되도록 자신의 경험을 아낌없이 나누어 준 임미선 원장에게 고마움을 전한다.

늘 소망으로 가졌던 영유아 보육교사, 유치원 교사를 대상으로 RT를 전하는 책을 출판하면서 많이 고민하였고, 한편으로 조심스러운 것도 사실이다. 아무쪼록 이 책을 통하여 많은 영유아 교사가 교육현장에서 '아동중심 관점'으로 영유아 발달을 이해하며, 놀이중심, 상호작용중심 영유아 교육의 실천을 위해 '반응성 상호작용 교수법'을 알고 적용할 수 있길 바란다. 그리고 교사 개인에게는 아이들과 함께하는 일과가 행복한 에피소드가 되고, 영유아에게는 이후의 삶의 중요한 역량을 키우는 초석이 되길 바란다.

　끝으로, 한국에서 RT 적용을 적극적으로 지원해 주는 Mahoney 교수에게 진심으로 감사드리며 그분의 뜻대로 RT가 올바르게 널리 쓰이기를 기도한다.

2021년 1월
저자 김정미 올림

차례

I. 영유아 발달의 이해

제1장
영유아 발달이론

제2장
영유아기의 영역별 발달특성

제7장

놀이중심 반응성 상호작용 교수 실행

III. 일과에서 반응성 상호작용 적용

제8장

연령별 반응성 상호작용

제9장

부적응 행동 지도와 반응적 훈육

I
영유아 발달의 이해

제1장 영유아 발달이론

1. 발달의 원리

1) 발달이란

(1) 전생애를 거쳐 계속된다

인간 발달은 전생애를 포괄하여 생명의 시작에서부터 죽음에 이르기까지 계속된다. 따라서 발달(development)은 생명이 시작되는 수정의 순간부터 죽음에 이르기까지 인간의 전생애에 걸쳐 나타나는 모든 양상과 과정으로서 질적·양적 변화 모두를 말한다. 여기서 양적 변화란 신장이나 체중의 증가 같은 크기나 양에서의 변화를 의미하며, 질적 변화란 수정란에서 태아로의 변화 같은 본질구조, 조직상의 변화를 의미한다. 또한 발달은 영유아의 신체·언어·인지 능력의 향상 같은 변화뿐만 아니라 성인의 노화나 죽음 같은 변화까지도 포함한다.

발달은 성숙, 성장 그리고 학습이라는 개념으로 설명할 수 있다.

- 성숙(maturation)은 유전적 요인에 의해 발달적 변화에 영향을 미치는 것 같은 생물학적 과정을 말하며, 정량화할 수 없다. 예를 들면, 사춘기의 2차 성징과 같은 변화는 성숙에 기인한 것으로, 유전 정보에 따라 신체 및 심리 변화에 영향을 미치고 이는 측정할 수 없는 몸의 기능이나 행동상의 변화로 나타난다.
- 성장(growth)은 키가 자라거나 몸무게가 늘어나는 것 같이 신체의 크기 또는 신체적 능력이 증가하는 것으로, 주로 양적인 변화를 의미하며 그 양을 측정할 수 있다.
- 학습(learning)은 직접 또는 간접 경험에 의한 훈련이나 연습에 기인하는 발달적 변화를 의미한다. 예를 들면, 외국어 습득은 특정 훈련에 의해 학습된 행동이라고 할 수 있다.

발달의 개념	내용
성숙(maturation)	유전적 요인에 의해 때가 되면 나타나는 변화
성장(growth)	신체의 크기나 능력이 양적으로 증가하는 변화
학습(learning)	경험, 교육, 훈련, 연습을 통해 획득되는 변화

(2) 연령에 따른 성숙적 단계가 있다

전생애에 걸쳐 나타나는 변화는 연령마다 다양하다. 이와 같은 시간의 흐름에 따라 나타나는 신체적·심리적·사회적 특성을 시기별로 세분화한 것을 인간 발달단계라고 한다. 인간의 발달단계는 대체로 연령별로 태내기, 영아기, 유아기, 아동기, 청년기, 성년기, 중년기, 노년기로 나누며, 연령별 주요 발달내용은 〈표 1-1〉과 같다. 이러한 연령 구분은 상당히 융통성이 있고 절대적인 것은 아니며, 문화마다 다소 차이가 있을 수 있다. 어떤 단계는 그 시작과 끝이 분명하지만, 어떤 단계는 그렇지 못하다. 예를 들면, 영아기는 출생으로 그 단계가 시작되고 유아기는 초등학교에 입학하면서 끝나지만, 아동기의 끝과 청년기의 시작은 그 경계가 명확하지 않다. 성숙으로 인한 변화의 가속화로 사춘기의 시작이 초등학교 시기로 내려오는 것도 그 이유이다. 한편, 청년기에서 성년기로의 이행도 시대와 문화에 따라 다르다. 여러 심리학자는 주요 발달과업에 따라 발달단계를 제시하고 있다.

표 1-1 인간의 발달단계

발달단계	연령	주요 발달내용
태내기	수정~출생	• 기본적인 신체 구조와 기관이 형성된다. • 신체의 성장이 일생 중 가장 빠른 속도로 이루어진다. • 이후 발달은 태내 환경으로부터 크게 영향을 받는다.
영아기	출생~만 2세	• 출생 시에 모든 감각기관이 작용한다. • 신체의 성장과 발달의 속도가 매우 빠르다. • 첫돌 무렵에 부모에 대한 애착이 형성된다. • 자율성이 증가한다.

유아기	만 2~6세	• 운동 기능과 체력이 신장된다. • 인지적 미성숙으로 자기중심적 사고를 한다. • 자기통제력이 증가한다. • 언어가 폭발적으로 증가한다. • 친구의 중요성이 증가한다.
아동기	만 6~11세	• 신체의 성장이 느려진다. • 체력과 운동 기능이 유아기보다 더욱 신장된다. • 유아기의 자기중심성이 사라지고 사고 능력이 증가한다(기억력, 언어 기능, 자아개념). • 친구가 생활의 중심이 된다.
청년기	만 11~20세	• 신장과 체중이 급격히 성장하고 체형이 변화한다. • 성적 성숙이 이루어진다. • 추상적 사고가 가능하고, 청년기의 자기중심성이 나타난다. • 자아정체감 확립이 심각한 발달문제로 대두된다. • 또래집단이 형성되고 그 영향력이 커진다.
성년기	만 20~40세	• 신체적 건강이 최고조에 달했다가 서서히 감퇴하기 시작한다. • 지적 능력이 더 복잡해진다. • 대부분의 사람은 결혼하여 부모가 되고, 직업을 갖게 된다. • 자아정체감이 계속해서 발달한다.
중년기	만 40~65세	• 신체적 건강과 정력이 감퇴하기 시작한다. • 여자들은 폐경을 경험한다. • 문제해결 능력의 양상이 변화한다. • 자녀를 돌보고 부모를 봉양하는 이중적 책임감을 가진다. • 자녀들이 집을 떠나고 빈둥지 증후군을 나타낸다. • 중년기의 위기를 가진다.
노년기	만 65세 이후	• 신체적 능력이 다소 감퇴하지만 대부분의 노인은 여전히 건강하고 활동적이다. • 반응시간이 느려지고 여러 가지 기능에 영향을 미친다(지적 능력, 기억력). • 은퇴로 인해 수입은 감소하지만 여가 시간은 많아진다. • 죽음에 대한 대비를 하고 삶의 목적을 찾는다.

출처: Papalia & Olds (1998): 정옥분(2014)에서 재인용.

2) 발달은 일정한 원리가 있다

영유아의 발달에는 일정한 원리가 있다. 이는 전형적인 발달을 하거나, 발달상에 문제가 있거나, 모든 영유아에게서 발견되는 일반적인 발달의 원리라 하겠다. 그러므로 영유아를 잘 이해하기 위해서는 우선 영유아가 어떻게 발달하는지 발달의 원리를 이해하는 것이 중요하다.

따라서 교사가 영유아를 교육하고 부모가 가정에서 자녀에게 올바른 양육을 제공하기 위해서는 우선적으로 발달의 일반적인 원리를 알아야 한다. 인간의 발달은 대부분 다음과 같은 몇 가지 기본 원리에 따라 진행된다.

(1) 발달은 일정한 순서와 방향으로 진행된다

영유아의 신체운동 발달을 보면 모든 영유아는 뒤집기를 하고, 기고, 앉게 된 후에 설 수 있게 된다. 그리고 그다음에 걷고 뛸 수 있다. 즉, 영유아는 일정한 순서대로 그리고 일정한 방향으로 발달한다.

이와 같은 순서는 신체운동 발달뿐 아니라 언어나 성격 발달도 마찬가지이다. 예를 들면, 언어 발달은 일어문, 이어문, 다어문, 단어, 문장의 순서로 발달한다. 한편, Freud는 성격 발달이 구강기, 항문기, 성기기, 잠복기, 성욕기로 발달한다고 하였으며, Piaget는 아동의 인지 발달은 감각운동기, 전조작기, 구체적 조작기, 형식적 조작기의 순서로 발달한다고 하였다. 심리 발달이 이루어지는 연령에는 다소 개인차가 있기도 하지만 그렇다고 그 순서가 뒤바뀌거나 생략되지는 않는다.

[그림 1-1] 인간의 신체운동 발달과정

표 1-2 발달의 원리

발달의 원리	발달 방향	발달의 예
두미 발달의 원리	위에서 아래로	• 신체 발달: 머리 가누기 → 두 팔로 가슴 들기 → 뒤집기 → 앉기 → 기기 → 서기 → 걷기
근원 발달의 원리	중심부에서 말초신경으로	• 뇌 발달: 변연계 발달 → 대뇌피질 발달
세분화 발달의 원리	단순한 것에서 복잡한 것으로	• 언어 발달: 옹알이 → 한두 음절 → 한 단어 → 두 단어 → 정교한 문장

(2) 발달은 연속적인 과정이나 그 속도는 일정하지 않다

인간은 수정의 순간부터 죽음에 이르기까지 끊임없는 변화의 과정을 겪는다. 발달의 순서는 일정하지만 각 개인마다 발달의 속도, 끝나는 시기, 최종적으로 이루어지는 정점 등 그 변화의 폭은 일정한 간격으로 이루어지는 것이 아니다. 즉, 특정 시기에 특정 영역이 급격히 발달하나, 어느 시기에는 천천히 발달하기도 한다. 예를 들면, 두뇌는 태내기와 출생 후 첫 2년 동안 가장 급속하게 발달하고, 생식기관은 청소년기에 급격히 발달한다. 키는 유아기까지 급격히 성장하여 이 시기를 제1성장 급

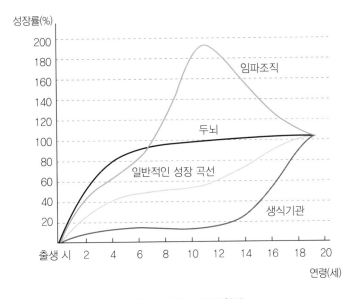

[그림 1-2] **발달속도의 차이**

출처: Scammon (1930).

등기라고 말하나, 그 후 아동기 동안 조금씩 성장하다가 청년기에 들어오면서 제2성장 급등기를 맞아 다시 급성장하여 청년기 말경에는 정점에 이르게 된다.

(3) 발달에는 민감기가 있다

발달의 민감기(sensitive period)란 특정 발달 영역이 그 어느 때보다 활발하고 수월하게 최적의 발달이 이루어지는 특별한 시기를 말한다. 민감기는 대부분 생의 초기에 집중되어 있으며, 이 시기의 발달에 문제가 생길 경우 향후 발달에 부정적인 영향을 미칠 수도 있다. 예를 들면, 1972년 미국 로스앤젤레스에서 발견된 Genie라고 하는 12세 소녀는 부모와 함께 살고 있었으나 정신병자인 아버지의 감시하에서 맹인인 엄마와 철저히 격리되어 혼자 방에서 키워졌다. Genie는 발견 당시 언어 구사를 제대로 하지 못하였고, 뒤늦게 교육을 받았음에도 불구하고 언어 습득에 실패하였다. 이처럼 생후 초기부터 적절한 언어 자극을 받지 못하고 언어 습득의 민감기에 적절한 자극을 주지 못할 경우 이후 발달에 부정적인 영향을 미칠 수 있다. 최근 발달심리학자들은 인간은 발달의 가소성(plasticity)을 가지고 있다고 주장하지만, 여전히 발달의 초기 단계는 일생 중 발달에 영향을 미치는 중요한 시기이다.

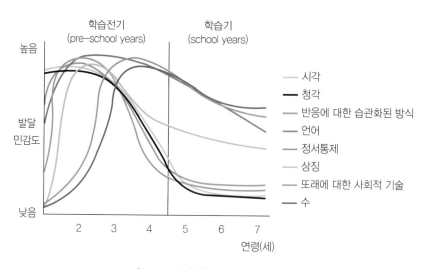

[그림 1-3] **영역별 발달의 민감도**

출처: Shonkoff & Phillips (2000).

발달의 결정적 시기(critical period)

결정적 시기란 발달이 가장 용이하게 이루어지는 최적의 시기를 말한다. 인간 발달에 결정적 영향을 미치는 시기가 있는데, 이 시기에 적절한 발달이 이루어지지 못하거나 좋지 못한 영향을 받게 되면 심각한 결손을 가져오게 된다. 동물행동학자인 Lorenz(1965)는 각인 현상이 있음을 증명하여 결정적 시기를 설명하였다. 각인(imprinting)이란 일정 시기 동안 경험한 것이 일생 동안 영구적으로 남는 현상을 말한다. Lorenz는 실험을 통하여 갓 부화한 새끼오리가 13시간 동안 처음 본 움직이는 물체를 따라다니며 이 반응이 영구적으로 나타나는 것을 발견하였다. 이 시기 동안 움직이는 물체를 전혀 보지 못한 새끼오리는 어떤 대상과도 어울리지 못하고 죽을 때까지 혼자 고립되어 살았다. 이러한 각인 현상은 오리와 유사한 다른 여러 조류(기러기)에서도 발견되었다. 이러한 동물에게서 증명된 각인 현상과 결정적 시기가 인간 발달에서도 있을 수 있다. 예를 들어, 임산부가 풍진이나 매독 등에 감염되면 태아에게 심장질환, 감각기관 이상, 지적장애 현상이 일어날 수 있다. 또한 영아가 어머니와 애착을 형성해야 하는 시기에 애착을 형성하지 못하면 지적 발달의 지체는 물론 성격, 정서, 사회성 등 전반적인 발달에 결함을 초래하기도 한다.

새끼오리들은 Lorenz를 어미로 알고 따라다닌다.

출처: Lorenz (1952).

(4) 발달은 유전과 환경의 상호작용에 의해 이루어진다

인간의 신체, 성격, 지능, 사회성 등 모든 발달특성은 유전과 환경의 두 요인 간의 상호작용의 결과로 이루어진다. 영유아가 부모로부터 받은 유전인자는 환경의 영향에 의하여 그 잠재력을 발휘할 수 있으며, 환경 또한 영유아가 지닌 유전인자의 본질이 제한하는 범위 안에서만 발달에 영향을 미치게 된다.

[그림 1-4] 유전과 환경의 상호작용

예를 들면, 전형적인 발달을 하는 아동의 IQ는 70에서 130 범위이며 평균은 약 100이다. 한편, 다운증후군 아동의 IQ는 30에서 100 범위이며 평균은 약 70에 해당한다. 여기서 전형적인 발달을 하는 아동이 정상범주에서 85 정도를 성취할지 또는 115 정도를 성취할지를 단정할 수 없다(Mahoney & MacDonald, 2008). 마찬가지로 다운증후군 아동이 지적장애 범주를 보일 가능성이 높기는 하지만, 이들의 발달능력은 정상 수준의 IQ 100을 성취할 수 있다. 다시 말하면, 다운증후군 아동이 성취할 수 있는 발달성과 범위는 전형적인 발달을 하는 아동보다는 낮은 수준이지만 유전인자의 본질이 제한하는 범위 안에서 발달능력의 정도는 환경의 영향에 따라 차이가 있다.

(5) 발달의 각 영역은 상호 밀접하게 연관되어 있다

발달은 신체, 운동, 인지, 언어, 정서 등 각 영역 간의 상호작용으로 일어나며, 서로 영향을 주고받는 복합적인 관계에 있다. 따라서 서로의 발달을 유기적으로 촉진하기도 하고 지연시키기도 한다. 예를 들면, 신체 발달과 운동 발달이 빠른 아기는 활발한 주위 탐색으로 인지 발달이 촉진될 수 있다. 한편, 엄마가 안아 줄 때 미소를 짓는 아기는 손길과 그것에 대한 반응을 통해 감각 능력을 발달시키며, 엄마의 의도를 알아차리는 인지적 능력 그리고 미소라는 긍정적인 정서와 다른 사람과의 긍정적 관계 형성이라는 사회성 발달이 촉진될 수 있다.

표 1-3 발달 영역별 특성

발달 영역	발달특성
생물학적 발달	• 신체적 발달과 관련된다. • 유전인자, 뇌와 감각기관의 발달, 신장과 체중의 증가, 운동 기능, 호르몬 변화 등
인지적 발달	• 개인의 사고, 지능, 언어 발달과 관련된다. • 학습, 기억, 문제해결 능력, 지능, 언어 등
사회정서적 발달	• 대인관계, 정서, 성격 발달과 관련된다. • 자아, 애착, 정서, 성역할, 도덕성, 친사회적 행동 등

2. 발달을 설명하는 주요 관점

많은 이론이 인간 발달에 관해 설명하려고 하지만, 인간 발달의 복잡하고 다양한 측면을 완벽하게 설명할 수 있는 통합된 단일이론은 없다. 또한 각 발달이론은 영유아 발달과정의 이해에 제각기 중요한 기여점을 가진다. 이러한 관점은 영유아에 대해 능동적 존재인지 혹은 수동적 존재인지, 영유아는 어떤 방식으로 배우는지, 교사의 역할을 어떻게 보는지 등의 측면에서 서로 다른 가치를 보여 준다. 여기서는 구성주의 관점의 영유아 발달이론을 살펴보기에 앞서 발달에 대한 주요 관점으로서 성숙주의, 정신분석, 행동주의, 구성주의 그리고 인본주의 관점을 살펴보기로 하겠다.

1) 성숙주의 관점

(1) 기본 개념

성숙주의 관점에 의하면, 발달이란 유기체 내부에서 자연스럽게 이루어지기 때문에 환경은 행동을 변화시키는 2차적 역할을 한다고 본다. 즉, 모든 성장은 사전에 결정된 유전적 요소에 의해 기본 방향이 결정되어 발달이 이루어지며, 환경적 요인은 단지 이를 지지하거나 수정할 뿐이다.

인간은 유전인자 안에 발달 패턴을 타고나기 때문에 발달은 전적으로 '성숙'이라는 내적인 힘에 의해 이루어지는 것이고, 성숙 속도와 성장 및 발달에는 개인적인 차이가 존재한다는 것이다. 따라서 영유아의 단계적 성장에 따른 흥미와 요구에 대한 관찰과 통찰력을 통해 적절한 환경을 제공하고 지원해 주는 것이 필요하다(노안영, 강영신, 2003).

(2) 학습준비도 개념

성숙주의의 대표 학자인 Gesell은 '학습준비도(school readiness)' 개념을 이끌어 내었는데, 학습준비도란 영유아에게 무엇을 가르치기 위해서는 영유아가 성숙될 때까지 기다려야 한다는 학습의 시기에 관한 개념이다. 즉, 영유아가 배울 준비가 되어 있지 않다고 여겨지면 영유아가 준비될 때까지 기다려야 한다. 그리고 교사가 환경을 마련해 주고 안내해 주면, 영유아는 때가 되면 발달을 한다고 본다. 교육에 있어서는 영유아의 흥미와 발달을 중시하며, 영유아는 적극적으로, 교사의 역할은 소극적으로 설명하고 있다.

(3) 영유아 발달의 시사점

성숙주의는 아동중심 보육 및 교육을 해야 한다는 관점으로서 환경이 영유아 발달에 주도적인 영향을 미치지 못하기 때문에 영유아가 지닌 능력 이상으로 영유아를 교육하는 것은 영유아에게 좌절을 야기한다고 주장한다. 어린 시절부터 학습 성취적이고 선행학습에 치우치는 조기교육 열풍을 비판한다. 성숙주의 관점에서 주장하는 학습준비도 개념은 영유아에게 그 나이와 지적 발달수준에 적합한 보육과 교육이 주어질 때 바르게 자랄 수 있다고 주장한다.

2) 정신분석적 관점

(1) 기본 개념

Freud의 정신분석이론에서는 아동에게 나타나는 행동의 원인을 과거에서 찾고자 한다. 그리고 이러한 행동을 일으키는 힘의 원천은 무의식의 세계에 초점을 두고 있다. 현재 나타난 행동은 생후 초기에 어른, 특히 부모와의 관계를 어떻게 형성했느냐에 크게 영향을 받는다고 본다. 예를 들면, 생후 1년 이내의 아기가 양육자와 민감하고 적절하고 신뢰하지 못하는 관계를 형성하게 되면 안정적인 애착관계를 형성하지 못하는데, 이는 이후 발달에 부정적인 영향을 미친다고 본다. 부모가 영유아의 행동에 대해 과거의 어느 시점에 문제가 있었는지 알아내고 그 과거의 문제를 간파하고 해결하기란 쉽지 않을 것이다(정옥분, 2014).

Sigmund Freud
(1856~1939)

(2) 성격구조: 원초아, 자아, 초자아

　Freud는 원초아(id), 자아(ego), 초자아(superego), 이렇게 세 가지 요소가 모여 인간의 성격을 이룬다고 하였다.

　원초아와 초자아 사이에는 종종 갈등이 일어나는데, 이 둘 사이의 갈등을 중재하

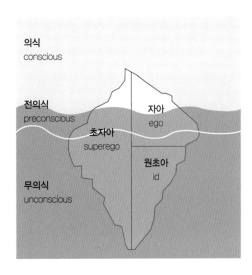

[그림 1-5] Freud의 무의식에 대한 빙산 모형

성격의 세 가지 요소와 의식 및 무의식 세계를 빙산에 비유해 보면, 물 위에 떠 있는 빙산의 작은 부분은 의식, 물속에 잠긴 큰 부분은 무의식에 속하고, 자아와 초자아의 일부가 의식 세계에, 원초아가 무의식 세계에 머무르며 인간의 행동에 영향을 미친다.

는 것이 자아이다. 이때 자아가 중재 역할을 제대로 하지 못하면 불안이 심해질 수 있으며, 불안의 고통으로부터 벗어나기 위해 방어하는 기술, 즉 방어기제를 사용하게 된다.

성격의 구조

- 원초아(id): 출생 시부터 존재하고, 쾌락의 원리에 따라 배고픔, 성, 공격성 등의 원시적인 본능을 즉각 충족시키려 한다.
- 자아(ego): 생후 약 2세경에 원초아로부터 발달하여 현실 원리에 따라 합리적인 판단으로 본능적 욕구를 현실에 맞게 조절한다.
- 초자아(superego): 영유아기 후반에 발달하여 대략 청소년기에 완성되며, 이성적 사고 원리에 따라 사회적 가치와 규범을 내면화하여 양심과 도덕성을 발휘한다.

방어기제(defence mechanism)

방어기제는 스트레스를 주는 상황을 보다 직접적으로 대처할 수 있을 때 우리를 돕는 방법이라 할 수 있다. 그런 문제에 대응하는 주도적인 방식이 방어기제가 될 경우에는 역기능적으로 작용한다. 정신분석학자들이 설명하는 주된 방어기제를 소개하면 다음과 같다.

① 억압(repression): Freud는 억압을 가장 기본적이고 가장 중요한 방어기제로 간주하였다. 억압은 원하지 않는 생각, 욕구, 감정 등을 의식으로부터 끌어내어 무의식 속으로 억눌러 버리는 과정이다. 그 예로 불안하게 될 만한 일을 행하거나 목격하고 난 뒤에 그 일 자체와 그때의 주위 상황을 완전히 잊어버린다.

② 합리화(rationalization): 이솝 우화에서 여우가 자신이 딸 수 없는 포도를 그 포도가 시기 때문에 따지 않는다고 말할 때 그 여우는 합리화라는 방어기제를 보여 주는 것이다. 합리화는 행동의 참된(그러나 위협적인) 이유를 그럴듯하게 합리적으로 설명하는 것을 말한다. 정신분석학의 관점에서 보면 이러한 방어기제들은 신경증적인 구조에 속하는 것이기는 하지만, 자신을 보호하고 방어하는 행위 그 자체는 병적인 것으로 간주되지 않는다.

③ 반동형성(reaction formation): 때때로 개인은 자신의 동기와 반대되는 동기를 강하게 표현함으로써 자신의 동기를 숨길 수 있다. 이런 경향을 반동형성이라 부른다. 예를 들어, 원하지 않는 아이를 가진 어머니의 경우 아이를 원하지 않았다는 죄책감 때문에 아이에게 지나치게 집착하고 과잉보호할 수 있다.

④ 투사(projection): 자신의 바람직하지 않은 감정을 다른 사람에게 옮겨서 그 감정이 외부로부터 오는 위협으로 보이게 하는 과정이다. 흔히 볼 수 있는 투사행위로는, 어떤 사람이 자신의 노여운 감정 때문에 우려될 때 오히려 다른 사람이 적대적인 생각을 갖고 있다고 비난하는 경우를 들 수 있다.

⑤ 퇴행(regression): 성숙 · 발전해 가는 과정에서 큰 위험이나 갈등을 겪었을 때, 그동안 이룩한 발달의 일부를 상실하고 마음의 상태가 과거의 낮은 발달단계로 후퇴하는 것이다. 예를 들어, 남편과 처음으로 말다툼을 한 신혼주부의 경우 다시 부모의 집으로 돌아감으로써 편안함을 찾으려고 한다.

⑥ 승화(sublimation): 본능적인 욕구(보통은 성적인 것들)를 비본능적인 통로를 통해 변형시켜 분출하는 것이다. 정신분석이론에서는 성적 충동에서 나오는 에너지는 사회적으로 더 허용적이고 가치 있는 일(예: 예술이나 과학 연구)에 쓰이도록 전환될 수 있다고 설명한다.

⑦ 부정(denial): 외적 현실이 너무 고통스러워 감당하기 어려울 때 개인은 부인하게 되는데, 이는 원하지 않는 현실이 있다는 것을 인정하기를 거부하는 것이다. 자신이 알고 있는 현실이 주는 고통을 참아 낼 수 없기 때문에 부인하는 것이다.

출처: Edward (2004).

(3) 심리성적 발달단계

Freud는 인간 발달에 대해 심리성적 발달단계를 바탕으로 인간이 추구하는 쾌락과 성적 욕망인 리비도(libido)에 초점을 두고 발달을 설명하였다. 그리고 인간의 연령이 증가함에 따라 성 본능 에너지인 리비도가 집중되는 신체 부위가 달라지는데, 이를 구강기, 항문기, 남근기, 잠복기, 생식기의 5단계로 구분하였다.

표 1-4 Freud의 심리성적 발달단계

단계	연령	특징
구강기	출생~1세 반	• 입, 혀, 입술 등 구강을 자극함으로써 쾌감을 추구하고, 본능에 의존하는 시기 • 모든 물체를 입으로 가져가서 물고 빠는 등 주변의 대상들을 입으로 탐색함
항문기	1세 반~3세	• 대소변을 배설하거나 참고 보유함으로써 쾌감을 경험하는 시기 • 배변훈련 시작과 함께 대소변 배출을 통제하기 위해 본능적 욕구 충족을 지연해야 한다는 필요성을 느끼면서 자아가 발달하기 시작함
남근기	3~6세	• 성기에 대한 관심이 많아지는 시기 • 이성 부모를 사랑의 대상으로 느끼고, 동성 부모를 경쟁자로 인식하면서 심리적 갈등을 겪게 됨 • 동성의 부모와 동일시하여 행동하거나 부모의 성역할, 가치관 등을 내면화하면서 초자아가 발달함
잠복기	6세~사춘기	• 성적인 욕구에 대한 흥미가 약해지는 시기 • 성적인 에너지를 놀이, 운동, 학업 등에 쏟아부음
생식기	사춘기 이후	• 성적 관심이 높아지고, 가족 이외의 이성에 대한 관심이 높아지는 시기 • 부모와의 관계에서 해결되지 않았던 갈등이 다시 나타나는 시기로, 이러한 갈등이 해결되면 성숙한 애정적 관계를 형성할 수 있게 됨

출처: 곽금주(2016).

(4) 영유아 발달의 시사점

Freud는 어떤 이론보다 생후 초기 부모와의 경험을 인간 발달 형성에서 중요하게 강조하고 있다. 생후 초기에 영유아가 나타내는 행동의 상당 부분은 원초적 자아(id)의 충동에 의해 나타나는데, 생후 초기 어른과의 상호작용 경험을 통하여 원초적 자아가 적절히 조절되고 억제되며 행동양식을 배우고 영유아 자신의 인격을 형성하게 된다. 따라서 영유아기 아동에게 해소되지 못한 내적 상처가 남아 있지 않도록 다양한 행동 및 감정의 표출을 통해 의견의 소통을 지향하는 민주적이고 개방적인 방식으로 양육이 이루어져야 한다.

그러나 이 관점은 일반 교육 상황에서 나타나는 영유아의 행동을 규명하고 구체적인 가이드를 계획하는 데에는 한계가 있다.

3) 행동주의 관점

(1) 기본 개념

학습이론은 아동이 백지상태로 태어난다는 Locke의 철학을 바탕으로 한다. 영유아의 발달은 생물학적·선천적 요인보다 환경적 요인에 의해 영향을 받는다고 보며, 환경을 어떻게 통제하고 조작하는가에 따라 행동을 변화시킬 수 있다고 본다. 학습이론은 정서나 인지 같은 모호한 심적 상태나 정신적 활동보다는 관찰 가능한 외현적 행동과 직접 조작 및 통제할 수 있는 외부 요인에 관심을 둔다. 또한 발달을 학습의 연속과정이라고 보기 때문에 발달단계를 설정하지 않고 있으며, 인간은 환경적 요인에 더 큰 영향을 받는다고 본다(문혁준 외, 2010).

나에게 12명의 아이를 준다면
그들을 자신이 원하는 사람으로
만들 수 있다.

[그림 1-6] **행동주의자 Watson**

(2) 학습이론과 교사의 역할

Skinner(1938)는 강화와 처벌이라는 기제에 주목하여 영유아의 학습과정을 설명하였다.

여기서 '학습(learning)'이란 경험에 의하여 행동이 비교적 영속적으로 변화한 것으로, 생득적이지 않고 후천적으로 습득된 것을 말한다. 따라서 영유아 발달은 '학습'의 경험을 통해 환경과 자신의 행동을 재구성하고, 발달·성장해 가는 것이라고 주장한다. 또한 학습은 인간의 관찰 가능한 행동의 변화로 정의하고, 사고나 정서와 같은 것은 눈

B. F. Skinner
(1904~1990)

[그림 1-7] 스키너 상자

에 보이지 않기 때문에 학습이라 할 수 없다고 보았다. 따라서 교사는 영유아가 학습해야 할 내용을 결정하여 쉬운 것에서부터 어려운 것으로 단계적으로 가르쳐야 하며, 모든 지식은 외적 환경에 존재하므로 영유아는 반복과 연습을 통해 학습해야 한다고 본다. 따라서 발달성취에 있어서 영유아는 수동적이고 교사는 적극적으로 준비한다.

(3) 영유아 발달의 시사점

이 관점은 행동이 만들어지는 원리에 대해 매우 분석적으로 설명한다는 장점이 있다. 한편, 대부분의 행동주의자는 실험실에서 동물행동의 관찰을 통해 발견한 원리를 인간행동에 적용하였다는 점에서 일반화된 인간의 행동 변화와 학습에 대해 설명하는 데 한계점이 있다. 교사들은 교실에서 일어나는 문제행동 관리에 행동주의 원리를 적용하는 경우가 많다. 예를 들면, 영유아가 장난감을 던지는 공격적인 행동을 할 때 행동분석 원리에 따라 무서운 얼굴로 야단을 치거나 격리시켜 문제행동(예: 장난감을 던지는 행동)에 대한 부정적 피드백(벌)을 줌으로써 그 행동을 멈추려 한다. 그러나 이러한 행동은 멈추지 않고 문제행동은 교실에서 매번 반복된다. 이처럼 그 효과가 일시적이고 지속적이지 못하다면 그것은 학습된 것이 아니다.

학습된 무기력감(learned helplessness)

영유아는 실제 인지 능력에는 부족함이 없으나 반복된 좌절과 초기의 실패경험이 조건화되어 유사한 상황에서 제대로 학습하거나 능력을 발휘하지 못하는 연합 반응이 일어날 수 있다. 이것을 학습된 무기력감(learned helplessness)이라고 한다. 영유아기에 낯선 환경에서 새로운 적응과제를 마주할 때 초기 경험이 긍정적 피드백으  로 이어질 수 있도록 교사는 영유아의 현재 발달수준을 알고 민감하게 주의를 기울이고 적합하게 반응해야 한다. 만일 초기 경험에 부정적 피드백을 경험하였다 하더라도 그러한 어려운 환경에 대처하는 영유아의 문제해결 능력을 북돋아 주는 긍정적 강화와 초기 실패의 원인을 영유아 자신의 능력 부재로 귀인시키지 않도록 적절한 지지를 해 주는 것이 필요하다. 다양한 학습경험과 이에 대한 피드백을 통해 영유아가 긍정적인 자아효능감을 형성해야 비로소 학습이 바람직한 행동 변화와 결과물로 이어지게 된다.

출처: 신명회 외(2013).

4) 구성주의 관점

(1) 기본 개념

구성주의는 성숙주의와 행동주의 두 가지 입장을 보완하면서 그 나름대로의 독자적인 이론적 근거를 지니고 있다. 이는 인간의 성장 발달에서 생득적인 측면과 환경적인 측면을 동시에 강조함으로써 인간이 주변 환경과의 능동적인 상호작용을 통해 전인적이고 통합적으로 발달해 간다는 입장이다. 교육은 영유아가 사회적·물리적 환경과의 자연적 상호작용을 통해 구조화된 결과로서 더 높은 수준의 발달을 성취하도록 도와주는 것으로 본다. 이 관점에서는 영유아의 발달을 성숙 요인과 환경과의 상호작용의 결과라고 본다.

(2) 환경과의 상호작용

구성주의에서는 인간의 발달은 고정된 것이지만 발달 속도와 시간은 개인에 따라 다르며 다양하다고 본다. 따라서 지식이란 특정한 곳에 존재하는 것이 아니라 인간이 주위 환경과의 상호작용을 통해 구성해 가는 것이라고 본다. 교사는 영유아와 협동적인 관계를 유지하면서 적극적으로 영유아의 경험을 해석하고 현재 발달수준과 흥미를 고려한 교육내용을 중심으로 그들의 사고력을 증진해 가도록 돕는다. 학습은 교사가 주도하는 것이 아니라 영유아 스스로 주변 세계를 탐색함으로써 지적 성취를 이루어 나가는 것이다.

(3) 영유아 발달의 시사점

구성주의의 대표적 발달심리학자인 Piaget는 생물학자로서 지능과 지식의 구성 과정에 관심을 가지고 인식론에 초점을 둔 연구와 아동에 관한 임상연구를 통해 이론을 구성하였다. 그는 Binet 연구소에서 지능검사 조교로 일하면서 영유아의 틀린 답에 관심을 갖게 되었고, 지능과 지식의 구성에 관해 질적으로 접근하게 되었다(곽향림, 2015).

교사는 교육을 받는 영유아의 수준에 맞추어 학습을 지도해야 하며, 영유아에게 지식을 주입하기보다는 영유아의 인지 수준을 고려하여 영유아에게 흥미롭고 가치 있는 환경을 마련해 주어야 한다. 즉, 교사는 민감하고 융통성 있는 태도로 영유아를 관심 있게 관찰하면서 적절한 교육 자료와 활동을 마련해 주는 역할을 해야 하며, 이러한 과정을 통해서 영유아는 스스로 학습의 주도자가 될 수 있다.

5) 인본주의 관점

(1) 기본 개념

인본주의의 대표 학자인 Maslow(1970)는 개인은 기본적으로 선하며 존경받을 만하고, 만일 환경조건이 적당하다면 자신의 잠재력을 실현해 나가려 한다고 설명하였다. 심리적으로 건강한 사람에 대해 초점을 맞추었으며, 인간은 자신의 독특한 능력을 최대한으로 발휘하려는 경향이 있는데 이것이 자아실현(self-realization)을 위한 동기이다.

Maslow는 인간을 부족을 느끼는 동물로 설명하고, 하나의 욕구가 만족되면 다른 욕구가 대기 상태로 충족되기를 기다리고 있으며 언제나 무엇인가를 갈망하는 것이 인간의 삶의 특징이라고 하였다.

Abraham H. Maslow
(1908~1970)

(2) Maslow의 자아실현 단계

Maslow는 인간의 최종 모습을 자아실현을 하는 사람이 되는 것으로 보았으며, 5단계의 위계적으로 배열된 다섯 가지 욕구가 충족되어야 한다고 주장하였다.

• 욕구: 결핍되어 있는 상태
• 동기: 일정 방향으로 움직이도록 하는 힘

[그림 1-8] Maslow의 위계적 욕구체계

(3) 영유아 발달의 시사점

Maslow는 개인의 진실한 느낌 및 완전히 만족스러운 자신에 대해 가장 영향력 있는 설명을 하였으며, 인간의 성장과 만족에 대한 인간의 긍정적 잠재력을 강조하였다. 그리고 이러한 잠재력을 실현하기 위해 노력하는 것을 인간 존재의 기본적인 특질로 보았다. Maslow는 자신이 개인적으로 가장 존경하는 인물들이 보이는 속성을 탐색하고, 그들의 긍정적인 특질을 '건강한 성격'으로 설명하였다. 따라서 어른은 영유아에 대해 긍정적 존재로 보고 현재 영유아가 하는 수행을 가치롭게 여기며 수용하여 스스로 성장할 수 있도록 해야 한다.

3. 구성주의 영유아 발달이론

여기서는 반응성 상호작용 교수이론의 기반을 이루는 구성주의 관점의 영유아 발달이론가로서 Piaget와 Vygotsky의 이론을 중심으로 영유아 교육 및 교수학습 실제에 이론이 어떻게 반영되는지, 영유아는 어떻게 배우는지 등에 대해 살펴보고 적용점을 찾고자 한다.

구성주의(constructivism) 관점에서는 영유아 발달에 대해 두 가지 중요한 핵심 전제를 가정하고 있다. 첫째, 영유아는 선천적으로 자신의 행동 유형과 결과를 간파하고 다른 활동과 경험을 서로 연결시키는 능력을 지니고 있다. 선천적 능력이 뛰어난 영유아는 선천적 능력이 별로 없는 영유아들보다 능동적 학습경험을 거의 하지 않고도 상위 수준의 사고와 추론 능력으로 옮겨 간다. 둘째, 학습은 영유아가 경험한 능동적 학습경험에 따라 영향을 받는다. 구성주의 관점에서는 영유아가 가지고 있는 선천적 능력 수준에서 사물, 도구 그리고 사람과의 능동적인 상호관계 활동을 통해서 학습이 발생할 수 있다고 주장한다. 영유아는 주도성, 탐색, 실행 그리고 문제해결과 같은 인지 영역에 속하는 **중심축 행동**(pivotal behavior)을 반복적으로 사용함으로써 자신의 세계에 대한 통찰과 이해를 얻게 되는데, 이러한 중심축 행동 발달은 영유아가 현재 가지고 있는 기술과 능력을 더욱 풍부하게 사용하도록 도와준다. 또한 이러한 중심축 행동 발달은 영유아가 자신의 세계에서 환경과 복합적인 상호작용을 할 때 자신의 행동에 한계를 느끼는 것보다 효과적인 사고와 추론을 만들어 내도록 동기부여를 해 준다(Mahoney, Robinson, & Powell, 1992; Spiker, Ferguson, & Brooks-Gunn, 1993).

1) Piaget 이론

(1) 기본 개념

영유아 발달에 대한 구성주의적 관점은 Jean Piaget의 연구를 통하여 대중화되었다. Piaget(1963)는 어린 영유아가 사물, 물체 그리고 사람과 함께 놀이하는 동안에 보기에는 닥치는 대로 의미 없이 하는 것 같아 보이는 활동들이 그리 무의미한 것이 아님을 밝혀냈다.

Jean Piaget
(1896~1980)

Piaget(1954)는 자신의 세 명의 자녀가 성장하는 모습을 관찰하면서 영유아의 사고가 어른의 사고와는 매우 다르다는 것을 발견하고 아동기 인지 발달에 관한 이론을 구축하였다. Piaget는 영유아를 능동적 발달의 주체자로 보고, 영유아의 지적 성장은 유기체와 환경과의 상호작용으로 이루어지는 적응(adaptation) 과정이며 발달단계별로 영유아가 다양한 능력을 스스로 탐색하고 습득한다고 보았다. Piaget는 인간의 발달단계를 4단계로 구분하여 설명하였고, 인간은 선천적으로 논리적이며 지각적 구조와 범주를 지니고 있다고 보고 인간이 스스로 발달할 수 있는 역량을 지니고 있는 존재임을 강조하였다(정옥분, 2014).

(2) Piaget의 영유아 발달에 대한 관점

영유아 발달에 대한 Piaget의 구성주의적 관점을 정리하면 다음과 같다(Mahoney & MacDonald, 2008).

- 인지 발달은 단계를 거쳐서 진행한다. 영유아는 그들 특유의 방법으로 느끼거나 생각을 하는 독자적 존재로서 각 영유아의 발달에 적합한 활동이 발달을 촉진할 수 있다. Piaget는 영유아가 성장함에 따라 놀이활동 방식이 변화하며, 거기에는 상당히 예측 가능한 순서가 있다고 보았다. 이러한 변화는 영유아가 사물, 도구 그리고 사람과 상호작용하는 방식이 1차적으로 현재 자신의 세계를 지각

하고 추론하고 이해하는 방식을 반영하고 있었다. 예를 들면, 영유아가 손에 닿는 사물을 계속해서 두드리는 것은 사물을 '두드릴 수 있는 물체'로 이해하고 인식하기 때문이다. 주로 용기 안에 사물을 넣고 빼면서 놀이를 하는 영유아들은 사물 간의 공간적 관계를 이해하는 데 초점을 둔 인지기능 단계에 있다. 의도된 기능에 따라 사물을 사용하기 시작하는 영유아들은, 예를 들면 인형의 머리를 빗기기 위해 빗을 사용하는 것은 사물이 독특한 기능이나 목적을 가진다는 것을 이해하기 시작한 것이다. 영유아가 가장놀이 단계에서 장난감을 함께 사용하기 시작하는 것은 사물과 장난감이 현 상황에서는 불가능한 사건이나 행동을 표상하는 도구로서 사용될 수 있음을 이해하기 시작한 것이다.

• 모든 인지는 감각운동적 활동에 기초한다. 영유아는 머리만으로 생각하는 것이 아니라 신체도 사용해서 생각한다. 그 사고는 논리적이라기보다는 직관적이며, 풍부한 상상력을 가지고 활동한다. 구성주의적 접근에서는 학습에 대해, 특히 생후부터 7세 사이의 인지 발달은 영유아에게

인지학습은 능동적이고 주의를 기울이는 상황에서 일어난다.

직접적으로 새로운 정보, 이를 테면 사물 사용, 추론, 영유아의 세계에 대한 이해 방법을 가르치는 것에 영향을 받지 않으며, 오히려 영유아가 일과 중에 사물, 도구 또는 사람과 함께 놀이하고 상호작용하면서 겪는 개인적 경험의 정도에 따라 영향을 받는다고 본다.

• 발달은 능동적 참여 상황에서 이루어진다. 영유아는 틀에 짜인 지식이 누적되어 발달해 가는 것이 아니라 영유아 스스로 깨닫고 수정해 가는 활동을 통해서 발달한다. 따라서 어른이 주는 지식을 영유아가 아무리 많이 외워도 그것은 결코 인

지로 이어지지 않는다. 영유아의 발달적 의미에 대한 Piaget와 구성주의자들의 이러한 입장은 중재 상황을 '자연적 환경(natural environment)'으로 본다. 따라서 영유아 발달의 모든 양상은 능동적 학습에 의해 적용된다고 보았다. 발달의 모든 차원, 즉 인지, 사회성, 언어 그리고 운동 기술 등을 생산하는 데는 신체적·신경적 성숙을 필요로 하지만, 그럼에도 불구하고 모든 영역의 발달과 기술 획득은 궁극적으로 자신의 능동적 학습과정에 따라 좌우된다는 것이다. 이에 따라 교사는 영유아에게 발달적으로 적합한 행동을 인식하여, 발달적으로 적합한 성취를 하도록 촉진하고 지지하는 교수 방식을 가지는 것이 중요하다. 이것은 영유아가 나이에 적합한 행동을 하거나 지연되어 어린 수준의 발달적 기능을 하더라도 마찬가지로 중요한 발달적 의미를 가진다(Mahoney, 1999).

• 개인과 환경과의 상호작용을 통해 이루어진다. 영유아는 스스로 환경과 관계하여 주어지는 반응이나 응답에 따라 새로운 방법으로 관계를 맺어 가는 상호작용을 통해 발달을 이룬다. 따라서 스스로 관계하려는 영유아의 지적 호기심, 탐구심, 자신의 생각이 작용하여 실제 경험에 의한 자신감과 유능감을 갖는 것이 중요하다. Piaget에 의하면, 영유아는 스스로 주도하는 활동에 참여하는 동안 친숙한 주의 상황에서 스스로 조작하고, 탐색하고 그리고 실행하는 경험을 통하여 자신의 세계에 대한 보편적인 이해를 발전시키며, 사회적으로 요구되는 적합한 행동과 기술을 획득해 나간다. 한편, 인지 발달은 수동적으로 받는 것이 아니라 영유아가 능동적으로 구성한다고 본다. 따라서 발달은 높은 단계의 보다 많은 행동을 하는 것뿐 아니라 자신의 세계를 다르게 이해하는 것도 포함된다.

(3) 환경과의 상호작용

행동주의와 대조적으로 Piaget는 영유아에게 자극이 주어졌더라도 영유아가 그 자극에 어떤 행위를 보이지 않는다면 그 자극은 영유아를 위한 자극으로 존재하지 않는다고 주장한다. 이와 같이 유기체와 환경 자극 간의 상호작용을 강조한 구성주의는 '상호작용주의'라고 불리기도 한다(Kohlberg & Mayer, 1972: 곽향림, 2015에서 재인용). 따라서 인간은 능동적인 생물학적 유기체로서 환경과의 끊임없는 상호작용을 통해서 외부 세계, 자기 자신 그리고 자기와 외부 세계와의 관계에 관한 지식을 얻는다고 보았다. 인간은 태어날 때 발생학적으로 인간 종 특유의 능력을 갖고 태어나지만, 이 능력은 독립적으로 존재하는 것이 아니라 환경과 상호작용하면서 발달해 간다고 보았다.

예를 들면, 영유아는 관심을 보이는 사물이나 현상에 대해 나름대로 이해하고 해석하는데, 이 과정에서 영유아는 바로 환경 자극과 상호작용을 하는 것이다. 가령, 영유아가 자극의 의미를 알고 이에 대해 해석할 때, 영유아는 이미 지니고 있는 사전지식과 상호교류하면서 적절하다고 생각하는 지적관계를 만들어 내는데, 이것이 바로 Piaget가 말한 동화가 일어나는 것이다. 이 과정에서 자극은 영유아에게 반응을 보내며 때로는 영유아의 사전지식을 수정하게 함으로써 조절이 일어난다. 이러한 자극과의 상호작용은 영유아 내면에 이미 구성되어 있는 여러 지식과의 상호작용 속에서 영유아가 주체가 되어 외적뿐 아니라 내적으로도 활발하게 상호작용하도록 만든다(곽향림, 2015).

발달에 대한 Piaget의 견해는 적응이라는 생물학적 개념에 기초하는데, 이는 신체의 구조들이 환경과 적합성을 이루는 것과 동일하게 마음의 구조들도 외계 환경과 더 나은 적합을 이루기 위하여 영유아기 동안 계속해서 발달한다는 것이다. 예를 들면, 아기는 출생 시에 빨기, 잡기와 같은 몇 개의 기본적인 반사행동을 가지고 태어나지만 출생 직후 이러한 반사행동을 반복하면서 점차 행동도식, 상징도식, 조작적 도식으로 전환되며, 환경과의 접촉을 통해 고차적인 도식이 획득되어 간다. 따라서 어린 아기가 갖는 모든 도식은 환경과의 상호작용을 통하여 형성된 결과이다(문혁준 외, 2010).

영유아와 자극의 상호작용에 대한 구성주의와 행동주의 관점의 차이

구성주의 관점에서 유아와 자극 간의 상호작용

행동주의 관점에서 유아와 자극, 반응과의 관계

　행동주의에서는 영유아가 주어지는 자극에 대해 영유아의 관심이나 흥미에 상관없이 모두 수용하고 그 결과로 반응하게 된다고 보았다면, 구성주의에서는 이와는 대조적으로 영유아가 자극에 대해 적극적인 동화와 조절의 과정을 통해 지식을 구성한다고 본다. 두 관점 모두 자극을 중요하게 생각하지만 주체의 소재가 다르다. 구성주의에서는 유아가 주체이지만 행동주의에서는 자극이 주체가 된다.

출처: 곽향림(2015).

---

(4) 인지적 구성

　구성주의에서는 영유아의 인지 발달은 영유아가 능동적으로 환경을 탐색하며 환경과 상호작용함으로써 인지구조에 변화가 생겨 일어난다고 보았다. 인간은 주변 세계에 대한 적응 과정으로 불평형에서 벗어나 평형 상태를 추구하고자 하면서 삶을 계속적으로 변형시켜 가는 것이다. 이 과정에서 주요한 개념이 인지구조의 기본 단위인 도식(schema), 인지 발달의 원리인 동화(assimilation)와 조절(accommodation) 및 평형화(equilibrium)이다.

　Piaget에 의하면, 평형과 불평형은 동화와 조절 과정에 의해 일어나는데, 불평형은 잘못된 동화로 인해 잘못된 지적관계를 맺으면서 영유아가 기대하지 않은 반응에 직면했을 때 갖게 되는 인지적 현상이다. 이러한 불평형은 인지적 갈등을 유발하여 새로운 지능과 지식을 구성하는 계기가 된다. Piaget에 따르면 인지적 평형화는 지능과 지식 구성의 발달과정을 설명해 준다. 모든 인지적 평형화는 두 가지 근본적인 과정, 즉 동화와 조절 과정을 포함한다.

영유아의 지식은 자신의 경험이나 행동을 자신의 사전지식을 바탕으로 해석해 내는 동화 과정의 산물이며, 적극적으로 해석해 내고자 할 때 직면하게 되는 인지적 갈등과 불평형을 조절하는 과정에서 오는 산물로 본다. 여기서 동화와 조절은 바로 영유아가 사용하는 지능 그 자체이다.

표 1-5 Piaget의 인지 구조와 기능

도식	사물이나 사건 또는 사실에 대해 인지하고 대응하는 데 사용하는 반응의 틀 또는 이해의 틀	예) 어떤 아동이 '발 4개인 동물=강아지'라는 도식을 갖고 있음	도식=평형	발 4개=강아지
동화	이미 경험이나 학습으로 형성된 개념, 즉 기존의 도식에 맞게 새로운 정보를 이해하는 일. 과잉일반화를 보이기도 함	예) 난생 처음 고양이를 본 아동이 '고양이'를 '개'라고 부름	동화	발 4개=강아지!
조절	인지적 불균형을 해소하고자 새로운 정보에 맞게 기존의 도식을 바꾸는 일	예) '고양이'라는 새로운 정보를 알려 주자 기존의 도식을 바꿔 '발 4개=강아지 또는 고양이'라는 새로운 도식을 만들어 냄	인지적 불균형 조절	"그런데 수염이 있고, '야옹' 하고 우네. 이건 뭐지?" 발 4개=개 또는 고양이
평형화	새로운 정보로 인한 인지적 혼란을 균형 상태로 만들기 위해 동화와 조절이 끊임없이 일어나는 적응 과정	예) 개, 고양이 외에 소라는 새로운 정보로 인해 인지적 혼란이 오면 균형을 맞추기 위해 아동은 계속해서 새로운 도식을 구성해 나감	새로운 도식= 평형	발 4개, 수염이 있고, '야옹' 하고 우는 동물=고양이

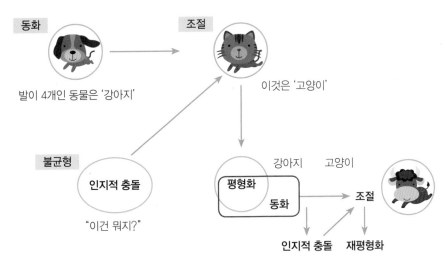

[그림 1-9] Piaget의 동화, 조절, 평형화 개념

　　동화는 내적인 요소와 외적인 요소가 상호작용할 때 일어나는데, 외적 자극이 영유아의 행동적 혹은 개념적 지식구조 속으로 병합되는 것을 말한다. 조절은 동화된 요소의 세부적인 것을 고려하는 과정이다. 동화되고 있는 지식구조는 그 동화하는 외적 요소에 맞추어 조절되는 것이다. 조절에 의해 동반된 동화는 평형화를 이루게 된다. 그리고 영유아가 새로운 관계를 구성하게 되면 일단은 새로운 문제에 직면하기 전까지는 일시적인 평형 상태를 이룬다. 그러나 새로운 문제로 인해 영유아의 평형은 새로운 불평형으로 이어지게 되고 다시 평형이 따라오게 된다. 이렇게 계속되는 불평형-평형-불평형의 과정을 겪으며 영유아는 점점 복잡한 문제를 해결하고 또다시 일어날 수 있는 문제를 미리 예측하여 방어하기도 한다. 이러한 관점에서 영유아는 경험을 통해 더 많은 지적관계를 구성함으로써 점점 지식이 증진될 뿐 아니라 지능적으로 되어 간다(DeVries & Sales, 2014: 곽향림, 2015에서 재인용).

(5) 인지 발달단계

　　Piaget는 영유아가 질적으로 상이한 네 단계를 거쳐 인지적 성장을 이루어 간다고 보았다. 각 단계는 질적으로 매우 다른 특성을 보인다. 이러한 발달은 생물학적으로 결정되기 때문에 일정한 순서대로 진행된다고 보았다. 다만, 영유아에 따라 발달속도에 있어서는 다소 차이가 있을 수 있다. 발달은 태어나면서부터 반사적·감각적·운동적 능력을 기초로 주변 환경에 대한 지식을 능동적으로 구성해 간다. 그리하여 연령이 증가함에 따라 영유아의 인지 능력은 단순한 것에서 복잡한 것으로, 비논리적인 것에서 논리적인 것으로, 구체성에서 추상성으로, 자기중심성에서 객관적인 것으로 발전해 나간다.

표 1-6 Piaget의 인지 발달단계

발달단계	특징	주요 발달
감각운동기 (출생~만 2세)	반사적 행동으로 시작하여 보고 듣고 만지는 등의 감각운동적 경험을 통해 사물이나 환경을 이해함	• 대상영속성 발달
전조작기 (만 2~7세)	언어와 이미지를 통해 표상하기 시작함. 눈에 보이는 대로 사물을 이해하며, 비논리적·물활론적·자기중심적 사고를 함	• 상징적 표상 • 중심화 • 자기중심성 • 보존 개념 • 물활론적 사고
구체적 조작기 (만 7~12세)	관찰 가능한 구체적 사물이나 관계에 대해서만 논리적인 사고를 하며, 사물을 일정한 속성에 따라 분류할 수 있음	• 중다분류 • 서열 개념 • 보존 개념
형식적 조작기 (만 12세 이후)	추상적·철학적·논리적 사고가 가능함. 현재뿐 아니라 미래의 상황에 대한 논리적 사고도 가능해짐	• 귀납적 사고 • 연역적 사고

(6) 사회적 관계 형성

Piaget는 발달에서 인지적 요소와 동등하게 사회적 요소를 중요하게 고려하고 있다. Piaget는 인지적 발달에 영향을 미치는 사회적 요소로 또래 간 상호작용을 중요하게 생각한다. Piaget에 따르면, 영유아는 또래관계를 통해 어른과의 관계에서 경험할 수 없는 동등성을 경험하며 자율성을 경험한다. 따라서 영유아의 또래관계는 상호교류를 통해 조망 수용과 탈중심화를 위한 심리적 기초를 제공한다.

그러나 때로는 영유아들 간에도 비동등성이 존재하며 자율성이 침해당하기도 한다. 이에 영유아의 지적 발달에 영향을 미치는 사회적 요소 중 또 다른 하나는 어른과 영유아 간의 관계이다. 영유아는 어른과의 관계에서 협동적인 관계와 지시적인 관계를 경험한다. 협동적인 관계의 어른은 영유아와의 관계에서 권위를 최소로 하며, 영유아의 행동이나 사고에 권한을 부여함으로써 영유아가 스스로 행동과 사고를 조절하는 능력을 키우고, 점차 내적으로 확고한 지식, 도덕 그리고 인간성을 구성하게 한다. 그래서 협동적 관계에서는 자율성이 증진되고 지시적 관계에서는 타율성이 증진된다고 보았다(곽향림, 2015).

2) Vygotsky 이론

(1) 기본 개념

Vygotsky(1978)는 인간 발달에 대한 연구에서 개인을 그들이 속해 있는 사회문화적 배경으로부터 분리해서 생각할 수 없다고 하였다. Vygotsky는 사회적 상호작용, 특히 영유아보다 유능한 구성원과의 협동적인 대화가 영유아로 하여금 그 사회의 문화적 특성에 따라 사고하고 행동하는 방법을 알 수 있게 해 준다고 보았다. 따라서 어른 혹은 보다 유능한 또래와의 의미 있는 상호작용이 영유아의 사고 발달에 영향을 준다고 보았다. 또한 영유아의 인지학습은 1차적으로 부모나 교사와

Lev S. Vygotsky
(1896~1934)

함께하는 일상적인 놀이 또는 활동에의 참여를 통해서 이루어진다고 보았다. 따라서 영유아 발달을 위해서는 이와 같은 일상적인 활동에 영유아가 능동적으로 참여할 수 있도록 격려해 주어야 하며, 효율적인 교사는 영유아가 사회적 놀이나 활동에 참여하도록 지지해 주는 비계적 역할을 한다(이기숙, 장영희, 정미라, 엄정애, 2012).

(2) 근접발달영역

Vygotsky는 교육에 대한 관점을 Piaget보다 많이 언급했던 사람으로 근접발달영역이라는 개념을 통해 직접적으로 교육에 적용할 수 있는 시사점을 주었다. 근접발달영역(Zone of Proximal Development: ZPD)이란, 영유아 스스로 도달할 수 있는 현재 발달수준과 다른 사람의 도움을 받아 도달할 수 있는 잠재적 발달수준 간의 차이

부분을 말한다. 영유아에게 적절한 발판(scaffolding)을 놓아 주면 영유아는 어른의 도움 없이도 점차 잠재적 발달수준의 활동을 혼자서 수행할 수 있게 된다.

Vygotsky는 근접발달영역을 영유아가 독립적으로 문제를 해결할 수 있는 발달수준과 어른이나 더 능력 있는 또래와의 협동을 통해서 해결할 수 있는 더 높은 잠재적 발달수준 사이의 차이로 정의하고 있다. 영유아가 독자적으로 할 수 없는, 그러나 다른 사람의 도움을 받아 할 수 있는 과제들은 이미 성숙된 기능들보다는 현재 발달과정에 있는 정신적 기능들을 말한다. Vygotsky는 이미 획득된 것보다는 현재 또는 미래의 과정에서 계속 성장 중에 있는 인지적 과정에 초점을 두고 있는데, 따라서 교육의 역할은 근접발달영역 안에 있는 경험들을 제공함으로써 영유아의 발달경로에 따라 적극적으로 학습을 이끌어 내는 것이다(이기숙 외, 2012).

근접발달영역 내에서 영유아가 스스로 문제를 해결하는 수준에 도달하도록 제공되는 또래나 부모, 교사의 도움 그리고 일상적인 놀이(예: 소꿉놀이, 병원놀이 등)를 통한 사회적 상호작용 과정에서 또래, 부모, 교사의 도움과 지원은 영유아의 발달을 촉진한다.

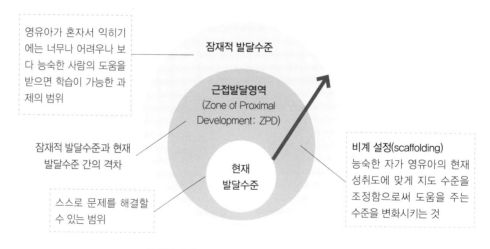

[그림 1-10] Vygotsky의 근접발달영역이론

(3) 비계 설정

비계(scaffolding)는 건축학 용어로서 건물이 올라가기 위해 건물을 짓는 동안 만들어 놓은 도움 발판이다. 이는 건물이 올라가도록 하는 역할을 하고 건물이 완성되면 제거된다. Vygotsky(1978)는 영유아 발달에 있어서 부모나 교사의 역할을 영유아의 학습을 위한 비계 역할로 설명하였다. 건축에 있어서 비계와 같이 부모는 영유아가 현재 사용하고 있는 행동이나 언어보다 조금 앞서는 자극을 제공함으로써 영유아의 발달을 지원한다

영유아는 스스로 우연히 발견하는 정보를 학습한다.

고 설명한다. 실제로 영유아의 학습을 효과적으로 증진시키는 교사들은 영유아가 현재 하는 행동보다 약간 복잡한 자극을 제시한다. Vygotsky는 영유아의 인지학습은 1차적으로 교사와 함께하는 일상적인 놀이 또는 활동에의 참여를 통해서 이루어진다고 보았다. 따라서 영유아 발달을 위해서는 이와 같은 일상적인 활동에 영유아가 능동적으로 참여할 수 있도록 격려해 주어야 한다.

효율적인 교사는 영유아가 사회적 놀이나 활동에 참여하도록 지지하면서 비계로서의 역할을 한다. 실제로 영유아는 혼자서 놀거나 또는 다른 영유아들과 놀면서 배우는 것보다 어른 파트너와 함께 놀면서 배우는 것이 많다. 어른은 영유아와 함께 놀면서, 특히 교사가 매우 반응적으로 상호작용하면서 영유아의 주도성, 탐색, 실행 그리고 문제해결 능력을 최대한 발휘할 수 있는 기회를 가진다. 어른이 영유아와 상호적인 사회적 놀이를 많이 할수록 더욱더 영유아의 놀이 영역을 확장시키고 복잡하게 구성할 기회가 많아진다.

(4) 발달과 교수학습

Vygotsky는 발달과 교수 간에 밀접한 관계가 있다고 보았다. 그러나 영유아가 어른과 협동하면서 더 잘할 수 있다고 말하는 것이 잠재적 발달수준을 임의로 높일 수도 있음을 의미하는 것은 아니다. 오히려 Vygotsky(1978)는 영유아가 발달상태나

지적 가능성에 따라 어떤 한계 내에서만 정신적 조작이 가능하다고 주장하였다.

즉, 근접발달영역은 개인에 따라 다름을 이해해야 한다. 근접발달영역은 영유아 혼자서는 해결할 수 없지만, 다른 사람의 도움을 받으면 해결할 수 있는 영역으로 현재의 지적 발달수준이 같더라도 도움을 받아 개발될 수 있는 능력은 다를 수 있기 때문이다. 따라서 영유아가 능동적으로 다음 단계로 이동하며 발달해 가도록 비계 역할을 하기 위해서는 영유아의 개인차, 다시 말하면 현재 발달수준에 대한 인정이 전제되어야 한다.

Vygotsky는 가르침이 발달에 선행할 때 효과적일 수도 있다고 했지만 영유아의 현재 발달수준에 상관없이 가르침이 발달에 우선하는 것은 아니라는 의미이다. 다시 말해, 가르침에서 현재 발달수준을 이해하는 것은 매우 중요하다고 보았다. Vygotsky는 개인 간 심리적 기능이 어떻게 개인 내 심리적 기능의 성장을 최대화시키도록 구조화될 수 있는가에 초점을 두었다(곽향림, 2015).

3) Piaget와 Vygotsky 이론의 공통점과 차이점

Piaget와 Vygotsky는 모두 영유아가 적극적인 역할을 통해 능동적으로 지식을 구성하면서 점차 연령과 경험에 따라 이해력을 재구조화한다고 하였는데, 영유아의 학습에 있어서 Piaget의 인지 발달이론이 능동적인 역할과 환경과의 적극적 상호작용을 강조하는 이론이라면 Vygotsky의 이론은 이를 한층 발전시켜 환경이 영유아에게 줄 수 있는 역동적 영향력을 강조한 이론이라고 할 수 있다. Piaget와 Vygotsky 이론의 공통점과 차이점을 요약하면 다음과 같다(곽향림, 2015; 이기숙 외, 2012).

첫째, Piaget와 Vygotsky 이론에서 발달의 중심은 사회적 상호작용 요소라는 점에 동의하며, 사고 발달에 자연적 과정과 사회적 과정은 중요한 역할을 하고 지속적으로 상호작용하면서 인지적 변화를 불러온다고 본다. 한편, Piaget는 개인 내의 인지적 구성에 초점을 둔 반면에 Vygotsky는 발달의 사회문화적 접근을 강조하였다.

둘째, 두 이론은 모두 인지적 구성은 자연스런 환경에서의 경험을 내면화시키는 과정이라고 강조하고 있다. 한편, Piaget는 질적으로 다른 지적구조의 변형 과정을 단계 이론을 통해 구체적으로 설명하고 있는 반면에 Vygotsky는 발달에서 내면화가 어떻게 이루어지는가에 대한 설명은 없고 단지 개인 간 수준과 개인 내 수준의 개념으로 설명하고 있다.

셋째, 발달과 교육에 있어서 Piaget는 영유아를 능동적 학습자로 보고 환경의 역할을 수동적인 것으로 본 반면에 Vygotsky는 근접발달영역에 대한 이해와 교사 및 또래 역할의 중요성을 제시하였다. Vygotsky는 영유아가 자신이 속한 환경 속에서 어른과의 상호작용이나 또래와의 협력을 통해 내적인 발달과정을 이루어 간다고 보고, 부모의 지도, 교사의 교수, 언어 등과 같은 사회적 환경의 역할에 큰 의미를 부여하였다. Piaget가 영유아의 인지 발달과정에서 또래 영유아 간의 갈등을 매우 중요한 요소로 여긴 반면에 Vygotsky는 또래 간의 협동을 중요시하였다.

넷째, 언어 발달에 대해 Piaget는 발달단계를 통해 일어나는 발전적 구성으로 본 반면에 Vygotsky는 언어를 단지 말하고 듣는 의사소통 수단 그 이상의 의미로 설명하였다. Vygotsky는 상대방의 말을 이해하기 위해서는 말뿐만 아니라 말하는 사람의 사고나 동기 등을 이해할 수 있어야 한다고 보았다. 따라서 언어를 습득한다는 것은 단지 언어의 구조나 단어의 의미를 이해하는 것만으로는 불충분하며, 말하는 사람의 억양, 사회적 맥락의 역동성, 그 말이 나오게 된 배경, 말하는 사람의 의도나 사고, 감정까지 이해해야 한다고 보았다.

4. 발달단계별 발달과업과 상호작용

Erikson(1960)은 인간 발달의 정의대로 전생애 발달을 균형 있게 설명하였다. 그리고 건강한 발달을 위해서는 각 단계별로 상호작용의 주 대상자와 일상에서의 상

Erik H. Erikson
(1902~1994)

호적인 관계 속에서 영유아가 발달에 적합한 과업을 성공적으로 수행하고 적절한 피드백이 주어지는 것을 강조하였다. 따라서 교사는 연령에 적합한 발달과업을 이해하고, 매 단계마다 영유아에게 기본적인 안정감, 즉 세상이 편안하고 안전한 곳이라는 느낌을 전달하고, 자율성을 존중해 주며, 영유아가 자신의 능력을 잘 키워 나갈 수 있도록 격려하는 지지적 역할을 수행해야 한다. [그림 1-11]에 영유아기 연령별 발달과업 및 교사의 상호작용을 제시하였다.

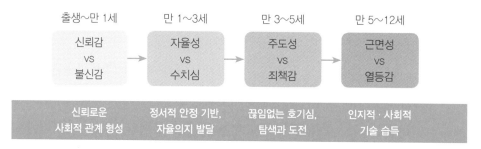

[그림 1-11] 영유아기 연령별 발달과업

1) 1단계: 출생~만 1세

(1) 발달과업: 신뢰감 vs 불신감 형성

이 시기의 영아는 자신을 돌봐 주는 엄마 또는 주 양육자와 주된 사회적 관계를 경험한다. 이때 엄마 또는 주 양육자와 어떠한 상호작용을 경험하는가는 이후 다른 대상과의 상호작용 형태를 결정하고, 나아가 주변 세계에 있는 대상과의 신뢰로운 사회적 관계를 형성하는 데 기초가 된다. 이 시기에 양육자가 영아가 표시하는 욕구를 민감하게 알아차리고 질적인 상호작용 경험을 많이 가질 때 영아는 돌봐 주는 양육자에 대해 진정한 애정을 느끼며 신뢰감을 형성하는데, 이를 통해 이후 성숙했을 때 다른 사람들과 신뢰롭고 원만한 대인관계를 맺게 된다.

반대로 그렇지 못할 경우, 즉 양육자가 영아의 욕구에 민감하지 못하고 무시하거나 일관되지 못하거나 또는 거부적이고 부적절한 반응을 반복할 때 영아는 양육자와 긍정적 관계를 형성하기 어렵고, 이로 인해 이후 다른 사람과의 관계에서 상대를 믿을 수 없는 것으로 간주하여 원만한 대인관계를 형성하지 못하게 된다.

(2) 교사의 상호작용

이 시기에는 신뢰감 형성을 위해 영아가 표시하는 욕구를 민감하게 알아차리고 적절하게 충족되도록 잘 돌봐 주는 것이 무엇보다 중요하다. 따라서 일상에서 영아와 자주 눈맞춤 하며 미소 짓기 등과 같은 비언어적인 소통을 자주 가져야 한다.

영아가 부모 또는 양육자와 갖는 애착관계는 이후 사회정서행동에 영향을 미친다.

2) 2단계: 만 1~3세

(1) 발달과업: 자율성 vs 수치심 형성

이 시기의 영유아는 일상에서 겪게 되는 여러 충동적인 사건 사이에서 자신의 의지대로 선택하는 자율성을 키우게 된다. 이 시기의 영유아는 주어진 상황에서 스스로 해 보려는 자율성의 욕구를 가지며, 자신이 원하는 것을 탐색하고 얻을 수 있는 이행능력이 발달한다. 또한 간단한 언어(예: '내가' '안 해' '아니야' 등)로 자신의 의사를 표현한다. 그러나 이 시기 영유아의 수행은 분명 서툴고 완전할 수 없다. 따라서 영유아

의 현재 발달수준에 맞는 적합한 수행이라는 발달적 이해를 가지고 영유아의 수행을
의미 있는 것으로 받아들이고 지지해 줄 때 영유아는 자신의 수행에 대한 자신감을
키우게 된다.

반면, 영유아가 만든 서툴고 완전하지 못한 결과에 대해 비난하고 질책하거나 영
유아가 너무 어리다 하여 모든 것을 어른이 도와주려 한다면 영유아는 자신의 능력
에 대해 수치심을 가지게 되거나 환경에 적절히 대처하는 능력을 배울 기회를 박탈
당하게 된다. 영유아기에 형성하는 자율성은 이후 영유아의 인지학습 발달의 기초
가 되는 자신감, 탐색과 실행 능력을 키우는 데 매우 중요하다.

(2) 교사의 상호작용

이 시기 영유아의 서툴고 불완전한 수행을 발달과정에서 적합한 수준의 수행으
로 보는 영유아의 현재 발달에 대한 올바른 이해가 필요하다. 또한 영유아가 자신의
잠재능력을 충분히 이끌어 낼 수 있도록 영유아의 자발적인 수행은 무엇이든 격려
해 주어 자율적 의지를 촉진해 준다.

영유아의 행동과 의사소통을 그대로 모방하여 상호작용한다.

3) 3단계: 만 3~6세

(1) 발달과업: 주도성 vs 죄책감 형성

이 시기의 유아는 유치원이나 어린이집을 다니기 시작하면서 양육자 외에 또래

및 교사와 사회적 관계를 경험하게 된다. 그리고 놀랄 만큼 발달된 신체활동 능력과 언어 구사 능력을 사용하고, 적극적이고 능동적으로 외부 세계에 참여하며, 목표지향적인 행동을 하게 된다. 이 시기의 유아는 다른 유아를 자신의 놀이에 참여시키고 각각의 역할을 분담하며 다른 사람과의 상호작용 관계를 이끌어 가는 것을 재미있어한다. 유아는 가끔 무모한 일을 꾸미기도 하고, 나름대로 목표나 계획을 세워 도전적 목표를 달성하기 위해 애쓴다. 이 시기에는 어른이 유아가 스스로 세운 목표나 계획을 지지하고, 유아가 이를 탐색하고 실험해 보고 일상에서 실행해 볼 수 있도록 허용해 주고, 유아의 질문에 대해 충실히 답해 줄 때 유아의 주도성이 발달하게 된다.

반면, 유아는 자신의 계획이 예기치 못한 일로 인해 잘 이루어지지 않고, 자신이 하는 활동이나 언어표현을 제한하거나 간섭하고 어른이 이끄는 대로 따르도록 지시할 때 좌절을 경험하게 되며, 이러한 좌절로 자신에 대한 죄책감을 형성하게 된다. 이 시기의 유아가 주도성을 형성하는 것은 이후 인지학습에서 주도적으로 자신의 목표 수준을 설정하고 자신이 어떻게 목표에 도달할 것인지 그 과정을 계획하며 어려운 도전을 지속적으로 실행하는 문제해결 능력을 형성하는 데 중요한 기초가 된다.

(2) 교사의 상호작용

유아가 세운 목표나 계획을 성취하고 탐색하며 실험해 보고 일상에서 실행해 볼

유아가 선택한 방식대로 행동하며 상호작용한다.

수 있도록 허용해 준다. 또한 유아의 질문에 충실히 즉각적으로 반응하고 유아가 먼저 시도하고 주제를 선정할 수 있도록 기회를 준다.

4) 4단계: 만 6~12세

(1) 발달과업: 근면성 vs 열등감 형성

이 시기는 초등학교 시기로, 기초적인 인지 기능과 사회적 기능을 습득하게 되며 가족 외에 폭넓은 사회를 경험하는 시기이다. 이 시기의 아동은 무언가를 스스로 알아내고 성취하면서 자신의 능력과 가능성을 확인한다. 아동은 자신의 수행에 대해 인정받으며 성취감을 느끼고 자기가 잘할 수 있다는 유능감을 키우는데, 이처럼 타인으로부터 받는 인정의 과정으로부터 근면성을 획득하게 된다. 이와 같은 근면성은 이후 학교생활의 적응과 학업 성취의 기초가 된다. 따라서 교사는 아동이 무언가를 성취할 수 있도록 기회를 부여하고, 아동이 성취한 결과를 있는 그대로 수용하고 인정하며 격려해야 한다.

반면에 아동은 성취할 기회를 가지지 못했거나, 성취한 결과에 대해 비난받고 질책을 받거나, 자주 좌절을 경험할 때 열등감을 가지게 된다. 이는 이후에 실제 자신이 가진 능력과 상관없이 자신을 무능한 존재로 인식하게 되어 수행에 영향을 미치게 된다.

(2) 교사의 상호작용

아동이 무언가를 성취할 수 있도록 기회를 부여하고 아동이 성취한 결과를 그대로 받아들여 준다. 이와 같이 아동의 수행에 대해 인정하고 격려해 주는 것은 아동으로 하여금 자신이 만들어 낸 결과에 대해 인정받고 긍정적 피드백을 형성하게 한다.

아동이 즐거워하는 행동을 반복하며 상호작용한다.

표 1-7 Erickson의 심리사회적 발달단계

연령	심리사회적 발달단계	긍정적 특징 vs 부정적 특징
영아기 (생후 1년)	신뢰감 vs 불신감	양육자의 일관적·애정적 보살핌으로 편안함과 신뢰감 형성 vs 비일관적·무반응적 양육태도에 불신감 형성
걸음마기 (1~3세)	자율성 vs 수치심	자기주장, 자기의지에 따른 행동으로 자율성 획득 vs 지나친 제한과 심한 체벌로 인해 수치심과 의심을 갖게 됨
유아기 (3~6세)	주도성 vs 죄책감	능동적·목표지향적 행동과 책임감 발달로 주도성 증가 vs 주도성에 대한 비일관적이고 거친 훈육으로 죄책감을 갖게 됨
아동기 (6~12세)	근면성 vs 열등감	사회적·지적·신체적 기술 습득 및 능력 향상으로 근면성 발달 vs 다양한 능력을 키우지 못하고 실패나 실수로 열등감이 생김
청소년기 (12~20세)	정체감 vs 역할 혼미	자기 존재에 대한 새로운 인식을 정립하면서 자아정체감 형성 vs 자신에 대한 의문과 정체감에 혼돈을 가짐
성인 초기 (20~30대)	친밀감 vs 고립감	우정, 사랑 등 타인과의 친밀한 관계로 친밀감 형성 vs 타인과 원만한 관계를 맺지 못하고 고립감을 느낌
성인 중기 (40~50대)	생산성 vs 침체감	양육, 교육, 사회적 활동, 직업 등에서 생산성 발휘 vs 생산성 발휘를 하지 못할 경우 침체감 경험
노년기 (60대 이후)	자아통합 vs 절망감	지나온 삶에 가치를 두고 만족하며 자아통합을 이룸 vs 신체적·심리적 무력감, 후회로 인해 절망감 경험

출처: 신명희 외(2013).

제2장 영유아기의 영역별 발달특성

1. 운동 발달

1) 대근육 발달

대근육 운동은 팔, 다리, 몸통 등을 이용하여 움직이는 것으로, 걷기, 뛰기 등 큰 근육의 활동과 관련이 있다. 대근육 운동은 움직임(locomotion)뿐만 아니라 자세(posture) 조절에도 꼭 필요한 발달이다.

(1) 영아기

영아가 무거운 머리를 스스로 가누기 위해서는 목으로 머리를 지탱할 수 있는 근

[그림 2-1] 이행운동 발달

출처: Berk (2006).

육을 가져야 한다.

영아는 생후 1개월경에 목을 가누기 시작하며, 생후 3개월경에는 엎드린 채 어깨로 상체를 지탱할 수 있을 정도로 근육에 힘이 생긴다. 그리고 생후 6개월경에는 빠르게 기기 시작하며, 생후 8~9개월이 된 영아는 의자를 붙잡고 스스로 서 있는 법을 익히게 되고, 생후 10~12개월 즈음에는 혼자서 두 발로 서 있을 수 있게 된다.

(2) 유아기

영아기에 비해 유아기의 성장 속도는 다소 느려지나, 신장과 체중이 꾸준히 증가하는데 배넌 키는 7cm, 체중은 2kg씩 증가한다. 반면에 운동 기술은 급속도로 증가되는데, 영아기의 걷기와 뛰기 기술은 유아기에 더욱 발달하여 능숙하게 기능하고 움직임을 잘 통제할 수 있게 된다. 초보적인 운동 능력이 완전해져 더욱 안정적인 신체 조절과 자세 조절 능력이 발달된다.

7~12개월 영아는 가구를 붙잡고 혼자 서 있다.

두 종류의 균형 잡기 능력이 발달하는데, 하나는 움직일 때 유아가 평형을 유지할 수 있는 능력으로, 선을 따라 걷거나 선을 따라 구르기, 평균대 위에서 걷기, 구르기 등이다. 다른 하나는 몸이 안정적으로 유지되는 동안 유아가 평형을 유지하는 능력으로, 한 발로 서 있기 등이다. 유아는 자유로운 움직임을 통해 초보적인 이동을 넘어 보다 안정적으로 빠르게 걷기, 달리기, 두 발로 뛰기, 한 발로 뛰기 등의 이행운동 기술을 발달시킨다.

(3) 연령별 대근육 발달

연령	대근육 발달내용
1~6개월	• 엎드린 자세에서 턱을 들 수 있다. • 혼자서 몸을 뒤집고 뒤를 받쳐 주면 걷는다. • 보조 없이 앉을 수 있다. • 아기의자에 앉을 수 있다. • 기는 동작을 통해 자기 힘으로 돌아다닐 수 있다.
7~12개월	• 혼자 안전하게 앉아 있을 수 있다. • 손과 발로 기어다닌다. • 가구 등을 붙잡고 일어설 수 있다. • 혼자 일어설 수 있고, 어른이 붙잡아 주면 걸을 수 있다.
12~17개월	• 다른 사람의 도움 없이 혼자서 설 수 있다. • 혼자 걸을 수 있다. • 혼자 일어설 수 있다. • 도움을 받아서 계단을 오르내릴 수 있다. • 뒤로 걸을 수 있을 정도로 걷기에 능숙해진다. 그러나 아직은 선을 따라서 걷거나 걷다가 갑자기 정지하지 못한다.
18~24개월	• 아직까지 달리기에는 능숙하지 못하다. • 두 발 모아 뛰기를 할 수 있다. • 난간을 잡고서 계단을 오르내릴 수 있다. • 몸의 균형을 잡고 공을 앞으로 찰 수 있다. • 난간 없는 계단도 혼자 오를 수 있다.
만 3세	• 점프, 기어오르기, 앞뒤로 달리기 등과 같은 단순한 동작을 즐긴다. • 세발자전거를 탈 수 있다. • 발끝으로 걸을 수 있다. • 한 발로 멀리뛰기를 할 수 있다.
만 4세	• 정글짐을 기어오르거나 다양한 방식으로 놀이 기구를 이용한다. • 발을 번갈아 가며 계단을 내려올 수 있다. • 30cm 높이에서 뛰어내릴 수 있다. • 공을 잡을 수 있고, 정확한 자세로 앞으로 곧게 던질 수 있다.
만 5세	• 능숙하면서도 균형 잡힌 자세로 놀이를 할 수 있다. • 미끄럼 타기, 그네 타기가 능숙하다. • 50cm 높이에서 뛰어내릴 수 있다. • 한 발씩 교대로 깡충 뛰기와 줄넘기를 할 수 있다.

출처: Mahoney & Perales (2010).

2) 소근육 발달

소근육 운동은 손가락과 같이 미세한 근육을 사용하는 운동으로, 젓가락 사용, 단추 잠그기, 양말 신기 등이 이에 해당된다.

(1) 영아기

신생아는 쥐기 반사를 통해 자신의 손에 닿는 것을 움켜쥔다. 또한 천장에 매달린 모빌을 향해 손을 뻗기도 한다. 생후 5개월이 되면 손 뻗기의 방향과 근육 사용이 좀 더 정교해지며, 생후 6~9개월경에는 한 손에서 다른 손으로 물건을 옮길 수 있게 된다. 대략 생후 10개월이 되면 엄지손가락과 집게손가락을 이용해 작은 물체를 집기 시작한다. 집기 능력은 연령이 증가하면서 좀 더 정교해지고 유연해지는데, 잡는 대상의 크기, 모양, 질감에 따라 잡는 행동을 다양하게 변화시킬 수 있게 된다.

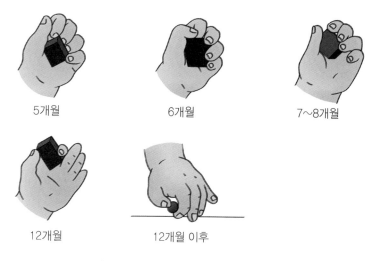

[그림 2-2] 영아의 소근육 운동 발달

출처: Shaffer (1993).

(2) 유아기

유아기에는 주변 사물들을 정확히 다루고 조절하는 조작 기술이 발달하고 눈과 손의 **협응** 능력이 발달하면서 소근육 운동 기능도 정교하게 발달하게 된다. 눈과 손의 협응으로 이루어지는 행동은 사물을 인식하고 반복적인 감각경험을 쌓아서 습득하게 된다. 소근육 운동 기술은 여아가 빨리 획득하며, 이러한 소근육 운동 기술의 발달로 유능하고 독립적인 존재로 스스로를 인식할 수 있게 된다.

만 3세경부터 손에 대한 선호도가 나타나며 손의 편향성으로 3~4세가 되면 우세한 손 사용이 결정되는데, 몸의 오른쪽을 지배하는 좌뇌가 우세하므로 90% 이상이 오른손잡이로 확립된다.

(3) 연령별 소근육 발달

연령	소근육 발달내용
1~6개월	• 장난감이 손에 닿으면 손을 꽉 쥔다. • 느슨하게 손을 펴거나 오므린 채 있다. • 손을 폈다가 주먹을 쥐고, 대상을 보고 손을 뻗는다. • 손 전체를 이용해 작은 크기(약 5cm 정도)의 블록 장난감을 잡는다. • 손바닥으로 물건을 쥐고 손목을 돌린다.
7~12개월	• 팔을 뻗어 원하는 장난감을 잡는다. • 방울 달린 장난감을 쥐고 흔들면서 소리에 반응한다. • 장난감을 다른 손으로 옮겨 잡을 수 있다. • 손가락 움직임이 나타난다. • 양손 모두에 장난감을 잡을 수 있다. • 한 손으로 물건을 조작하면서 동시에 다른 한 손으로 물건을 잡기 시작한다. • 장난감을 집어서 상자 안에 넣을 수 있다. • 종이에 그림을 그릴 수 있다. • 직접 벨을 눌러 소리가 나게 할 수 있다. • 손가락을 사용하여 물건을 집을 수 있다.

12~17개월	• 책장을 한 번에 여러 장씩 넘긴다. • 2개의 블록으로 탑을 쌓는다. • 크레파스나 연필로 낙서를 한다.
18~24개월	• 한 손에 2개의 장난감을 잡는다. • 2개 이상의 블록으로 탑을 쌓는다.
만 3세	• 엄지와 검지를 이용하여 작은 물건을 잡을 수 있다. • 8~9개의 블록을 쌓을 수 있다. • 그림 위에 스티커를 붙일 수 있다. • 주어진 모양이나 선을 따라 그릴 수 있다. • 도형, +자 모양, X자 모양 등을 그릴 수 있다.
만 4세	• 3세보다 많은 수의 블록을 반듯하게 쌓을 수 있다. • 가위로 곡선과 직선을 따라 오릴 수 있고, 단순한 형태로 오려서 붙일 수 있다. • 간단한 모형을 보고 여러 가지 블록을 이용하여 따라서 만들 수 있다.
만 5세	• 소근육 기술이 보다 정교하게 발달한다. • 자신의 이름이나 아는 숫자를 쓸 수 있다. • 잡지의 그림을 가위로 오릴 수 있다.

출처: Mahoney & Perales (2010).

2. 감각 발달

1) 영아기의 감각 발달

영아는 감각을 통해 자기를 둘러싼 환경에 대해 이해하기 시작한다. 또한 외부의 자극들을 통해 감각기관(시각, 후각, 미각, 청각, 촉각)이 발달하기 시작한다. 이때 자극을 받아들이는 과정을 감각(sensation)이라 하고, 그 자극을 통해 들어온 정보를 이해하는 것을 지각(perception)이라 한다.

감각 발달

　　태내에서 태아의 감각기관이 발달하기 시작하는데, 그중 촉각이 가장 먼저 발달하게 된다. 임신 3개월경에는 태아의 피부 전체가 촉각 자극에 반응하고, 임신 6개월경에는 후각과 미각이 발달하며, 엄마가 먹은 음식의 냄새나 향수의 냄새도 맡을 수 있게 된다. 임신 6개월이 지나면 다양한 소리와 목소리의 구별을 할 수 있을 만큼 청각이 발달한다. 시각은 발달이 가장 늦어서 임신 7개월경에 밝고 어두운 정도만 인식한다. 태아의 감각은 이와 같이 촉각이 가장 먼저 발달하고 이어서 후각과 미각, 청각, 시각의 순서로 발달한다.

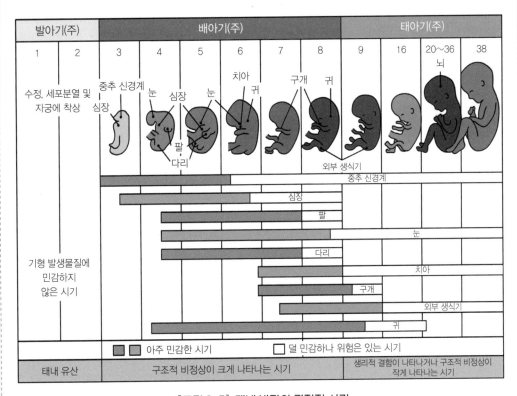

[그림 2-3] 태내 발달의 결정적 시기

출처: Shaffer & Kipp (2007): 신명희 외(2013), p. 77에서 재인용.

2) 연령별 감각 발달

연령	시각	청각	촉각	미각	후각
1~3 개월	• 가장 늦게 발달하는 감각임 • 어른에 비해 10~30배 정도 낮은 시력임 • 움직이는 물체에 시선이 따라감 • 사람의 얼굴을 선호함	• 다양한 소리를 인식하나 사람 소리에 민감함 • 엄마 목소리와 높은 톤의 여자 목소리를 선호함 • 생후 3일, 소리를 인식함 • 생후 20일, 주 양육자와 낯선 사람의 목소리를 구별함 • 생후 3개월, 슬픈 목소리와 기쁜 목소리를 구별함	• 입술과 입을 통해 탐색함(입속에는 손끝보다 신경세포가 많음) • 촉각은 사회적인 감각기관이라 함 • 촉각을 통해 직접적 상호작용이 이루어지며 정서적 안정감을 느낌	• 생후 1개월, 모유나 분유의 맛을 구별함 • 단맛, 쓴맛, 신맛, 짠맛을 구별함 • 단맛을 선호함	• 생후 1~2주, 엄마의 모유 냄새를 인식함 • 후각은 기억과 감정을 조절하는 신경체망과 연관됨 • 후각 자극은 정보에 대한 연상작용을 함
4~6 개월	• 빨간색, 노란색, 초록색, 파란색 등의 기본색을 구별함 • 깊이와 거리를 지각함	• 생후 4개월, 청력이나 음경이 급격히 발달함 • 다양한 음색의 소리를 구별함 • 생후 6개월경, 모든 언어의 음소를 감지함(모국어에 없는 'R'과 'L' 발음을 구별) • 자신의 이름을 인식함	• 신체 접촉에 반응함	• 생후 4개월, 짠맛을 선호함 • 특정한 맛에 대한 선호가 분명해짐	• 엄마와 다른 사람의 냄새를 구별함
7~12 개월	• 다른 사람의 얼굴 표정을 보고 여러 감정을 이해함 • 어른과 비슷한 시력(1.0)으로 세상을 봄	• 모국어 소리에 더 민감함	• 특정 행동에 대해 신체 접촉을 해 주면 그 행동을 반복함		

| 만 1세 | • 원근감과 입체 형태를 구별함
• 자유롭게 눈동자를 움직이고 깜박임 | | • 껴안거나 입 맞추는 신체 접촉을 통해 애정이나 기분을 표현함 | • 침 분비가 왕성하고 맛에 대한 감각이 활발해짐
• 어른 수준으로 맛을 느낌 | |
| 만 2세 | • 시선과 눈동자의 움직임이 완전하게 발달함
• 움직이는 놀잇감에 흥미와 관심을 보임 | | • 촉감 자극을 경험할 수 있는 책을 자주 보기 시작함 | | • 냄새에 대한 반응이 어른과 비슷해짐(달콤한 냄새를 좋아하고 썩은 냄새는 싫어하는 등) |

출처: 곽금주(2016).

3. 인지 발달

　인지는 인간의 정신적 사고 과정을 의미하는 광범위한 개념으로 생물학적 성숙뿐만 아니라 영유아가 매일 일어나는 일상생활 중의 상호작용과 일과 속에서 지각하고, 사고하고, 이해하고, 추론하고, 판단을 내리는 능력을 의미한다. 인지적 성장은 영아기에 급속도로 이루어지는데, 영아기에는 눈과 귀, 손, 발, 입의 다섯 가지 감각을 이용하여 환경을 탐색하며, 영아기 이후에는 신체를 자유롭게 조절하게 되고 인과관계의 개념까지 이해하게 되면서 문제를 해결하기 위해 새로운 행동을 시도하고 시행착오를 거치며 적극적 탐색을 통해 인지가 급격하게 발달한다. 그리고 유아기에는 상징적 사고 능력이 발달하며, 사물의 분류, 양과 수, 공간과 시간에 대한 지식이 발달하여 인지적 기초 지식을 습득하게 된다(문혁준 외, 2010).

1) Piaget의 인지 발달 개념

　Piaget의 인지 발달이론에 의하면, 아동의 인지 능력은 연령에 따라 감각운동기, 전조작기, 구체적 조작기, 형식적 조작기의 4단계를 거쳐 발달하며, 이러한 인지 발달단계는 개인에 따라 속도는 다를 수 있지만 모든 아동은 정해진 단계를 순서대로 거치며 점차 더 높은 수준으로 발달한다. 영아는 자극에 자동적으로 반응하는 '반사적 유기체'에서 점차 자신의 행동을 통제할 수 있고 사고할 수 있는 '생각하는 유기체'로 변한다.

(1) 영아기

감각운동기는 출생~만 2세의 영아기에 해당하는 발달단계로, 이 단계의 영아는 감각과 운동을 통해 세상을 이해하게 된다. 이 시기에는 표상 능력이 생겨나기 시작하면서 문제해결 능력이 발달하고 자신이 주변 세계와 분리된 독립적인 개체임을 깨닫게 된다. 이 시기의 영아는 대상영속성 개념을 획득하며, 기억 능력이 향상되면서 지연모방이 나타난다.

감각운동기에 획득하게 되는 중요한 능력 중의 하나인 **대상영속성**은 사람이나 사물이 보이지 않더라도 계속 존재하고 있다고 인식하는 것이다. 첫째, 자아는 주변 세계와는 물리적으로 분리된 독립적인 존재이며, 둘째, 주변의 물체는 시야에 있지 않다 하더라도 계속적으로 존재한다는 것이다. 감각운동기가 끝나는 2세 정도의 영아는 대상영속성 개념을 지니고 있다.

감각운동기의 영아는 사람이나 사물이 보이지 않더라도 존재한다는 대상영속성 개념을 형성한다.

표 2-1	영아기의 대상영속성 개념 발달	
발달단계	영아의 행동	대상영속성 개념
반사활동기 (0~1개월)	• 생득적 반사활동	• 대상영속성 개념이 전혀 없음
1차 순환반응기 (1~4개월)	• 우연히 일어났던 행동을 반복 -손가락 빨기	• 대상영속성의 초기 형태: 물체의 움직임을 따라 시선을 움직이다가 물체가 사라지면 물체가 사라지기 바로 전에 머물렀던 지점을 잠시 바라보다가 고개를 돌림
2차 순환반응기 (4~8개월)	• 물체를 조작 -의도성, 목표지향적 행동	• 주변의 물체가 보이지 않아도 어딘가에 존재한다는 것을 어렴풋이 이해함: 물체가 부분적으로 눈에 보이는 경우에는 잡으려고 애쓰지만 물체가 사라지는 과정을 보았음에도 완전히 사라진 경우에는 찾지 않음
2차 반응의 협응기 (8~12개월)	• 물체의 영속성 개념 • 모방의 시작	• 시야에서 사라진 물체를 적극적으로 찾으려 함: 영아가 지켜보고 있는 동안 물체를 처음 감춘 장소에서 다른 장소로 옮겨 놓아도 처음 장소에서 물체를 찾으려 함
3차 순환반응기 (12~18개월)	• 물체에 실험 시도 -새로운 결과를 얻기 위해 여러 가지 방법 시도 • 물체를 따라 눈길이 감	• 영아가 보는 앞에서 빠른 속도로 장난감을 이리저리 숨겨도 그것을 찾을 수 있음. 그러나 보이는 곳으로의 이동은 이해 가능하나 보이지 않는 곳으로의 이동은 완전히 이해하지 못함
사고의 시작 (18~24개월)	• 지연된 모방행동 • 시행착오	• 대상영속성 개념이 완전히 발달 • 숨기는 장면을 목격하지 않아도 그 대상을 찾을 수 있음

출처: 곽금주(2016), p. 121.

(2) 유아기

유아기는 Piaget의 인지 발달단계 중 **전조작기**(preoperate stage)에 해당한다. 이 단계에서는 논리적인 조작은 불가능하나 이를 획득하기 위해 유아기에 구체적인 사물을 다양하게 조작하고 경험해 보는 활동 등이 필요하다. 이러한 경험을 통해 유아는 사물의 특성과 그 관계성을 서서히 이해해 나간다.

전조작기 사고는 사물의 여러 가지 면을 동시에 고려하지 못한 채 눈에 띄는 한

가지 특성에 집중하는 '자기중심적(egocentrism)' 특성을 가진다. 따라서 다른 사람의 생각이나 관점에서 생각해 보는 것도 아직 어렵다. 이러한 사고 특성은 유아기의 안전사고와도 연결된다. 눈에 띄는 특성에 매료되어 주변 상황의 위험 요소까지 동시에 고려하지 못하기에 어려움이 있다. 영아기에 비해 기억·문제해결·마음이해 능력 역시 크게 발달한다.

표 2-2   유아기의 전조작적 사고 특성

중심화	• 사물의 한 가지 차이에만 초점을 두고 다른 중요한 특성들을 간과하는 경향성을 의미 • 어느 상황을 동시에 다양한 관점으로 생각하지 못하고 비논리적인 결론을 내림 • 직관적 사고와 자아중심성의 특성을 나타냄
직관적 사고	• 사물의 여러 측면을 고려하지 못함 • 현재 지각되는 어느 한 사실에만 주의를 기울이고 대상의 특성을 파악하는 사고 • 겉모습과 실제를 구별하지 못하고 겉모습을 곧 실제라고 생각하는 현상(예: 귀신 가면을 쓴 엄마를 보고 귀신이라고 생각해서 무서워함)
자기중심적 사고	• 타인의 생각, 감정 등이 자신과 동일하다고 믿고 타인의 관점을 이해하지 못하는 경향 • 자신의 말을 다른 사람들이 듣고 있는지, 이해하는지에 관계없이 자신이 하고 싶은 말을 하는 자기중심적 언어를 사용함
표상적 사고	• 상징(symbol)의 사용으로 표상적 사고 능력을 나타냄 • 이전까지는 신체를 이용한 실제 경험을 통해서만 인지작용이 가능했다면 이제 눈앞에 없는 사물이나 사건들을 정신적으로 그려 내는 정신적 표상을 사용함
지연모방	• 어떤 특정 행동을 목격하고 일정 시간이 지난 후에 그 행동을 재현함 • 기억 속에 저장하고, 후에 인출해 낼 수 있는 심상을 구성할 수 있음
보존 개념	• 한 사물의 겉모습이 변해도 더하거나 빼지 않으면 그것의 길이, 양, 무게, 면적, 부피 등은 변화하지 않음을 이해함. 단, 아직 동일성, 가역성, 상보성이라는 개념에 대한 이해는 부족함
분류 개념	• 유사성과 차이점을 구별함 • 논리적 사고의 기초가 되는 사물이나 사건을 일정 규칙에 의해 분류할 수 있음 • 범주화를 통해 전체는 부분보다 크며, 상위 범주는 하위 범주를 포함한다는 것을 이해함. 단, 색이나 형태의 지각적 속성에 의한 범주화는 어려움

출처: 곽금주(2016), pp. 123-126.

[그림 2-4] 유아기의 자기중심적 사고

출처: 곽금주(2016), p. 126.

2) 기억 발달

달력을 보며 가족의 생일을 떠올리는 것, 누군가에게 전화를 걸 때 전화번호를 떠올리는 것과 같이 필요한 정보를 떠올리는 것을 기억(memory)이라고 한다.

기억의 과정은 부호화, 저장, 인출의 일련의 과정을 거쳐 이루어진다. 사람들은 기억을 할 때 부호화(encoding)를 통해 정보를 뇌가 저장할 수 있는 형태로 처리한 후 기억 속에 넣고, 정보를 저장(storage)한다. 이후 저장되어 있던 정보를 필요할 때 다시 꺼내어 사용하는 것을 인출(retrieval)이라 한다. 인출에는 재인과 회상의 방법을 사용한다.

재인(recognition)은 어떤 단서를 통해 저장된 정보를 떠올리는 것으로, 쉽게 말해 전에 접했던 대상을 알아보는 과정이다. 예를 들어, 동화를 보다가 판다를 보았을 때 예전에 동물원에서 보았던 판다를 떠올리는 것이다. 회상(recall)은 아무런 단서 없이 정보를 떠올리는 것으로, 여러 종류의 기억 속에서 해답을 찾아가는 과정으로

[그림 2-5] **기억의 인출 과정**

설명할 수 있다. 예를 들어, 작년 생일에 무엇을 했는지 떠올리는 것이다.

(1) 영아기

영아는 반복적으로 제시된 자극이나 친숙한 자극을 알아보는 타고난 기억 능력을 보인다. 생후 2개월 된 영아는 인과관계를 하루 동안 기억할 수 있고, 생후 6개월 된 영아는 2주 정도 기억할 수 있으며, 생후 18개월 된 영아는 약 3개월 전의 상황을 기억할 수 있다.

(2) 유아기

이 시기의 유아는 자신에게 흥미 있거나 인상 깊었던 것, 실생활에 관련된 것들을 더 잘 기억하며, 기억 전략을 가르쳐 주어도 필요할 때 그 방법을 잘 사용할 줄 모른다. 또한 장기기억에 저장된 정보를 인출하는 데 서툴기 때문에 모호하고 일반적인 단서를 주면 정보를 인출하는 데 어려움을 겪는다. 그러나 인출하려는 정보와 관련된 단서를 주면 더 잘 기억해 낸다.

4. 의사소통 발달

언어는 인간의 사회적 상호작용을 매개해 주는 중요한 요소이다. 언어를 통해 인간은 자신의 생각과 감정 등을 다른 사람에게 전달하는 동시에 타인의 생각과 감정을 이해한다. 태어나면서부터 인간은 듣기를 통해 말을 배우기 시작하고, 언어를 통한 의사소통 과정 속에서 다른 사람과 관계를 맺으며 점차 사회적 존재로 성장한다.

1) 언어 발달

영아기에 한 단어 및 두 단어 시기를 거쳐 유아기에는 세 단어 이상을 조합할 수 있게 된다. 보다 긴 문장을 구성하고, 문법형태소를 첨가하여 문법적으로 정교한 문장을 사용하며, 부정문과 의문문, 복문이 발달하여 어른과 유사한 형태의 문장을 구사한다.

유아는 또래나 어른과의 대화를 통해 적절한 의사소통 기술을 배워 간다. 또한 듣기, 말하기, 읽기, 쓰기 및 글자를 읽고 쓸 수 있는 능력이 발달하며 주위의 다양한 인쇄물에 있는 글자를 통해 의미를 구체적으로 구성해 나간다. 유아용 그림책들을 통해 글자에 주의를 기울이며, 자신과 가족의 이름 글자에 관심을 가지고 인식하게 된다. 따라서 유아기에는 일상에서 읽고 쓰는 경험을 제공하는 환경을 지원할 필요가 있다.

언어 발달의 생득이론

타고난 언어 습득 능력을 주장하는 생득이론에서는 언어 발달에 결정적 시기(criticl period)가 있다고 주장한다. Lenneberg(1967)는 세계 모든 아동의 언어 발달이 비슷한 시기에 비슷한 순서로 이루어진다고 주장하였다. 즉, 생후 2~3개월경에 옹알이를 시작하고, 첫돌 무렵에 첫마디를 말하며, 두 돌 무렵에는 몇 개의 단어를 말하고, 4~5세경에는 수천 개 단어의 의미를 이해하고 문장을 산출하게 된다는 것이다.

Lenneberg는 또한 2세부터 사춘기에 이르기까지는 언어를 쉽고 빨리 익히기 때문에 언어를 학습하는 데 결정적 시기가 있다는 주장을 하였다. 따라서 영유아가 타고난 언어 습득 능력이 있다 하더라도 적절한 시기에 충분한 언어적 자극을 받아야 제대로 발휘될 수 있다는 것이다. 그리고 1970년 미국 로스앤젤레스에서 발견된 Genie라는 소녀의 사례를 통해 언어 발달의 '결정적 시기' 가설을 검증하였다.

1970년 로스앤젤레스에서 발견된 12세 여아 'Genie'

1970년대 미국 로스앤젤레스에서 발견된 Genie란 소녀는 출생 후 20개월부터 13세가 넘을 때까지 아버지에 의해 작은 구석방에서 격리되어 살아왔다. Genie는 죄수복 같은 옷을 입고 작은 유아용 의자에 하루 종일 묶여 있었기 때문에 손발만 겨우 움직일 수 있었다. 아무도 Genie에게 말을 걸지 않았고 Genie가 어떤 소리라도 내면 아버지에게 심한 매를 맞았다. Genie는 발견 당시 사춘기가 지나 있었지만 심한 영양실조로 인해 어린아이처럼 보였고, 똑바로 서지도 못하고 말도 하지 못했다. 그 후 집중적인 언어훈련을 받았지만 끝내 정상적인 수준에는 도달하지 못하였으며, 사용하는 언어는 주로 전보식 언어였고, 약 2세 정도의 수준이었다.

출처: 정옥분(2014), p. 224.

(1) 영아기

출생에서 생후 10~13개월경까지를 전언어 단계(prelinguistic period) 시기라고 한다. 신생아가 태어나면서 처음 내는 소리는 울음이다. 따라서 언어 발달의 첫 단계는 울음에서 시작된다. 아기의 첫 울음은 숨을 내쉼으로써 일어나는 순수한 반사활동의 결과이지만, 점차 울음이 분화되고 특수화되면서 울음은 영아가 자신의 욕구를 표현하는 의사소통 수단으로 발전하게 된다.

생후 1개월이 지나면서 울음으로 구성된 소리를 내기 시작하다가 생후 2개월 이후부터는 이러한 구구 소리내기(cooing)가 옹알이(babbling)로 바뀌게 된다. 옹알이는 언어와 유사한 최초의 말소리로, 언어 발달 과정에서 매우 중요하게 인식된다.

생후 12~18개월 사이를 한 단어 단계(one word stage) 시기라고 한다. 이 시기의 영아는 한 단어를 말하기 시작한다. 영아가 한 단어를 말하기 시작하면서 어휘 습득

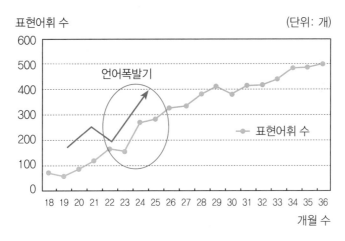

[그림 2-6] **개월 수에 따른 표현어휘 수의 변화 추이**

출처: 한솔교육연구원(2014).

이 급격하게 발달한다. 초기에 습득되는 어휘는 '엄마' '맘마' 등 친숙한 대상이나 사물의 이름이다.

생후 18~24개월 사이를 두 단어 단계(two words stage) 시기라고 한다. 이 시기의 영아는 2개의 단어를 연결하여 간단한 문장을 사용할 수 있게 된다.

한편, 생후 22~24개월 정도에 이르면 단어 습득의 속도가 급속하게 발달하며 어휘가 폭발적으로 늘어나게 되는데, 이러한 발달 시기를 '언어폭발기(vocabulary spurt)'라고 한다.

영아는 "엄마, 물."과 같이 가장 핵심적인 단어만으로 문장을 구성하게 된다. 이 단계의 언어를 전보식 언어라고 하는데, 전보식 언어는 조사나 접속사 등이 생략된 채 몇 개의 핵심 단어만으로 구성된 문장으로 말하는 것이다.

- 과잉확대: 특정 대상을 가리키는 단어를 다른 대상에까지 일반화하여 확대해서 사용하는 것('멍멍이'를 네 발의 털 달린 동물에게 모두 적용)
- 과잉축소: 일반적이고 포괄적인 단어를 특정 대상에만 사용하는 것(승용차만 '차'라고 함)

(2) 유아기

만 2세경부터 유아의 어휘, 문법, 문장 체계는 빠르게 발전해 나간다. 이 시기를 세 단어 단계(three words stage)라 하며, 이 시기의 유아는 세 단어 이상의 문장으로 말하기 시작한다.

어휘는 사용어휘와 이해어휘로 나뉜다. 이해어휘는 사용어휘보다 빨리 발달하며, 이해어휘가 사용어휘의 약 2배 정도 된다. 만 2~3세의 유아는 약 450단어 정도의 어휘를 사용하여 표현한다.

만 3세경의 유아는 900~1,000단어 정도의 어휘와 문법의 초보적 사용이 가능해진다.

만 5세경의 유아 대부분은 모국어가 기본적으로 완성되며 몇 개의 어려운 발음에서는 어려움을 겪는다.

(3) 연령별 수용언어와 표현언어의 발달

수용언어는 다른 사람의 말을 인지할 수 있는 언어로, 표현언어가 시작되기 이전에도 영아는 타인의 말을 이해하거나 자신의 이름에 반응하고, 간단한 지시 등을 이해하고 반응할 수 있다.

초기 수용언어는 영아기의 경험과 주변과의 상호작용에 의한 어휘들 위주로 습득된다. 따라서 일반적으로 가족, 장난감, 신체 등 자신이 경험하거나 즐거워하는 사물 위주의 어휘를 습득한다.

표현언어는 소리 내어 말할 수 있는 언어로, 수용언어와 다르게 발달속도에 차이를 보이는데, 일반적으로 수용언어는 표현언어보다 앞서 발달한다. 수용언어는 꾸준한 성장을 보이는데, 표현언어는 만 2세 전후에 빠른 발달을 보인다.

표 2-3 연령별 수용언어와 표현언어의 발달

연령	수용언어	표현언어
0~3개월	• 엄마의 목소리(tone)를 인식할 수 있다. • 비슷한 발음을 나타내는 말들을 구별할 수 있는 능력을 가진다.	• 운다. • 작은 목울림 소리를 낸다. • '아, 에, 으' 소리를 낸다.
4~6개월	• 다른 톤의 목소리에 반응할 수 있다. • 소리를 인식하고 그쪽으로 머리를 돌린다. • 자신에게 필요한 소리를 선택적으로 들을 수 있는 능력을 가진다.	• '아, 구' 소리를 낸다.
7~12개월	• 이름을 부르면 고개를 돌리거나 쳐다본다. • 엄마의 "안 돼."라는 말에 자신의 행동을 조심하게 된다.	• '다, 바, 가, 마' 등 다양한 발성음을 낸다. • '음마' '빠빠' 소리를 낸다. • 엄마가 내는 소리를 따라 한다. • 표현하는 어휘 수는 약 10개이다.
만 1~2세	• 주어진 대화 상황에서 단지 몇 개의 단어를 이해한다. • 달라고 하면 사물을 건네준다. • '안 돼'라는 말을 이해하고 행동을 멈춘다. • 사회적 참조(social reference) 개념이 형성된다. • 자신의 신체 부위를 지적할 수 있다. • 간단한 지시를 따른다. 달라고 하면 사물을 건네준다. • 자신의 나이를 알고 말한다.	• '엄마' '아빠' 또는 비슷한 말로 부모를 부른다. • 머리를 가로저어 '싫어'라는 표현을 한다. • 대화 상황에서 특정 단어로 먹을 것이나 마실 것을 요구한다. • 엄마, 아빠 이외에 두 단어 이상을 말한다. • 표현하는 어휘 수는 약 50~150개이다.
만 2~3세	• 세 단어의 문장을 이해한다. • 보다 많은 단어와 복수형태, 현재완료, 비교문을 이해한다. • 한 번에 두 가지 지시를 따른다. • 어른 말의 60~80%를 이해한다.	• 상대방의 말에 관심을 갖고 간단한 대화를 주고받을 수 있다. • 2개의 단어로 문장을 만들 수 있다. • '안 돼' '싫어' 등의 부정문을 사용할 수 있다. • 문법에 맞는 간단한 질문을 한다. • 표현하는 어휘 수는 약 100~120개이다.
만 3~4세	• 네 가지 색깔 이름을 정확히 구분한다. • 위치를 나타내는 단어를 3개 이상 안다(예: 안, 위, 옆, 아래). • 남자와 여자를 구분한다. • 다양한 대조 개념을 이해한다(예: 빠르다-느리다, 착하다-나쁘다, 먼저-나중, 쉽다-어렵다, 가득 차 있다-비었다 등)	• 3개 이상의 낱말을 연결하여 문장을 만들어 사용할 수 있다. • 일상 중에 약 50개의 단어를 사용하여 말한다. • 문법의 초보적 지식을 갖추게 된다. • 표현하는 어휘 수는 약 1,000개이다.

만 4~5세	• 왼손과 오른손을 구별한다. • 간단한 주소를 안다(예: 시, 동네, 아파트 이름 등). • 최상급 단어를 알고 사용한다. • 오늘, 어제, 내일의 의미를 안다.	• 10개 이상의 단어로 이루어진 긴 문장을 말한다. • 평서문, 부정문, 의문문, 명령문 등의 다양한 문장을 사용한다. • 표현하는 어휘 수는 약 1,600개이다.
만 5~6세	• 세 가지 지시를 올바른 순서로 수행한다.	• 6~12개의 단어로 문장을 만들 수 있다. • 20,000단어 이상을 이해하고, 2,500여 개의 단어를 사용한다. • 요일을 순서대로 말한다. • 완벽하지는 않지만 대부분의 문법 규칙을 터득한다.

출처: 김정미, 신희선(2013).

2) 사회적 언어 발달

(1) 영아기

영아들은 주 양육자와 동시에 소리를 내는 일이 자주 있다. 그러나 생후 3~4개월경에는 양육자와의 상호작용이 유연하게 '주고받기(turn-taking)'식으로 발전한다. 즉, 양육자가 말을 하기 시작하면 조용해지고, 말을 멈추면 소리로 답한다. 생후 10~12개월이 되면 고개를 끄덕끄덕하거나 설레설레 젓는 등 자신만의 독특한 몸짓을 사용하여 상대방에게 자신이 원하는 바를 나타낸다.

공동주의(joint attention)는 다른 사람과 경험을 공유하기 위해 영아가 어른의 사물과 행동에 주의를 기울이는 능력이다(이영 외, 2017). 생후 9~12개월의 영아들은 흥미로운 대상을 가리키면서 상대방의 주의를 끄는 행동(시선 따라가기, 손가락 가리키기, 고개 돌리기 등)으로 의사소통하기도 한다. 이러한 공동주의 능력은 이후의 언어발달을 예측할 수 있는 중요한 발달 지표이다.

(2) 유아기

유아기에는 다른 사람과 의사소통하는 방법에 관한 지식이 발달한다. 만 2~3세가 되면 효율적인 의사소통을 위해 교대로 말을 해야 된다는 것을 알게 되어 상대방에게 말할 기회를 주기도 하고, 상대방이 말할 때 잠시 기다리기도 한다. 만 3~5세의 유아들은 자신이 말하고자 하는 내용을 듣는 사람의 수준에 맞춰야 한다는 것을 배운다. 즉, 어떻게 이야기를 시작하고 어떻게 대화를 이끌어 가는지 알게 되며, 다른 사람의 이야기를 듣고 적절하게 반응하는 사회적 언어(social speech)로 발전한다.

5. 정서 발달

정서란 개인의 주관적 느낌으로, 자신이 욕구를 표현하거나 상황에 관련된 신체적(혈압, 맥박, 호흡 등) · 심리적(미소, 찡그림 등의 얼굴 표정과 행동) 반응을 표현하는 방식이다. 개인의 욕구나 목적과 관련된 사건에 대한 신체적 · 심리적 반응으로 나타나는 감정 또는 느낌이다.

영아기부터 자신이 느끼는 정서를 양육자에게 표현하고 양육자와 정서를 나누기도 하는데, 이러한 상호작용은 사회성 발달의 기초가 된다(곽금주, 2016).

1) 정서표현 발달

Lewis(2008)에 의하면, 서로 다른 정서는 발달하는 시기가 다르며 정서가 나타나는 시기에 따라 1차정서와 2차정서로 나눌 수 있다. 신생아는 1차정서라고 불리는 기본적인 정서를 가지고 태어난다. 선천적으로 분노, 기쁨, 슬픔, 놀라움, 공포 등의 정서를 1차정서 또는 기본정서라고 한다. 2차정서는 인지 능력이 요구되는 정서로서 의식 혹은 객관적 자기인식, 마음이론, 상위인지와 같이 고차적인 인지 능력이 먼저 발달한 후에 나타나기 때문에 자의식적 정서라고도 불린다. 2차정서에는 당혹감, 공감, 질투, 수치심 등이 포함되며, 상대에 대한 이해가 요구된다(문혁준 외, 2010).

(1) 영아기

1차정서 또는 기본정서는 문화 보편적으로 나타나는 인간의 가장 기본적인 정서로서 생후 3개월경의 영아는 기쁨, 슬픔, 혐오를 표현한다. 예를 들면, 사람의 얼굴을 보았을 때 미소를 지어 기쁨을 표현하고, 배가 고플 때 바로 수유가 주어지지 않으면 울음으로 슬픔을 표현한다. 또한 맛이 없는 음식을 먹었을 때는 음식을 뱉으면서 혐오감을 표현한다(Lewis, 2008).

생후 4~6개월경에는 분노를 표현하며, 생후 7~8개월경에는 공포나 놀람을 나타낸다. 이와 같이 생후 8~9개월경이면 영아는 여섯 가지 기본 정서를 표현할 수 있다.

한편, 2차정시는 영아에게 사기인식이 생기는 생후 18개월 이후부터 나타나는 것으로서 이 시기의 영아는 당혹감, 공감, 질투를 표현한다(Draghi-Lorenz et al., 2005: 곽금주, 2016에서 재인용).

(2) 유아기

2차정서 또는 복합정서는 1차정서보다 복잡한 인지 능력을 필요로 하기 때문에 의식 혹은 객관적 자기인식, 마음이론, 상위인지와 같은 고차적인 인지 능력이 발달한 후에 나타난다. 만 2세 말경에는 수치심과 자부심이 나타나고, 만 3~5세가 되면 잘못에 대해 죄책감을 나타낸다. 수치심, 죄책감, 자부심과 같은 자기평가적 정서는 자기인식과 자신의 행동을 평가하는 규칙이나 규준에 대한 이해를 바탕으로 한다(문혁준 외, 2010).

유아는 자신의 성취에 자부심을 느낀다.

(3) 연령별 정서표현 발달

연령	발달내용
0~3개월	• 사회적 미소(social smile)를 보인다. −사회적 미소는 양육자와의 정서적 친밀감을 강화하고, 이후 사회적 상호작용의 기초가 되는 행동이다.
4~6개월	• 분노, 놀람 표현이 시작된다. −무언가 불만이 있거나, 갑자기 큰 소리가 나거나, 놀잇감을 조작하다가 예상치 못한 상황이 일어났을 때 분노 또는 놀람을 표현한다.
7~12개월	• 공포를 표현한다. −낯선 사람을 만났을 때 공포를 표현한다.
만 1~2세	• 당혹감, 공감을 표현한다. −자기인식의 발달로 당혹감을 표현한다. 타인의 관심이 부담스럽다고 느끼거나 실수를 했을 때 나타나는 정서이다. −타인의 감정을 이해할 수 있는 공감도 발달하기 시작한다.
만 2~3세	• 수치심과 자부심을 표현한다. −실패를 했을 때 나타나는 수치심을 표현할 수 있다. −반대로 자신이 어떤 과제를 수행했을 때 어른에게 표현하는 자부심도 발달한다.
만 3~5세	• 죄책감을 표현한다. −자신의 잘못된 행동에 대해 나타나는 죄책감을 표현할 수 있게 된다.

2) 정서이해 발달

타인의 정서를 이해하는 능력은 타인과 원만한 사회적 관계를 맺는 데 매우 중요하다. 자신이 어떠한 감정을 느끼고 있는지 표현하기만 하는 것으로는 사회적 상호작용이 일어나지 않고 관계 형성이 되지 않는다. 따라서 정서를 표현하는 것과 더불어 상대방의 정서를 이해하는 것은 사회성 발달에 중요하다. 타인의 정서를 이해하는 능력은 영아기부터 발달되기 시작한다.

(1) 영아기

생후 1개월 반에서 2개월이 되면 타인의 얼굴에 나타난 기쁨과 분노의 정서표현을 구분하기 시작한다. 생후 6개월 된 영아도 미소 짓는 얼굴과 찡그린 얼굴을 구분할 수 있다(Bornstein & Arterberry, 2003). 생후 8~10개월 사이에는 타인의 정서표현을 해석하고 그 정보를 자신의 행동을 조절하기 위해 사용하는 '사회적 참조(social reference)'가 분명하게 나타난다(Feinmam, 1992: 문혁준 외, 2010에서 재인용). 사회적 참조를 위해서는 정서이해와 함께 공동주의 능력이 필요하다. 생후 7개월 된 영아는 자신이 어떻게 반응해야 할지 모르는 상황에서 단순히 다른 사람의 반응을 관찰하지만, 생후 12개월부터는 상대의 몸짓이나 언어를 이해하여 더욱 정교한 사회적 참조 기술을 사용하고, 생후 18~24개월 된 영아는 주어진 상황에 알맞게 사회직 참조를 하게 된다(곽금주, 2016).

(2) 유아기

유아기에 접어들면 타인의 감정에 대한 이해가 더욱 발달하여 만 3세경에는 표정과 상황 단서를 사용하여 정서를 이해한다. 예를 들면, 또래가 즐거워하는 정서와 이야기 속 주인공의 행복한 정서를 이해할 수 있다. 그러나 아직 부정적 정서의 이해는 미숙해서 이야기 속 주인공이 경험하는 공포는 잘 이해하지만 슬픔과 분노는 혼동한다(Kail, 2008). 그리고 유아기 이후에 나타나는 표정이 항상 사람들의 진짜 정서가 아닐 수도 있음을 이해하기 시작한다.

(3) 연령별 정서이해 발달

타인의 정서를 이해하는 것은 사회성 발달에 중요한 기초가 된다. 더불어 타인의 정서 상태를 이해함으로써 정서를 유발하는 상황 그리고 상대방의 행동까지 예측할 수 있다.

연령	발달내용
6~7개월	• 타인의 정서를 인식한다. −타인의 정서를 인식하기 시작하면서 타인의 미소나 찡그린 얼굴 등을 구별할 수 있게 된다.

8~10개월	• 사회적 참조를 나타낸다. 　−낯선 상황이나 자신이 무엇을 해야 할지 잘 모르는 상황에서 양육자나 다른 어른의 반응을 살핀다. 　−사회적 참조는 새로운 상황에서 상황에 대한 어른의 정보를 얻기 위해 표정이나 정서 등을 살피는 능력이다.
12~18개월	• 공감을 표현한다. 　−타인의 정서적 불편함을 이해하고 공감적인 표현과 반응을 할 수 있다.
만 2세	• 행복, 슬픔의 정서를 언어로 표현한다. • 정서를 조절한다. 　−자신의 정서가 타인에게도 영향을 미친다는 것을 이해하며 자신의 목적을 위해 정서를 조절할 수 있다. 예를 들어, 엄마나 교사의 관심을 얻기 위해 슬픈 척할 수 있게 된다.
만 3세	• 이야기 속의 기쁨 정서를 이해한다. 　−표정과 상황 단서를 사용하여 정서를 이해한다. 예를 들면, 또래가 즐거워하는 정서와 이야기 속 주인공의 행복한 정서를 이해할 수 있다.
만 7세	• 이야기 속 주인공이 경험하는 부정적 정서를 이해한다. 　−공포를 이해하고 슬픔과 분노는 혼동한다.

3) 정서조절 발달

정서조절이란 자신의 감정을 적절히 통제하고, 목표달성을 위해 적절한 강도로 정서적 각성을 조절하는 것을 의미한다. 이러한 능력은 영아기부터 발달하기 시작한다(문혁준 외, 2010).

(1) 영아기

생후 3~6개월부터 영아는 특정한 사물이나 사건으로부터 눈을 돌리는 등 자의로 주의를 다른 곳으로 돌림으로써 자신의 정서를 조절한다.

(2) 유아기

만 2~6세의 아동은 부정적인 상황을 경험했을 때 자신의 눈과 귀를 가린다거나 그 자리를 벗어나는 전략을 사용하기 시작한다. 만 4~6세경의 아동은 자신이 정서를 조절해야 하는 이유와 목적을 이해하기 시작하며, 더욱 정교히 정서를 조절한다. 예를 들면, 단순히 눈과 귀를 가리기보다는 마음속으로 유쾌한 생각을 하며 내적 전략을 사용한다(곽금주, 2016).

(3) 연령별 정서조절 발달

연령	특징	발달내용
만 1~2세	외부 요인을 조직하여 자신의 정서를 조절	• 선호하지 않는 자극으로부터 시선을 회피하거나, 다른 것에 관심을 두거나, 손가락을 빠는 등 부정적 정서 유발을 감소시키기 위해 자신의 전략을 사용한다. • 슬픔이나 분노를 표현하지 않고 숨기려는 행동이 나타난다.
만 2~6세	부정적인 정서에 대처하는 법을 배우기 시작	• 자신의 정서와 정서를 유발한 상황에 대해 언어로 표현하면서 정서를 조절할 수 있게 된다.
만 4~6세	보이는 것과 사실을 구분하기 시작	• 자신의 부정적 정서를 조절하기 위해 단순히 상황을 회피하려는 행동보다 마음속으로 유쾌한 생각을 하며 긍정적 정서로 전환하는 내적 전략을 사용한다. • 예를 들어, 무서운 상황에서 좋아하는 노래를 부르거나 유쾌한 생각을 하는 전략을 사용한다.

출처: 곽금주(2016), p. 354.

기질의 안정성

기질은 타고난 것으로 환경보다는 유전의 영향이 크며, 시간적으로 안정된 특징을 지닌다. 기질은 유전적인 영향을 많이 받지만, 그렇다고 절대 변화되지 않거나 인간의 성격과 사회적응을 결정하는 것은 아니다. 다시 말해서, 기질은 변화될 수 있으며, 기질의 변화를 가져올 수 있는 요인은 바로 부모의 양육행동이다. 아동의 기질이 바람직한 방향으로 변화되기 위해서는 기질과 부모의 양육행동 간의 조화의 적합성(goodness-of-fit)이 중요하다(Thomas & Chess, 1986).

까다로운 기질의 영아는 새로운 일과에 적응하는 데 어려움을 겪을 수 있고 소란을 피우며 부모나 교사를 난처하게 할 수 있다. 이때 부모가 처벌적이며 성급하고 인내심을 갖지 못하게 되면 이들 영아는 부모나 교사에게 더 까다롭게 굴고 저항하게 된다. 그러나 부모나 교사가 영아를 기다려 주고 민감하게 반응한다면 까다로운 영아는 이후 아동기나 청소년기에 더 이상 까다로운 기질로 분류되지 않을 수 있다(Thomas & Chess, 1986). 이는 영아의 기질과 부모나 교사의 반응 간의 조화로운 관계를 맺는 것이 중요하며, 영아의 기질에 따라 어떻게 민감하게 반응하는가는 이후 영유아 발달에 영향을 미친다는 것을 보여 준다.

출처: 문혁준 외(2010), p. 196.

6. 사회인지 발달

사회인지(social cognition)란 사람과 관련되는 모든 대상이 가지는 특성에 관한 사고와 판단을 의미하는 광범위한 개념이다. 사회인지의 대상에는 자기(self), 타인(other) 및 사회적 관계(social relationships)가 포함된다. 사회적 행동이 대인관계에서 나타나는 표면적 특성이라면, 사회인지는 대인관계나 사회적 조직 내에서 사회적 행동을 결정하는 내재적 과정이다(문혁준 외, 2010).

1) 자기이해 발달

사회적 존재인 인간은 타인과 함께 지내며 타인과는 다른 자기 자신을 인식하고 자신에 대한 개념을 형성해 나간다. 자기이해는 아동의 자기에 대한 인지적 표현,

즉 자아개념의 본질과 내용이라 할 수 있다. 자기이해의 발달은 '자기인식'에서부터 출발하며, 자기인식(self-recognition)이란 자기와 타인이 서로 독립된 존재라는 것을 알고 자신의 모습을 상(image)으로서 정확하게 인식하는 능력이다.

아동이 발달함에 따라 점차 자신의 신체, 행동을 이해하고 타인과 다르다는 것을 인식하는 것을 자아개념(self-concept)이라고 한다. 자기인식이라는 개념은 자아개념의 기초가 되며, 이후 아동의 사회성과 자아존중감에 중요한 영향을 미친다.

(1) 영아기

영아는 자신과 타인의 신체가 다르다는 것을 지각하는 감각 간 지각을 통해 주관적 자기인식이 발달하게 된다. 출생 후 몇 년 동안은 자신의 존재에 집중하게 되며 자신의 요구나 행동에 대한 타인의 반응을 통해 스스로 자신의 존재를 인식하게 된다. 영아는 정서를 표현하거나 자신의 요구에 타인이 민감하게 반응해 주는 경험을 통해 자신의 존재를 이해하게 되고, 다른 사람과의 놀이를 통해 자신의 역할을 이해하게 된다. 생후 첫 2개월 동안에는 손가락을 입에 넣거나 발을 차는 등 자신의 몸을 통해 서서히 자기인식이 싹튼다. 생후 6개월경에는 자신의 모습을 다른 대상과 독립된 것으로 인식하기 시작하며, 생후 15~24개월경에는 자기 눈으로 자신을 인지하게 된다.

(2) 유아기

유아는 언어로 자신을 표현하면서 좀 더 분명하고 구체적인 자아개념을 갖게 된다. 유아기에는 주관적 자기인식 단계에서 객관적 자기인식 단계를 지나 마지막으로 자기인식이 완성된다. 객관적 자아는 타인과의 관계에서 타인으로부터 의식되는 자아로서 생후 18~24개월이 되면 객관적 자아를 인식하게 되는데, 자신의 신체에 대한 객관적 인식이 형성되기 시작한다. 자신의 이름이나 자신을 지칭하는 '나'와 같은 대명사를 사용하기 시작하고, 소유에 대한 주장이 강하게 나타나는 것은 자기인식의 발달을 보여 주는 예이다.

영아가 자신의 신체를 인식하는지 알아보기 위해 영아의 코에 립스틱을 묻힌 후 거울을 보여 주고 반응을 살폈다. 이때 영아가 자신의 코를 만지면 거울 속 자신을 인식하는 것이고, 거울로 손을 뻗는다면 아직 자신을 인식하지 못하는 것이다.

그 결과, 7~14개월 된 영아는 거울 속 자신의 모습만 쳐다보았으며, 24개월 된 영아는 거울 속 자신의 코에 묻은 빨간 표시를 보고는 그 표시를 지우려고 하였다.

한편, 한국의 영아를 대상으로 립스틱 실험을 실시한 결과, 생후 24개월 영아 중 대략 60%만이 거울 속 자신의 모습을 인식하였다. 이는 생후 18개월경에 거울 속 자신의 모습을 인식하는 서양의 영아보다는 한국의 영아가 다소 느리게 자아개념을 발달시킨다는 것을 보여 준다.

출처: 곽금주(2016), pp. 266-267.

2) 타인이해 발달

다른 사람을 이해하기 위해서는 먼저 타인에 대한 관심이 있어야 한다. 아주 어린 시기의 영아들도 다른 물건이나 동물보다 사람에게 더 많은 관심을 나타낸다. 사회적인 상호작용이 이루어지기 위해서는 영유아의 관심 따르기와 공동주의 능력을 통해 타인에 대한 이해가 이루어져야 하고, 이를 통해 기본적인 사회적 상호작용이 시작될 수 있다(곽금주, 2016).

(1) 영아기

생후 초기에 나타날 수 있는 타인이해 능력은 공동주의라 할 수 있다. 사회적 상호작용 대상자와 상호작용 과정에서 특정한 사물이나 상황에 서로 같은 관심을 기울이는 것을 공동주의라 한다. 공동주의는 상대와 눈을 맞추며 상호작용을 하는 빈도나 언어적 표현으로 상대와 활동을 공유하는 정도를 말한다. 영아는 상호작용하는 상대의 주의를 끌고자 몸짓, 얼굴 표정, 눈짓을 사용한다.

타인이해는 다른 사람에 대한 관심에서부터 시작한다.

이러한 공동주의 능력은 생후 3~4개월경부터 나타나며, 생후 18개월경에 완성된다. 영아는 사회적 상호작용을 통해 점차 의도를 가지고 자신의 경험을 전달하는 법을 알게 되고, 더욱 능동적으로 공동활동에 참여하며, 자신의 활동이 다른 사람에게 어떤 결과를 미치는지 예견하는 것을 배우게 된다. 부모나 교사가 일상에서 영아와 눈을 맞추며 반복적으로 놀이할 때, 영아는 사회적인 상호교환 안에서 놀이하는 역할을 배우기 시작하고 또 어른이 하는 행동이나 의사소통을 예측하는데, 이후 영아는 어른과 함께하는 활동에 능동적으로 참여하고 상대의 계획이나 감정을 이해하게 된다. 생후 초기의 공동주의 능력은 타인의 마음과 생각을 이해하는 데에도 영향을 줄 수 있다.

(2) 유아기

만 3세가 넘어가면 유아는 점차 다른 사람의 감정과 정서에 민감해지고, 다른 사람의 정서에 따라 자신의 정서를 바꿀 수 있는 능력이 발달한다. 이러한 능력을 공감(empathy) 능력이라 하는데, 공감은 다른 사람의 입장에서 생각하고 느끼는 것으로 인간이 생존하는 데 필수적인 능력이다. 그리고 이와 같이 타인의 마음을 이해하고 타인도 자신만의 심적 상태를 가지고 있다는 것을 이해하는 것을 마음이론이라고 한다. 즉, 마음이론(theory of mind)은 다른 사람의 생각과 마음을 이해하는 능력으로서 다른 사람이 생각하는 것, 믿고 있는 것, 원하는 것, 의도 등을 인식하고 이해하는 능력이다. 마음이론의 발달로 유아는 다른 사람의 행동을 이해하고 다음에 무엇을 하게 될 것인지 추론하는 능력까지도 이루게 된다(방명애, 박현옥, 김은경, 이효정, 2018).

효과적인 사회관계는 유아가 다른 사람과 정서 상태를 공유하는 능력을 지니게 될 때 만들어진다. 따라서 유아가 다른 사람의 정서 상황을 인식하고 상호작용하는 사람들의 관점을 받아들이는 공감 능력의 발달은 타인의 마음뿐 아니라 입장과 견해까지도 이해하는 능력으로서 사회성 발달에 매우 중요한 영향을 미친다.

(3) 연령별 타인이해 발달

연령	발달내용
6개월	번갈아 가며 외부 대상과 엄마에게 주의를 기울인다.
9개월	타인이 관심 있는 대상에 영아도 같이 주의를 기울인다.
12개월	몸을 움직이거나 소리를 내어 자신이 관심 있는 대상에 타인의 주의를 끌고자 한다.
만 2세	마음이론이 발달하기 시작한다.
만 3세	자신과 타인의 심리적 상태가 어떠한지를 인식하고 구분한다.
만 4~5세	자신이 알고 있는 것을 타인은 모를 수 있다는 것을 이해하기 시작한다.
만 5~6세	행동을 통해 상대방의 의도를 파악할 수 있게 되어 이때부터는 의도적인 행동과 우연한 행동을 구별한다.
만 7~8세	상대방의 의도를 이해하게 되고 왜 그런지에 대해 설명할 수 있다.
만 9세	성인과 비슷한 수준으로 상대방의 의도를 이해할 수 있게 된다.

출처: 곽금주(2016).

자폐집단과 일반집단의 타인이해 능력 차이

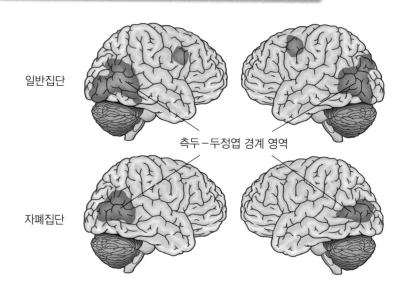

일반집단

측두-두정엽 경계 영역

자폐집단

타인의 행동 관찰 시 자폐집단과 일반집단의 뇌신경 연결을 관찰하였다. 자폐집단은 마음이론 능력과 관련된 뇌 영역 간의 신경 연결이 일반집단보다 약하게 나타났다. 즉, 신경 연결이 제대로 이루어지지 않아 신경들 사이에 피드백을 주고받는 등의 기능을 제대로 하지 못하였다(Kana et al., 2014).

이는 자폐 아동은 측두-두정엽 경계 영역의 낮은 활성화 및 측두-두정엽 경계 영역과 대뇌피질 간의 약한 기능적 연결로 인해 마음이론 능력이 발달하지 못했기 때문이다.

출처: 곽금주(2016), pp. 301-302.

7. 뇌 발달

1) 뇌의 양적 변화

　뇌는 인간의 행동 및 인지 조절 기능을 담당하며, 척수는 여러 감각기관으로부터 전달된 정보를 뇌로 전달하고, 반대로 뇌에서 보내는 정보를 신체 여러 부위에 전달해 행동하도록 도와준다.

　생후 몇 년 동안 인간의 뇌는 매우 빠르게 발달하는데, 생후 6개월 된 영아의 뇌 무게는 성인의 약 50%에 이르며, 만 2세경에는 약 75%가 된다(임효진, 선혜연, 황매향, 2016). 만 5세가 되면 뇌의 크기는 성인의 90%에 이르게 된다. 뇌와 신경계의 급속한 성장을 보이는 영아기를 거치고 나면, 유아의 뇌에서는 과잉 형성된 시냅스가 소멸되는 과정과 수초화 작업이 활발하게 일어나게 된다. 뇌의 성장과 발달은 그 속도가 일정하지 않으며, 뇌의 각 부분은 각기 다른 시기에 빠르게 성장한다.

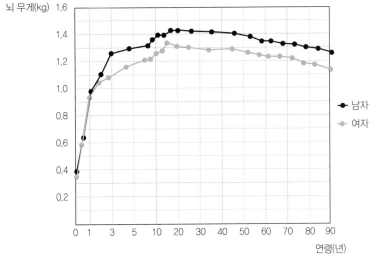

[그림 2-7] 두뇌의 양적 변화

출처: 김유미(2009).

2) 뇌를 구성하는 뉴런과 시냅스의 발달

(1) 뉴런

뉴런(neuron)은 신경계를 구성하는 기본 단위로, 인간의 신경계에 존재하는 뉴런의 수는 약 1,000억 개에서 많게는 1조 개 정도로 추정된다. 뉴런은 세포 내에서 정보를 전달하는 역할을 하며, 대부분의 뉴런은 임신 6개월 전후에 만들어진다(곽금주, 김연수, 2014). 이와 같은 뉴런은 새로운 뉴런으로 대체되지 않고 우리가 태어날때 만들어진 뉴런으로 평생 살아가게 된다.

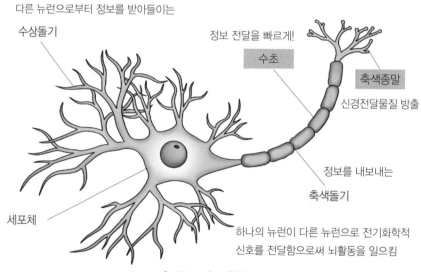

다른 뉴런으로부터 정보를 받아들이는
수상돌기

정보 전달을 빠르게!
수초

축색종말
신경전달물질 방출

정보를 내보내는
축색돌기

세포체

하나의 뉴런이 다른 뉴런으로 전기화학적 신호를 전달함으로써 뇌활동을 일으킴

[그림 2-8] **뉴런의 구조**

출처: Santrock (2004).

(2) 시냅스

뉴런과 뉴런 사이의 작은 틈에서 뇌 정보의 흐름과 저장이 일어나는 주된 통로로 축색돌기 끝에 있는 축색종말과 다른 뉴런의 수상돌기를 연결하는 좁은 틈을 시냅스(synapse)라고 한다(신명희 외, 2013). 시냅스는 생후 24개월까지 지속적으로 증가하고, 이후 자주 사용되는 시냅스는 보다 강화되고 계속 존재하게 되며 사용되지 않는 시냅스는 점차 감소한다.

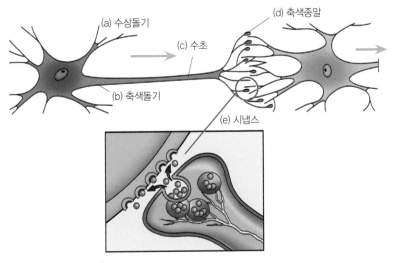

[그림 2-9] **시냅스의 구조**

ⓐ 수상돌기는 다른 뉴런으로부터 정보를 수용하고,
ⓑ 축색돌기는 이러한 정보를 아래로 전달한다.
ⓒ 이때 수초는 정보전달 과정을 촉진시키고,
ⓓ 정보가 축색돌기 말단에 도달하면,
ⓔ 신경세포의 축색종말과 다른 신경세포의 수상돌기 간의 연결인 시냅스를 통해 신경세포 간에 정보를 전달하게 된다.

출처: Santrock (2004): 신명희 외(2013), p. 122에서 재인용.

인간의 학습은 끊임없이 경험하고, 시냅스를 스캔하여 정보를 저장하고, 새로운 시냅스를 형성하는 과정이다. 두뇌연구 결과들은 영아 발달에 있어서 부모나 가족이 시냅스 형성에 가장 중요한 요소임을 보여 준다.

뇌의 가소성(plasticity)과 초기 경험의 중요성

- 뇌의 가소성은 회복가소성과 적응가소성으로 설명할 수 있다.
- 뇌의 회복가소성은 영유아기에 뇌의 특정한 영역이 손상되었을 때 다른 영역에서 자체적으로 잃어버린 기능을 회복할 수 있다는 것이다.
- 뇌의 적응가소성은 후천적인 영향으로 시냅스의 기능과 구조가 변화되는 것을 말한다. 적응가소성은 변화되고 발달될 수 있다. 따라서 영아기부터 유아기에는 뇌 발달을 촉진하기 위하여 뇌 발달단계에 적절한 놀이 환경과 경험을 제공할 필요가 있다.

3) 뇌의 구조와 기능

뇌의 구조를 종단면으로 단순화하여 살펴보면, 뇌간(brainstem), 변연계(limbic system), 대뇌피질(cerebral cortex)의 세 부분으로 나누어 볼 수 있다.

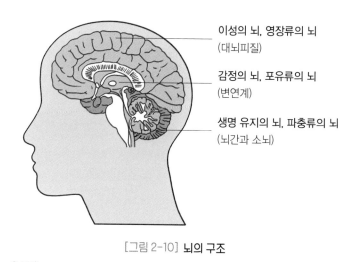

이성의 뇌, 영장류의 뇌
(대뇌피질)

감정의 뇌, 포유류의 뇌
(변연계)

생명 유지의 뇌, 파충류의 뇌
(뇌간과 소뇌)

[그림 2-10] **뇌의 구조**

출처: MacLean (1990).

(1) 뇌간

뇌의 가장 아래쪽에 있는 뇌간은 뇌에서 가장 먼저 발달하는 부위로, 수정되는 순간부터 생후 15개월까지 발달한다. 뇌간은 호흡, 심장박동, 혈액순환, 소화활동, 동공반사 등 생명 유지에 필요한 기능을 담당한다. 따라서 아기가 태어날 때 뇌간은 이미 어느 정도 발달해 있으므로 갓 태어난 신생아도 숨을 쉬고, 반사운동을 하고, 보고, 들으며, 배고픔을 안다.

(2) 변연계

뇌간과 대뇌피질 사이의 가운데 부분을 차지하는 변연계는 '감정의 뇌'로 불리며, 감정, 성욕, 식욕 등 감정과 본능적 욕구를 조절한다. 변연계에는 편도체와 해마가 있는데, 해마(hippocampus)는 기억과 학습에 관여한다. 해마는 단기기억을 장기

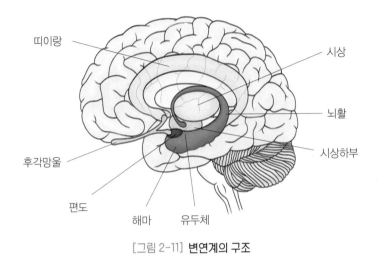

[그림 2-11] **변연계의 구조**

기억으로 전환하는 역할을 하기 때문에 학습에 있어서 필수적이다. 변연계는 생후 15개월부터 만 4세까지 가장 활발하게 발달한다. 또한 해마 끝에 붙어 있는 편도체 (amygdala)는 감정과 기억을 연결하는 역할을 한다. 우리가 살아가면서 느끼는 기쁨, 슬픔, 분노 등은 모두 편도체에서 담당한다.

한편, 편도체는 과도한 스트레스를 받으면 스트레스 완화물질을 많이 분비하는데, 이 물질이 해마를 공격할 경우 해마가 제 기능(기억하고 학습하는 능력)을 하는 데 부정적 영향을 미친다. 이처럼 편도체와 해마는 상호 밀접한 관계가 있으므로 영유아기의 정서는 학습에 중요한 영향을 미치는 것으로 이해할 수 있다. 즉, 영유아가 경험하는 불안이나 공포 등 부정적인 정서는 그들의 학습 능력에 영향을 미친다.

(3) 대뇌피질

뇌의 가장 바깥쪽에 위치한 대뇌피질은 전체 뇌의 약 80%를 차지하며, 다양한 인지적 기능과 언어, 기억, 학습을 담당한다. 대뇌피질은 좌우의 독립된 두 반구로 되어 있으며, 양 뇌량을 통해 양 반구를 연결해 정보를 교환할 수 있다. 대뇌피질은 뇌구조 중 가장 늦게까지 발달하는 기관으로 청소년기까지 성장한다.

대뇌피질(lobe)은 네 영역으로 구분되어 각기 세분화된 기능을 담당한다. 전두엽

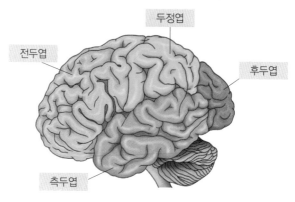

[그림 2-12] 대뇌피질의 구조

(frontal lobe)은 인지 과정을 담당하는데, 계획, 추론, 창의성 및 정서 기능을, 후두엽 (occipital lobe)은 시각피질을 통해 시각정보를, 측두엽(temporal lobe)은 청각피질을 통해 청각정보를, 두정엽(parietal lobe)은 신체감각을 인식하고 감각의 정보처리를 담당한다. 전두엽은 만 3~6세에 집중적으로 발달하여 이 시기 유아의 뇌 앞쪽 전두엽의 성장률은 60~80%에 이른다(신명희 외, 2013).

4) 연령별 뇌 발달과 상호작용

(1) 태내기: 뇌세포의 형성

임신 초기에는 약 2,000억 개에 달하는 엄청난 수의 뇌세포가 만들어졌다가 임신 후반에는 뇌세포가 절반가량 제거되어 신생아는 어른과 같은 개수인 약 1,000억 개의 뇌세포를 가지고 태어난다. 배 속에서 태아는 엄마의 심장 소리뿐 아니라 외부로부터 들리는 다양한 소리를 듣고, 엄마의 양수 냄새를 맡는 등 여러 가지 경험을 하는데, 이러한 경험을 통해 시냅스가 형성되기 시작한다. 이 시기에는 엄마가 충분한 영양을 섭취하고 건강하고 편안한 마음 상태를 유지하여 안정적인 태내 환경을 마련해 줌으로써 태아의 뇌를 잘 발달시킬 수 있다.

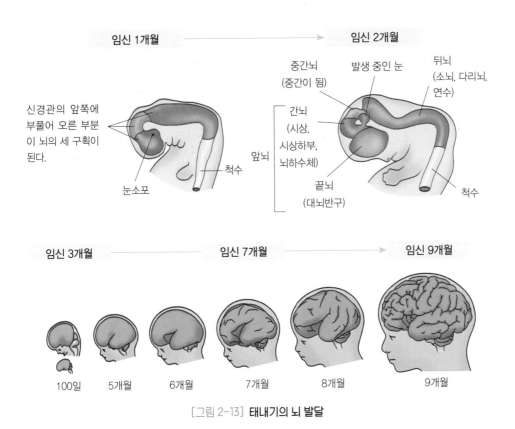

[그림 2-13] 태내기의 뇌 발달

(2) 영아기: 변연계의 발달

영아기는 인간의 생애 중에서 뇌의 신경회로가 가장 활발하게 발달하는 때이다. 또한 소리, 맛, 촉감 등 주변의 다양한 자극을 경험하면서 운동 및 감각 영역이 어느 때보다 집중적으로 발달한다.

영아의 초기 상호작용은 부모와 이루어지고, 그 경험의 질은 영아의 신경 시냅스의 복잡성과 특정 시냅스의 연결을 결정하게 된다. 2세 무렵에는 어른의 2배에 가까운 시냅스를 연결하다가 일상생활 속에서 반복을 통해 특정 시냅스가 강화되고 사용하지 않는 시냅스는 소멸된다. 즉, 가지치기(pruning)/잘라 내기를 하는 것이다. 예를 들어, 영아가 울 때 엄마가 다가와서 친숙한 목소리로 달래고 눈을 마주치며 상호작용을 한다. 이런 경험의 반복을 통해 영아의 두뇌 시냅스들은 엄마에 대한 많은 정보를 저장한다. 영아가 단순히 엄마의 목소리만 들어도 이러한 시냅스들이 정

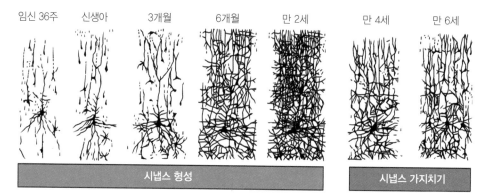

임신 36주   신생아   3개월   6개월   만 2세   만 4세   만 6세

시냅스 형성   시냅스 가지치기

[그림 2-14] 시냅스 수의 증가와 가지치기

출처: http://universe-review.ca/R10-16-ANS12.htm

보를 전달하고 활성화한다.

영아기는 감정의 뇌인 변연계가 가장 빠르게 발달하는 시기이므로 부모(또는 다른 어른)가 자녀와 안정적인 신뢰관계를 형성하는 것이 중요하다. 그러려면 영아가 엄마를 필요로 할 때 민감하고 반응적인 태도를 보여 주어야 한다. 예를 들어, 소리를 주고받으며 상호작용하기, 영아의 무의미한 발성에도 의미 있게 상호작용하기, 마주 보며 놀이하기 등과 같은 반응적인 상호작용은 영아의 뇌 발달에 긍정적 영향을 미친다.

(3) 유아기: 전두엽의 빠른 발달

유아기 뇌 발달의 두드러진 특징은 종합적인 사고와 이성적인 기능을 담당하는 전두엽이 빠르게 발달한다는 점이다.

유아의 뇌 발달의 핵심 변화는 시냅스의 소멸과 수초화이다. 생후 첫 2년 동안 축색돌기와 수상돌기 간의 시냅스 연결망은 급격히 분화되고, 뉴런 간의 연결망은 더 촘촘해진다. 수초화는 유아의 능력과 기술 발달에 큰 영향을 미친다. 예를 들어, 손과 눈의 협응과 관련된 영역의 수초화가 완성되는 만 4~5세가 되어야 유아는 숟가락과 젓가락을 안정적으로 사용할 수 있게 된다.

한편, 전두엽의 신경회로가 점점 정교해지면서 만 7세 무렵에는 어떤 활동을 계획

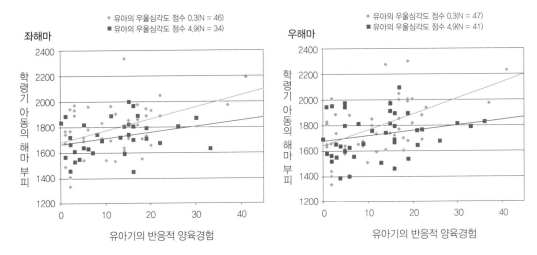

영유아기의 반응적 양육은 학령기의 뇌 발달을 촉진한다.

[그림 2-15] 반응적 양육과 뇌 발달 간의 관계

할 수 있게 되고, 충동적인 욕구나 감정도 점차 조절할 수 있게 된다. 따라서 이 시기에는 다양한 사고의 경험과 놀이를 통한 사회적 규칙 습득, 감정조절 능력, 사고력, 문제해결 능력이 발달하도록 자발적 놀이경험을 제공해 주는 것이 필요하다.

　이 시기에 부모나 교사가 유아에게 자주 선택할 기회를 주고, 도전적인 분위기를 마련하며, 실패해도 긍정적인 피드백을 주는 반응적인 양육은 긍정적인 뇌 발달에 도움을 준다. Luby 등(2012)의 연구에 의하면, 만 3~5세 때 반응적 양육을 받은 유아의 해마 부피가 증가한 데 반해 억압적 양육을 받은 유아의 해마 부피는 오히려 줄어들어 있었다. 유아기 때 부모의 반응적 양육은 이후 아동기의 뇌 발달을 촉진하여 학령기에 학습 기억 능력을 높이는 데 영향을 주었다.

뇌 발달에는 일정한 순서가 있다

영아기의 뇌 발달에는 순서가 있으나 단계적으로 이루어지는 것은 아니며, 전체적으로 형성되고 발달 시기에 따라 특정 부위에 더 집중된다.

• 뇌는 아랫부분에서 윗부분의 순서로 발달한다

영아가 태어났을 때 두뇌 아랫부분에 주로 모여 있던 뉴런들은 교세포의 도움으로 점차 위로 이동하며 시냅스를 형성한다. 즉, 생후 초기에 가장 활동적인 부위는 주로 본능적 행동을 지위하는 뇌간과 소뇌이고, 대뇌피질은 아직 발달하지 않은 상태이다. 우리의 뇌는 먼저 생명과 관련된 뇌간이 발달하고, 정서적 발달 및 기억과 관련된 변연계 그리고 마지막으로 대뇌피질의 순서로 발달한다.

• 뇌 발달은 안에서 밖으로 발달한다

영아기의 뇌는 중심부에 위치하는 변연계부터 대뇌피질의 순서로 발달한다. 변연계는 주로 감정과 기억력을 관장하는데, 실제로 만 2세 이전에 이미 변연계의 시냅스가 어른의 양만큼 형성된다(Yu et al., 2014). 따라서 영아기에 부모와의 안정된 관계 형성은 뇌의 중심부 발달을 촉진하여 이후 대뇌피질로의 정보전달과 기억을 돕고 주의집중력을 늘려, 학습 능력을 향상시키는 데 영향을 미친다.

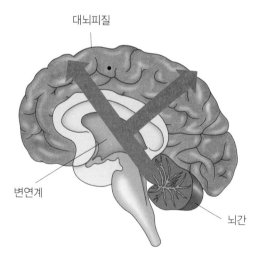

[그림 2-16] **뇌 발달 순서**

제3장

영유아 발달의 중심축 행동

1. 인지/학습 발달의 중심축 행동

2. 언어/의사소통 발달의 중심축 행동

3. 사회정서 발달의 중심축 행동

영유아 발달의 중심축 행동(pivotal behavior)이란 지금까지 영유아 발달항목으로서 주로 논했던 특정 발달이정표상의 독립적 발달행동들(discrete developmental behaviors; 예: 블록을 몇 개 쌓을 수 있다, 몇 개의 단어로 말을 할 수 있다 등)에 선행하는 영유아 발달의 근본이 되는 기초역량 개념이다.

Mahoney와 Perales(2002)에 의하면, 중심축 행동은 영유아의 능동적 학습과정을 통하여 촉진될 수 있는 발달의 모든 차원(인지, 언어, 사회정서적 기능 등)을 포함하는 것으로서 영유아가 생애 초기부터 이미 할 수 있는 행동이며 능동적인 학습과정을 통해 성취되는 발달행동 개념이다. 예를 들면, 활동에의 주도적인 참여, 사물을 다루거나 조사하는 탐색, 문제해결, 관심 기울이기, 어른의 제안과 요구에 대한 협력, 감정에 대한 자기조절, 스스로 흥미를 가지는 동기화, 활동에 몰두하고 완수하기 위한 지속성, 자신감 등 발달의 모든 차원(인지, 언어, 사회정서적 기능 등)을 포함한다.

표 3-1 발달영역별 중심축 행동

발달영역	교육목표	중심축 행동
인지/학습	• 영유아의 인식, 이해, 논리적 사고 능력 지지 • 이러한 능력을 매일매일의 일상 중에 사용하고 선택할 수 있도록 촉진	• 사회적 놀이 • 주도성 • 탐색 • 실행 • 문제해결
언어/의사소통	• 영유아가 관찰, 느낌, 요구를 표현하는 능력 지지 • 다른 사람의 질문, 느낌, 관찰에 반응하는 상호적인 대화에 참여하는 능력 촉진	• 공동활동 • 공동주의 • 언어화 • 의도적 의사소통 • 대화
사회정서	• 영유아의 사회정서적 안녕 지지 • 영유아의 안정되는 느낌, 가족과의 생활과 일상적인 상호작용의 요구에 순응하는 능력 촉진	• 신뢰 • 감정이입 • 협력 • 자기조절 • 자신감

출처: Mahoney & Perales (2021, 출판중).

비록 정상적 발달진행을 하는 영유아에 비해 낮은 수준의 강도와 빈도를 가진 발달적 문제가 있는 영유아라 할지라도 이들에게도 중심축 행동 능력이 있다(김정미, 2014). Mahoney와 Perales(2021, 출판중)는 3개의 발달영역을 성취하기 위한 15개의 중심축 행동을 제안하였다.

1. 인지/학습 발달의 중심축 행동

인지 발달은 영유아가 지각, 인식, 이해, 추론, 판단 등의 능력을 매일의 일상에서 사용하도록 변화시키는 것을 의미한다. 인지 능력에는 지각, 기억, 이해, 상징적 표상, 문제해결, 목적 있는 계획, 의사결정, 변별 그리고 생각이나 의도 생성이 포함된다(Mahoney & MacDonald, 2008). 인지는 가장 기본적인 발달능력이며, 사회성과 적응능력 그리고 의사소통과 언어 발달의 기초이다. 즉, 영유아가 다른 사람과 의사소통하고, 서로 상호작용하고, 자신을 돌보는 능력은 궁극적으로는 영유아의 이해나 추론 등 인지적 수준에 따라 영향을 받는다. 발달적 문제가 있는 영유아의 경우 인지능력의 기반이 될 때 다른 사람과 의사소통하거나 상호작용하는 능력도 발달할 수 있다(Dunst, Mahoney, & Buchan, 1996). Mahoney와 Perales(2021, 출판중)는 인지 발달을 촉진하기 위한 중심축 행동으로서 영유아의 사회적 놀이, 주도성, 탐색, 실행, 문제해결 능력을 제안하였다.

1) 사회적 놀이

사회적 놀이(social play)는 영유아가 다양한 상황에서 교사 및 다른 사람과 함께 '주고받기'식 놀이에 참여하는 능력을 말한다. 영유아는 능동적으로 놀이에 참여하면서 상대가 하는 활동이나 경험이 무엇인지 이해하고 상호적으로 이어 간다.

교사가 일상에서 영유아와 상호 주고받기식 놀이를 많이 할수록 영유아의 놀이

영유아는 함께하는 상호적인 활동 속에서 자신의 활동에 대해 사회적 결과를 학습하게 된다.

영역은 더욱더 확장되며, 영유아는 스스로 자신의 활동을 더욱 복잡하게 구성할 기회를 가진다.

2) 주도성

주도성(initiation)은 영유아가 스스로 활동을 시작하여 함께 이끌어 가는 정도를 의미한다. 주도성을 가진 영유아는 교사의 지시에 수동적으로 참여하기보다 활동의 종류나 방향에 대하여 스스로 선택하고 결정한다. 영유아는 다른 사람들과 대화할 때, 새로운 게임을 시작할 때, 장난감을 가지고 놀 때, 문제해결을 위해 도움을 요청할 때 등 다양한 상황에서 주도성을 갖는다.

영유아가 어떤 활동을 스스로 선택하여 시작하는 것은 그 활동에 참여하겠다는

영유아가 스스로 주도하는 행동이나 말에 중점을 두는 상호작용을 할 때
영유아는 더 오래 활동에 집중하며 참여한다.

영유아의 결정이며 의도이다. 이러한 결정은 영유아가 자신에게 흥미가 있고, 의도가 있고, 그렇게 할 수 있다는 자신의 능력을 반영한 것이다.

교사는 영유아가 주도하는 활동에 반응함으로써 영유아가 자신이 주도한 활동에 더욱 능동적으로 참여하도록 촉진할 수 있다.

3) 탐색

탐색(exploration)은 영유아가 사물이나 일어나는 일을 조사하거나 다룰 수 있는 정도를 의미한다. 탐색은 발견학습을 위한 기초로서 정보와 기술을 배우고, 그것들을 실제 상황에 적용하도록 돕는다. 지식은 단순한 사실 그리고 백과사전에서 얻는 것과 같은 정보가 아니라 다양한 접근으로 이루어진다. 다시 말해, 영유아는 사물들의 이름이나 사용법을 배우기 이전에 그 사물들이 어떻게 생겼는지, 어떤 느낌인지, 맛은 어떤지, 냄새는 어떤지, 그 사물에 어떠한 작용을 주었을 때 무슨 일이 생기는지, 그 사물들이 다른 사물들이나 행동들과 어떠한 관련이 있는지를 탐색을 통해 알게 된다. 영유아는 다른 사람이 가르쳐 준 지식이 아니라 자신의 능동적인 탐색과 발견을 통해 더 잘 배운다.

교사는 되풀이하는 놀이나 일련의 순서가 있는 활동을 지속하도록 지지함으로써 영유아가 놀이를 통해 새로운 활동의 탐색과 조작 활동을 하도록 촉진할 수 있다.

4) 실행

실행(practice)은 영유아가 동일한 방식으로 행동과 활동을 반복하며 다양하게 시도해 보는 것을 말한다. 실행은 영유아에게 행동을 숙련하고 결정하는 기회를 가지도록 해 준다. 자신이 습득한 행동을 그때그때마다 새로운 노력 없이 본능적으로 자동적인 반응이 되도록 하기 위해서는 숙련의 과정이 필요하다. 실행과 반복은 영유아에게 새롭게 획득한 행동과 개념을 사용할 수 있는 방법을 가르쳐 준다.

교사가 다양한 장면에서 그리고 다양한 장난감이나 사람과 함께 새로운 행동을 실행하도록 함으로써 영유아는 사물, 사람 그리고 장면의 범주를 넓혀 가는 방식을 발견하게 된다.

5) 문제해결

문제해결(problem solving)은 영유아가 어느 정도 난이도가 있어 어려움을 가지는 과제를 지속해서 하는 정도를 말한다. 문제를 해결하려는 영유아는 문제를 풀기 위해 여러 시도를 해 보거나 계속해서 다른 해결책을 찾아 실험해 보는데, 이때 성공 여부와는 상관없이 지속해서 시도하는 것을 말한다.

영유아는 일상 중에서 문제해결을 해야 하는 기회를 많이 가진다. 예를 들면, 새로운 장난감이 주어졌을 때, 영유아가 이해할 수 없는 방식으로 의사소통할 때, 영유아가 새로운 방법으로 시도하고자 할 때, 또는 영유아의 능력을 넘어선 것을 하도록 요구받았을 때 문제해결 능력이 필요하다. 영유아의 문제해결 능력을 효과적으로 발달시키기 위해서는 영유아가 문제를 효과적으로 해결할 수도 있지만 그렇지 못할 수도 있다는 것도 배워야 한다.

교사는 영유아에게 도전적인 상황이 주어졌을 때 그 상황에 대해 성공하는 해결책 또는 성공하지 못하는 해결책 모두를 영유아가 사용해 보도록 지지해야 한다.

2. 언어/의사소통 발달의 중심축 행동

영유아가 말을 하는 것 그리고 언어를 습득한다는 것은 사회적 상호작용으로부터 발전하며, 언어 발달은 비언어적인 의사소통 체계에서부터 발전하여 복잡한 의사소통 과정까지 발달해 간다. 이를테면 먼저 영유아는 공동의 관심에 집중하고, 다음으로 다른 사람이 발성하는 소리와 비언어적인 행동으로 전달하려는 의미를 인식하게 되고, 그런 다음 자신이 의도한 바대로 의사소통을 하기 위해 언어적으로 소리를 내거나 비언어적 행동을 사용한다. 그러고 나서 특정 의도를 전달하기 위하여 식별할 수 있는 비언어적 행동을 사용하거나 의도를 전달하기 위한 단어와 보편적인 문법 형태를 사용하도록 배우게 된다.

Mahoney와 MacDonald(2008)는 의사소통 발달을 촉진하는 중심축 행동으로서 공동활동, 공동주의, 언어화, 의도적 의사소통, 대화 능력을 제안하였다.

1) 공동활동

공동활동(joint activity)은 영유아가 의사소통 상대와 능동적으로 주거니 받거니 하면서 상호작용에 참여하는 정도를 말한다. 대화는 두 사람 또는 그 이상의 사람이 느낌, 감정, 관찰 내용 그리고 생각을 서로 교환하는 수단으로 이루어지는 과정이다. 따라서 영유아와 다른 어른들 간에 빈번하게 일어나는 비언어적인 활동은 최초의 대화 유형이라 할 수 있다.

영유아가 사회적 상호작용에 참여하는 기회를 많이 가질수록 점차 의도를 가지고 이러한 경험을 어떻게 전달하는지를 인식하게 되며, 의사소통 능력을 발달시켜 간다.

교사가 일상에서 영유아가 공동활동에 빈번히 참여하도록 지지할 때, 영유아는 의사소통 방식을 배울 기회를 더욱더 많이 가진다.

공동활동은 영유아와 어른이 동등하게 상호작용하고 공동의 초점에 주의를 기울일 때 일어난다.

2) 공동주의

공동주의(joint attention)는 상대와 눈을 맞추며 상호작용을 하는 빈도나 언어적 표현으로 상대와 활동을 공유하는 정도를 말한다. 영유아는 상호작용하는 상대의 주의를 끌기 위해 몸짓, 얼굴 표정, 눈짓을 사용한다.

다른 사람과 소통을 잘하기 위해서는, ① 말하는 사람이 효과적으로 감정을 드러내는 얼굴 표정이나 응시와 같은 단서를 사용하고, ② 주의를 주기 위해 손짓과 몸짓을 사용하고, ③ 영유아와 관련된 것에 대해 직접적으로 단어를 사용하는 능력이 필요하다. 비록 영유아가 언어에 담긴 의미를 판단하는 데 필요한 언어를 지각하고 맥락 단서를 사용하는 능력이 부족할지라도, 말하는 상대방이 영유아의 제한된 능력에 맞추어 준다면 상대방의 언어의 의미를 훨씬 쉽게 이해할 수 있다.

생애 초기부터 어른이 영유아의 상호작용을 끌어내는 데 공동주의 기술을 사용하여 영유아 발달을 촉진하는 것이 중요하다(Morales et al., 2000).

교사가 일과 중 영유아와 상호작용할 때 반복적으로 사회적인 상호교환 안에서 눈을 맞추며 영유아가 현재 하는 행동이나 의사소통을 그대로 공유함으로써 영유아는

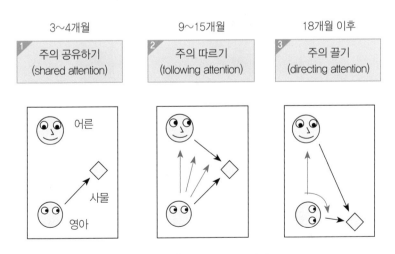

[그림 3-1] **공동주의 발달단계**

어른이 먼저 영유아와 지속적으로 눈 맞추기를 할 때, 영유아는 어른과 눈을 맞추게 된다.

출처: Mahoney & MacDonald (2008).

자신의 역할을 배우고 또 교사가 하는 행동이나 의사소통을 예측하기 시작한다.

3) 언어화

언어화(vocalization)란 영유아가 투덜투덜대는 것, 발성, 노래 또는 단어와 같은 소리를 실행하거나 반복하는 정도를 말한다. 영유아는 혼자 있을 때나 다른 사람과 함께 있을 때 빈번하게 소리를 낸다. 언어화는 말이 얼마나 복잡한가 또는 의미가 있는가와 상관없이 영유아가 소리를 만들어 내는 빈도를 말한다. 영유아는 반복해서 소리를 내보면서 소리를 만드는 방식을 배운다.

교사가 자신이 내는 발성 모두에 반응해 준다는 확신이 있을 때, 영유아는 비록 그것이 정확하지 않고 의미 없이 만들어 내는 것일지라도 소리를 더욱 많이 만들어 내게 된다. 영유아가 소리를 많이 만들어 내야만 말을 할 수 있게 된다.

영유아가 스스로 반복해서 소리를 내보면서 소리를 만드는 방식을 배운다.

4) 의도적 의사소통

의도적 의사소통(intentional communication)은 영유아가 자신의 의도를 의사소통하는 상대방이 알도록 하는 정도를 말한다. 영유아는 비언어적 의사소통, 단어, 또는 필요에 따라서는 비언어적 의사소통과 단어 둘 다를 사용하거나 감정 그리고 다른 사람에 대해 이미 알고 있는 관찰 내용을 효과적으로 사용하여 자신의 의도를 전달한다.

의도적 의사소통은 여러 요인, 즉 영유아의 ① 자신에 대한 인식과 자신의 세계에 대한 인식이 증가하고, ② 발성과 몸짓을 만들어 내는 능력이 증가하고, ③ 사건을 표상하는 상징을 사용하여 기억 능력이 증가하고, ④ 보다 효과적으로 자신의 의도를 다른 사람에게 알리고 싶어 할 때 더욱 발전한다. 만일 영유아가 자신이 의도하는 바를 다른 사람에게 알리는 것에 별로 관심을 가지지 않는다면, 단어에 담긴 의미를 이해하려 하거나 단어의 사용을 배우는 것에 대해 아무런 동기를 부여받지 못할 것이다. 영유아의 의사소통은 어른이 영유아의 행동을 마치 의미가 있는 것처럼 대해 줌으로써 증진된다.

교사가 일상 중 자주 영유아의 비의도적인 행동을 마치 의미 있는 것처럼 대할 때 영유아는 대화에 능동적으로 참여하게 되고, 점차 이 상호작용의 목적이 정보를 교환하려는 것이라고 인식하게 된다(Bruner, 1983).

5) 대화

대화(conversation)는 영유아가 여러 사람과 다양한 주제로 대화에 참여하는 정도를 말한다. 영유아는 비언어적 의사소통과 언어적 의사소통 모두를 사용하여 주고받기 식으로 대화에 계속 참여할 수 있다.

영유아는 어른과 빈번하게 그리고 점차적으로 긴 에피소드를 가지고 대화하고 함께 상호작용하면서 단어와 문법을 배운다(Girolametto, Pearce, & Weitzman, 1996). 영유아는 현재 능력 수준에 가까운 단어나 행동에 쉽게 반응하고, 쉽게 모방할 수 있으며, 쉽게 기억할 수 있다. 어른이 사용하는 언어가 영유아의 표현언어 능력 수준을 넘어서는 것일 때, 영유아는 언어를 반복하거나, 사용하거나, 기억하는 것을 어려워한다(MacDonald, 1985).

교사는 영유아가 대화에 참여하도록 격려하고, 새로운 단어를 쉽게 이해하고 사용하도록 하기 위해서 영유아가 현재 표현하는 언어 수준에 조화를 맞추어야 한다 (MacDonald & Gillette, 1984; Mahoney, Boyce, Fewell, Spiker, & Wheeden, 1998).

3. 사회정서 발달의 중심축 행동

최근 영유아 발달 이론과 연구에서는 영유아가 심한 짜증(tantruming), 때리기, 찌르기, 비명(screaming), 불순종과 같은 심각한 행동문제를 나타나는 것은 대부분 사회정서적 행동 발달에 있어서 한 가지 이상의 심각한 결함이나 결핍에서 온 것이라고 보는 경향이 있다. 이러한 관점에 의하면, 공격적 행동은 영유아가 자신의 환경으로부터 배우는 것이 아니라 사회정서 발달의 중요한 중심축 행동, 예컨대 영유아가 긴장된 감정과 공포를 해결하도록 돕는 자기조절 또는 대처 기술을 발달시키지 못해서 나타나는 것이다. 이 관점은 모든 영유아가 공포와 좌절을 겪지만 이들이 다른 사람에게 공격적으로 행동하지는 않는다는 사실에 기초하고 있다. 영유아는 자신의 분노와 좌절감을 다루는 데 필요한 자기규제 기술이 부족할 때 다른 사람을 향해 공격적으로 행동하게 된다.

Mahoney와 Perales(2021, 출판중)는 사회정서를 촉진하기 위한 중심축 행동으로서 영유아의 신뢰, 감정이입, 협력, 자기조절, 자신감을 제안하였다.

1) 신뢰

신뢰(trust)는 영유아가 초기의 양육자에게 갖는 신뢰와 온정적인 관계의 정도와 관련이 있다. 생후 1년간 어머니가 온정적이고, 민감하고, 반응적으로 상호작용할 때 영유아는 더욱 안정적이고 신뢰 있는 관계를 형성하게 된다(DeWolff & van Ijzendoorn, 1997). 온정성, 민감성 그리고 반응성 상호작용은 영유아가 부모와 신뢰 있는 상호관계를 형성하는 데 중요하다. 영유아가 1차 양육자와 형성한 성공적인 신뢰관계는 영유아 초기 동안 여러 사회정서 능력에 영향을 미친다.

2) 감정이입

감정이입(empathy) 능력은 영유아가 다른 사람의 감정과 정서에 민감하고 다른 사람의 정서에 따라 자신의 정서를 바꿀 수 있는 정도를 말한다. 감정이입이란 영유아가 다른 사람의 정서적 상황을 인식하고 자신과 상호작용하는 사람들의 관점을 받아들이는 일련의 과정으로서 정서표현 이상의 자신의 정서를 어떤 다른 사람의 정서 상태에 맞추는 능력이라 할 수 있다.

영유아는 다른 사람이 어떻게 느끼는지를 살피며 종종 다른 사람의 정서에 따라 영향을 받는다. 영유아는 양육자의 반응을 통해 안전하고 우호적인 상황인지 살피고, 어떻게 반응할 것인지 자신의 반응을 조절한다. 효율적인 사회적 관계는 영유아가 다른 사람과 정서 상태를 공유하는 능력을 지니게 될 때 만들어진다. 공감 능력을 발달시키지 못한 영유아는 여러 심각한 사회정서적 문제를 나타낼 수 있다.

교사는 보육활동 중에 자주 영유아의 비언어적 신호(몸짓, 얼굴 표정 그리고 발성)에 반응하고, 영유아의 정서표현을 모방해 주며, 신체적 눈높이를 맞추어 직접 마주 보며 상호작용함으로써 공감을 촉진할 수 있다.

3) 협력

협력(cooperation)은 영유아가 어른과 상호적으로 공동활동에 참여하는 능력을 말한다. 협력은 영유아가 어른과 함께하는 협력적인 활동을 성공적이고 반복적으로 해 봄으로써 발달하는 사회적 행동이다. 영유아는 서로 간에 주고받기(turn-taking) 식 활동 속에서 어른과 협력하는 것(예: 함께하는 것)을 배우게 된다.

영유아가 상위 수준의 발달단계에 도달하면 협력은 점차 다른 형태를 띠게 된다.

교사가 일과 중 영유아에게 현재 활동과 직접적으로 관계가 있는 것, 쉽게 할 수

네, 선생님.

영유아에게 선택할 기회를 자주 줌으로써 협력을 이끌어 낼 수 있다.

있는 것을 하도록 요청할 때 영유아는 협력할 수 있다.

4) 자기조절

자기조절(self-regulation)은 영유아가 당황스럽거나 좌절할 때 스스로 자신의 감정을 가라앉힐 수 있는 정도를 말한다.

어른은 자신의 감정을 스스로 조절하거나 통제할 수 있지만, 영유아는 아직 자신의 정서를 조절하는 내적 능력을 가지고 있지 않기 때문에 본능적으로 자신이 느끼는 방식대로 반응한다. 그러다가 영유아는 점차적으로 자신의 정서적 반응에 대처하거나 조절하는 전략을 발달시켜 나간다.

어떤 어른은 위협이나 처벌을 통해 영유아의 울음이나 공격적인 행동을 억지로 억압함으로써 영유아의 부정적인 반응을 다루려고 한다. 심지어 영유아가 고통, 분노, 걱정과 같은 감정을 표현하지 않는 것을 배웠다 할지라도 여전히 그러한 감정은 느낄 수 있다. 따라서 영유아에게 외현적으로 표현하지 못하게 강요하는 것은 영유아가 자신의 감정을 다루는 법을 배우도록 하기보다는 영유아의 정서에 대한 증상에만 대처하는 것이다.

교사는 때로 어린 영유아가 어른처럼 자신의 감정을 다루는 능력을 가지고 있지 않음을 이해하고 인내심을 발휘해야 한다. 그리고 영유아가 잘 반응할 수 있는 방식으로 규칙과 기대를 가지고 영유아의 선천적 성향에 맞게 조절함으로써 영유아가 좀 더 쉽게 행동하거나 협력할 수 있도록 촉진한다.

5) 자신감

자신감(feeling of confidence)은 영유아가 사회적 또는 비사회적 과업을 수행하는 능력에 관하여 긍정적인 감정을 가지는 정도를 의미한다. 영유아는 자신에 대하여 긍정적인 관점을 가지고, 사람들과 상호작용을 하고, 새로운 것을 시도하도록 동기화되고, 자신에 대해 자부심을 가지며, 기꺼이 새로운 행동이나 활동을 시도하려 한다.

자신감은 영유아가 실제로 얼마나 많은 능력을 가지고 있는가가 아니라 영유아가 자신의 능력에 대해 어떻게 인식하는가를 말한다. 어떤 사람들은 성공을 위해 필요한 능력을 가지고 있음에도 불구하고 자신을 무능력하다고 본다.

교사는 영유아의 자신감을 높여 주기 위해서 일상에서 영유아가 할 수 있는 활동을 함께하면서 성공의 기회를 자주 갖도록 한다. 이때 연령에서 기대할 수 있는 것보다 낮은 수준일지라도 영유아의 주도를 유지하고 격려해 주며 영유아가 한 수행에 대해 가치롭고 의미 있는 것으로 표현한다. 이러한 상호작용 속에서 영유아는 자신의 요구나 기대를 매우 성공적이라고 느끼게 된다.

II

놀이중심 반응성 상호작용 교육과정

제4장 # 영유아 교육과 상호작용

1. 영유아기 교육의 의미

1) 영유아기는 발달의 기초 형성기이다

영유아기는 발달의 기초가 되는 삶의 기본 기술을 획득하고, 또 잠재능력을 발현하는 데 중요한 민감기(sensitive period)로서 이 시기에 받는 교육의 질은 영유아 발달에 직접적 영향을 미친다. 따라서 이 시기에 제공되는 교육은 다음 단계의 발달과 학습을 원활하게 하고 사회에 적응적으로 성장하는 데 매우 중요하다.

특히 뇌나 언어처럼 발달의 최적 시기를 놓치면 이후 보완하기도 어렵고 발달을 회복하기 어려운 영역도 있다. 따라서 발달의 민감기인 생애 초기에 풍부한 환경을 제공하는 것은 건강한 전생애 발달에 매우 중요하다(김정미, 이현숙, 2016).

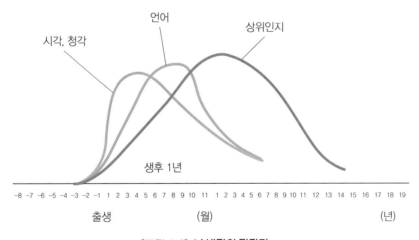

[그림 4-1] 뇌 발달의 민감기

생후 첫 1년 동안은 뇌 발달의 결정적 시기(critical period)이다. 이는 시각장애의 경우 잔존시력을 살리기 위한 조기개입은 후두엽이 발달하는 1세 이전, 청각장애의 경우 청각적 자극에 민감한 2세 이전에 인공와우 수술을 권하는 이유이기도 하다. 또한 전두엽의 이해를 요하는 수 개념의 형성은 2세 이후에 시작하는 것이 효과적이다.

출처: Nelson (1999).

2) 영유아기는 최선의 교육 투자 시기이다

OECD(2012)에서 발표된 경제학자 Heckman의 연구에 따르면, 영유아기가 투자 대비 회수 효과가 가장 높으며, 유아 교육에 1달러를 투자하는 것은 16.14달러의 편익이 발생하고, "영유아 시기 교육에 투자하는 데 따른 경제적 효과는 연 7~10%의 수익률을 내는 펀드에 투자하는 것과 마찬가지"라고 주장하였다.

한편, 미국에서는 영유아기 교육의 중요성을 확인하기 위해 1962년부터 1967년까지 빈민층 지역의 3~4세 어린이 128명을 대상으로 페리 프리스쿨 프로젝트(Perry Preschool Project)를 진행하였다. 이 프로젝트는 아동을 무작위로 64명씩 두 그룹으로 나누어, 한 그룹에게만 비인지 능력을 강화하는 교육을 매주 2시간씩 2년 동안 실시하였다. 교육내용은, 첫째, 영유아가 스스로 그날 하루 동안 무엇을 할지 자율적으로 결정할 기회를 주었으며, 둘째, 자신이 할 일에 대한 계획을 수립하게 했고, 셋째, 그 계획을 스스로의 의지로 실천하게 했으며, 넷째, 수업이 끝날 무렵에는 실제로 자기가 하기로 마음먹은 일을 얼마만큼 했는지를 교사와 함께 돌이켜 보는 것이 핵심이었다. 즉, 영유아에게 자율성을 주어 스스로 동기부여할 기회를 마련해 주었고, 실제로 그것을 끝까지 다 완수했는가를 돌이켜 보게 함으로써 자기조절력을 향상시킨 것이다. 다른 비교 그룹의 아동들은 인지 능력을 길러 주는 전통적인 교육을 받게 하였다.

그리고 영유아가 40세가 될 때까지 추적조사를 실시하였다. 그 결과, 이전에 프로젝트에 참여한 영유아는 교육적·경제적·사회적응적인 측면에서 모두 우월함을 보였으며, 무엇보다 교육 수준이 훨씬 더 높았다. 구체적으로는 10대 미혼모가 된 비율은 50%나 낮았고, 범죄자가 된 비율은 46% 더 낮았으며, 소득은 42%나 더 높았다. 그뿐만 아니라 교도소에서 복역한 비율이나 마약 중독, 알코올 중독 등으로 치료받은 비율도 현저하게 낮았고, 정부로부터 복지수당을 타 가는 비율도 훨씬 낮았다(한솔교육연구원, 2014). 페리 프리스쿨 프로젝트의 핵심은 결국 '무엇을 가르치느냐'가 아니라 '어떻게 가르치느냐'가 중요함을 시사한다.

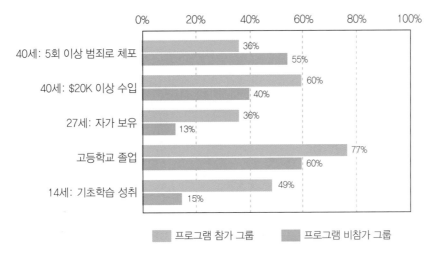

[그림 4-2] 미국 페리 프리스쿨 프로젝트 종단연구(1967~2005년)

출처: 육아정책연구소(2018).

3) 영유아는 상호작용 상황에서 더 잘 배운다

영유아는 상대 어른과 함께하는 상호작용 상황에서 더 잘 배운다(김정미, 2008). 영유아는 상호작용 속에서 자신의 정서를 조절하고, 상대와 조화를 이루어 나가며 상대의 신호나 요구, 또는 행동에 반응한다. 또한 영유아는 자신의 욕구나 목표를 만족시키기 위해서 상대로부터 원하는 것을 얻어 낼 수 있는 방법과 자신이 어떤 방식으로 행동할 때 어떻게 반응할 것인지에 대해 간파하여 능동적으로 상대의 반응성을 이끌어 내는 적절한 행동을 한다(Gates, 2007). 예를 들면, 영유아의 신호에 민감하게 반응해 주고, 영유아가 주도하는 활동에 따르며, 영유아의 생각과 정서를 함께 공유하고 발전시키며 상호작용할 때, 영유아는 혼자서 놀거나 다른 영유아들과 놀면서 배우는 것보다 어른과 함께 놀이를 하는 동안에 주도성, 탐색, 실행 그리고 문제해결 능력을 최대한 발휘할 기회를 가지며, 어른이 영유아와 상호적인 사회적 놀이를 많이 할수록 영유아는 놀이 영역을 더욱더 확장시키고 복잡하게 구성하게 된다. 따라서 영유아 교육을 최상화하기 위해 자신의 능력을 확장하여 발휘하기 위한 선행 능력으로서 상호작용 능력은 매우 중요한 근본 요소라 할 수 있다.

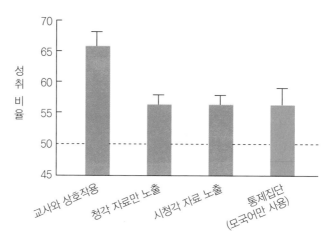

[그림 4-3] 9~10개월의 미국 영아를 대상으로 중국어에 노출시키는 실험을 한 결과

9~10개월 사이의 미국 영아에게 중국어를 노출시켰을 때, 직접 대면하여 중국어를 접한 영아가 시청각 자료를 통해 중국어에 노출된 영아보다 인식을 잘하였다. 이는 상호작용이 영아기의 정보처리 문을 여는 효과를 가져와 언어 발달 촉진에 더 긍정적 영향을 미침을 보여 주는 결과이다.

출처: Kuhl, Tsao, & Liu (2003).

2. 교사 상호작용의 중요성

1) 생애 초기 상호작용 경험은 긍정적인 인간관계 형성의 기초이다

교사와의 적절한 상호작용은 영유아로 하여금 교사에 대한 기본적 신뢰감을 갖게 한다. 이것을 바탕으로 또래들과 긍정적인 인간관계를 형성하게 하며 이후에 다른 사람들과 대인관계를 맺는 데 필요한 기술을 습득하게 한다. 교사와 영유아 간의 상호작용에서 교사의 따뜻함, 수용성, 민감한 태도 같은 긍정적이고 반응적인 태도는 영유아의 발달에 기여하는 요인이 된다. 교사가 영유아에게 민감하며 일관성을 가지고 적절히 반응할 때, 영유아는 교사를 안전기지로 사용하여 적극적으로 주변 환경을 탐색하며 활동에 능동적으로 더 많이 참여하게 된다. 따라서 교사의 질은 곧 교육의 질과 직결되며, 특히 교사 상호작용의 질적 수준은 영유아의 학습과 발달에 직접적으로 영향을 미친다(김정미, 임미선, 2017; 김정미, 정빛나, 2016; 송영선, 2015;

이경진, 이유진, 2017; De Kruif, McWilliam, Ridley, & Wakely, 2000; Downer, Sabol, & Hamre, 2010).

영유아의 경험은 일상적인 생활에서부터 형식적인 교육활동까지 대부분 교사나 또래 간의 상호작용에 기초하여 이루어지기 때문에 교사와의 상호작용의 질은 영유아 교육에 있어 중요한 질적 측면이다. 교사가 교육활동 제공 시 영유아의 흥미를 고려한 활동을 제공하고, 더불어 영유아의 행동에 적절히 관여하고 영유아와의 놀이나 대화에 참여하는 것은 영유아의 사회적 상호작용을 촉진하는 동기 요인으로 작용한다.

2) 교사가 곧 교육의 질이다

교사-영유아 간의 상호작용에 대한 연구를 살펴보면, 교사 상호작용의 질은 영유아의 사회·정서·학업 발달과 함께 자기조절에도 도움이 되며(Downer et al., 2010), 영유아가 또래와 사회적 관계를 형성하는 데에도 중요한 요소로 나타났다(Hamre, Hatfield, Pianta, & Jamil, 2014). 또한 교사와 긍정적인 상호작용을 경험하는

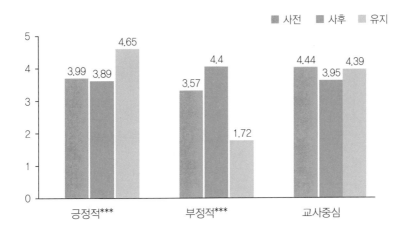

[그림 4-4] 반응성 상호작용 증진 교사 교육이 교사의 놀이신념에 미치는 효과

*** p < .001
출처: 김정미, 정빛나(2016).

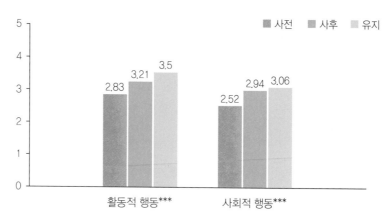

[그림 4-5] 반응성 상호작용 증진 교사 교육이 영유아 발달에 미치는 효과

*** $p<.001$
출처: 김정미, 정빛나(2016).

영유아는 다른 또래와도 정서적으로 안정된 관계를 형성하며(엄미리, 2013), 교사의 수용적·반응적 태도 및 언어적 상호작용은 영유아의 사회적 유능감과 관계가 있었다(길현주, 김수영, 2014). 또한 교사-영유아 간의 정서적·언어적·행동적 상호작용의 수준이 높을수록 영유아의 부적응 행동은 감소하는 것으로 나타났다(최선희, 황혜정, 2011).

한편, 교사-장애 영유아 간의 상호작용 연구에 의하면, 교사 주도보다는 영유아 주도적인 교수를 할 때 영유아의 사회성 발달에 긍정적 영향을 미치며, 교사-장애 영유아 간의 질적 상호작용 수준이 높을수록 영유아의 긍정적 정서표현이 증가하였다(김정미, 임미선, 2017; Hestenes, Kontos, & Bryan, 1993).

3) 교사는 영유아에게 발달에 적합한 교수를 실행한다

미국유아교육협회(National Association for the Education of Young Children: NAEYC)에서는 '영유아 발달에 적합한 실행(Development Appropriate Practice: DAP)'의 필수적인 요소로서 교사와 영유아 간의 적절한 상호작용 지침을 소개하고 있다(Gestwicki, 2007). 우리나라의 경우도 2019년에 개정된 누리과정의 교수학습 방법으로서 유아와 교사 간, 유아 간, 유아와 환경 간의 상호작용을 제안하고 있으며(교육부, 2019), 2020년부터 시행되는 어린이집 평가지표의 교육 및 보육 과정에서도 교사-영유아 간의 상호작용의 중요성을 강조하고 있다(보건복지부, 한국보육진흥원, 2019).

　교사의 질은 곧 학생들이 받는 교육의 질과 직결되며, 교육의 질적 수준은 아동의 교육적 성과로 연결된다. 특히 발달 시기별로 살펴볼 때, 영유아기에 제공되는 교육의 질은 그 어느 때보다도 발달에 중요한 영향을 미친다. 최근 우리나라의 영유아 교육 현황을 살펴보면 대다수의 영유아가 어린이집이나 유치원에서 교육을 받고 있다. 2018년 교육부 통계 자료에 의하면, 실제로 약 292만 영유아 인구 중에서 209만 명(2018년 말 기준: 어린이집 142만, 유치원 67만), 즉 71.6%에 이르는 영유아 인구가 유치원이나 어린이집에 다니고 있다. 따라서 영유아 교사는 부모만큼이나 시간과 기회 면에서 영유아에게 중요한 영향 변인이라 할 수 있다(KOSIS 국가통계포털, 2018).

　미국유아교육협회(Gestwicki, 2007)와 미국 특수아동학회 유아교육분과(Division for Early Childhood: DEC, 2014)의 조기중재를 위한 실행 제안에서도 영유아 교수에 있어서 상호작용을 강조하고 있다. 선행연구는 교사-영유아 간의 상호작용 수준이 높을수록 영유아가 긍정적인 정서표현을 많이 한다고 보고하고 있으며(Hestenes et al., 1993), 교사가 아동에게 반응적으로 상호작용할 때 아동의 사회적 유능감이 높게 나타난다고 설명하고 있다(길현주, 김수영, 2014; Hamre et al., 2014). 또한 교사가 영유아와의 상호작용을 통해 언어적 의사소통을 많이 할수록 영유아의 언어 발달도 촉진된다고 보고하였다.

　구성주의 관점에서 상호작용은 교사와 영유아가 상호존중하고 협동적인 관계에서 영유아의 흥미와 목적을 고려하며, 개인의 내면에서 일어나는 상호작용까지를 의미한다고 할 수 있다. 따라서 영유아는 상호작용을 통해 자신의 정신 과정을 교사와 공유하는 과정을 경험하면서 그것을 내면화하고 발전시켜 나간다(Piaget, 1963).

　한편, 상호작용이라는 개념의 이해에 있어서 때로 잘못 해석되는 경우가 많다.

예컨대, 상호작용을 단순히 교사가 영유아와 함께하고 영유아에게 무엇을 제시하는 활동으로 이해해서, 교사가 영유아와의 대화나 활동에서 일방적인 지시나 가르침을 하는 활동으로 오해하기도 한다. 교사의 상호작용 행동을 분석하기 위한 선행 연구에서도 교사의 상호작용에 대한 의미를 제대로 반영하지 못하고 교사와 영유아의 상호작용을 대화, 명령, 참여, 칭찬 등으로 분류하여 더 많이 나타난 상호작용이 무엇인가를 알고자 하였다. 이는 상호작용의 표면적인 유형만 볼 수 있어 영유아의 수준과 요구에 맞춰 활동을 자극하고 스스로 동기화하도록 지원하는 등의 상호작용의 깊이를 판단하기는 어렵다(곽향림, 2009). 따라서 영유아와 능동적이고 조화롭게 의사를 교환하거나 영유아가 주도하는 주제 및 영유아와 관련된 대상이나 활동에 맞춰 반응하고, 영유아의 표현을 영유아의 수준만큼 모방해 주고, 영유아에게 외적 강화인 칭찬보다는 살아 있는 활동으로서 미소, 웃음, 과장된 얼굴 표정, 감탄 등과 같은 보다 구체적이고 질적인 상호작용을 하는 것이 중요하다(김정미, 2004; Mahoney & MacDonald, 2008).

3. 반응적인 교사의 태도

교사는 다양한 행동적 · 언어적 · 비언어적 방법을 통해 직간접적으로 영유아와의 상호작용을 지원한다. 또한 교사는 영유아 발달을 이해하고 이를 바탕으로 그들의 발달과 학습을 돕기 위해 양육적 역할과 교육적 역할 모두에 적절한 균형이 이루어지도록 상호작용을 하게 된다. 이와 같이 영유아의 현재 발달적 요구와 교육적 요구를 충족하는 반응적인 교사의 태도는 다음과 같다.

1) 민감한 관찰자

교사의 상호작용에 있어서 민감한 반응은 중요한 요소이다. 즉, 민감하고 반응적인 교사는 일과 운영 중 영유아와 자주 눈맞춤을 하며 정서적으로 안정된 환경을 제공한다. 영유아의 사소한 행동에 즉각적으로 반응하고, 미소, 애정적인 접촉, 따뜻한 말 등을 통해 온정적으로 영유아를 대함으로써 영유아는 상호작용에 편안하게 참여할 수 있다. 민감한 교사는 각 상황에 따라 영유아의 개별적인 흥미와 요구, 관심 등에 초점을 맞추며 이에 대해 수용적이다. 또한 영유아의 개별적 특성에 맞는 활동을 선정하며 영유아가 선택한 것을 가치롭게 여기고 반응한다. 이렇게 교사가 민감하게 상호작용할 때 영유아는 긍정적인 언어 사용 및 긍정적인 상호작용을 증진시킬 수 있다(Kontos & Wilcox-Herzog, 1997).

2) 상호적인 반응자

교사는 말이나 행동을 통한 상호작용에서 영유아를 존중하고 긍정적으로 표현해 준다. 교사는 일과 중에 자주 영유아에게 잠재력을 가진 능동적 존재로 인정한다는 반응을 해 준다. 반응성 상호작용을 통해 영유아가 내재적 동기를 키우고 주도적으로 활동에 참여할 수 있도록 지원한다. 교사는 영유아에게 먼저 지침을 주거나 지시하는 횟수를 줄이고 먼저 지시하려 하기보다는 영유아가 만들어 낸 활동에 반응해 주고자 노력한다. 그리고 영유아가 성취감과 즐거움을 키우고 스스로 실행하는 빈도를 높이기 위해 영유아가 현재 하는 것을 수용하고 존중하는 태도를 가진다. 그러기 위해서는 영유아의 말에 긍정적으로 표현해 주기, 영유아의 말을 그대로 반영해 주기와 같은 언어적 상호작용뿐 아니라 눈 맞추기, 미소 짓기, 쓰다듬기 등의 비언어적 상호작용을 해야 한다.

3) 잠재능력 발현을 위한 비계자

교사와 영유아 간의 상호작용은 궁극적으로 영유아의 발달과 학습을 돕기 위한 방법이다. 한편, 영유아의 상호작용 능력은 학습 성취를 위한 기초 능력이기도 하다

(김정미, 2019). 영유아가 도전하고 성취할 수 있도록 교사는 영유아보다 조금 앞선 발달과 학습을 설계하고 지원해야 한다. 그러기 위해서 교사는 영유아의 발달과 학습 상태를 파악하고 그에 맞는 발달과 학습을 촉진해야 한다. 그리고 영유아가 놀이와 학습을 즐기고 적극적으로 참여하며 도전적 과제를 포기하지 않고 지속적으로 수행할 수 있도록 보조하고 지지해야 한다. 따라서 교사는 영유아가 자신의 잠재력을 스스로 발현할 수 있도록 영유아를 항상 관찰하고, 영유아가 흥미로워하고 관심 있어 하는 것에 즉각적으로 반응해 주며, 영유아가 자신의 수행을 부끄러움 없이 자신감을 가지고 발현할 수 있도록 기다려 주어야 한다. 즉, 교사는 영유아가 자신의 잠재력을 개발하고 성과를 얻도록 촉진하는 비계자의 역할을 해야 한다. 이러한 비계 설정은 영유아가 스스로 생각하고 자율적으로 최선의 방안을 찾도록 돕는다.

4) 일상생활 적응을 위한 지원자

교사는 영유아에게 적합한 발달적 · 교육적 경험을 제공해야 한다. 이러한 활동을 통하여 영유아는 부모 그리고 다른 사람들과 늘 해 오던 것과는 다른 색다른 경험을 하면서 사고의 범위를 넓히게 된다. 이러한 경험을 통하여 전문가는 영유아의 스타일과 능력에 대해 독특한 관점을 가지고 영유아가 부모나 다른 사람들과 함께 지낼 때에는 거의 나타내지 않았던 재능을 발견할 수 있다. 교사는 영유아에게 다양한 교육적 모델을 제시하고 시험해 보면서 영유아가 가지고 있는 독특한 학습 유형과 습관을 이해하기도 한다. 이렇게 얻은 정보는 부모 그리고 다른 어른들이 영유아와 일상에서 상호작용하는 동안 자신의 영향력을 최대한 효과적으로 발휘하도록 지원하는 데 활용될 수 있다. 무엇보다 중요한 것은 교사는 영유아 교육목표가 적용되고 있는지 그리고 상황에 따라서 변경해야 할지 판단할 수 있도록 영유아의 발달 진행 상태도 체크해야 한다.

유치원과 어린이집에서 이루어지는 수업에서 여러 학습과 발달적 경험이 주어지지만, 교사는 가정에서 부모가 영유아와 반응적인 상호작용을 하도록 고려해야 한다. 수업목표가 가정과 연계되도록 지원하지 않는다면 이와 같은 수업은 영유아 발달과 사회정서적 안정에 의미 있는 영향력을 가져오지 못할 것이다(Mahoney, Wheeden, & Perales, 2004).

영유아 교육에 부모가 참여하는 것은 부모에게 과중한 부담을 주기보다는 오히려 부모가 자녀와 함께 지내기 쉽고 즐겁게 만들어 준다(Mahoney & Wheeden, 1999). 그리고 매우 효율적인 학습 기회로 전환시킨다.

제5장

놀이중심 반응성 상호작용 교수 이해

1. 놀이중심 영유아 교육

2. 반응성 상호작용 교수

1. 놀이중심 영유아 교육

1) 놀이의 의미

영유아는 놀이에 참여하면서 인지적 성숙을 촉진하는 데 필요한 정보와 이해를 습득한다. 아동심리학자 Piaget는 놀이가 어떻게 '아이의 일(children's work)'이라 할 수 있는지에 관하여 설명하였다. Piaget는 영유아가 하는 놀이, 즉 입에 넣기, 두드리기, 사물을 용기 안에 넣고 꺼내기, 사물을 일렬로 늘어놓기, 가장놀이 등 영유아가 하는 단순한 놀이행동들이 영유아가 자신의 행동에 대해 배우고 자신의 세상을 이해하는 방법이라고 하였다. 영유아는 놀이, 즉 사물을 조작하고 탐색하는 것과 같은 놀이 과정을 통하여 인지적 기술을 습득하는 데 필수적인 활동에 참여하게 되기 때문에 놀이는 아이의 일이다(김정미, 2008).

인지학습은 1차적으로 놀이를 통하여 발생하기 때문에, 영유아의 학습과 발달을 도울 수 있는 가장 좋은 방법은 교사가 사회적 놀이에 영유아와 함께 참여하는 것이다. 이는 영유아가 더욱 긴 시간 동안 그리고 더욱 빈번히 놀이에 참여하도록 교사가 지지함으로써 영유아의 학습 기회를 증가시켜 주며, 영유아의 놀이의 질을 향상시킨다. 또한 교사가 영유아에게 제공하는 정보나 지침은 영유아가 더욱 풍부한 학습경험을 갖도록 해 준다.

실제로 영유아가 하는 행위에 '놀이'라는 표현을 많이 쓰고, 영유아와 함께하는 수업이나 활동에는 '놀이식'이라는 말이 수식어처럼 붙는다. 이는 영유아가 놀이를 통해 잘 배우고 필요한 정보를 얻으며 쉽게 이해하기 때문일 것이다. 즉, 놀이는 바로 영유아의 일상이란 의미로 해석할 수 있다. 영유아에게 놀이는 그 자체가 학습과정이라 할 수 있다. 그런데 어른들은 이러한 영유아의 놀이의 개념에 대해 오해를 하는 경우가 많다. '아이와 놀아 준다'고 하면 마치 장난감 같은 영유아의 도구를 가지고 시간을 들여 무엇인가 하는 것으로 생각하는 것 같다. 즉, 목표행동의 하나로 보는 것 같다. 그러나 영유아가 하는 행동을 보면, 2세 미만의 영아는 사물을 입에 넣기, 두드리기, 그릇에 사물을 넣고 꺼내기, 사물을 일렬로 늘어놓기와 같은 행동을 반복하기도 한다. 그리고 이러한 행동은 작정하고 만들어지는 것이 아니라 일과 중의 자연스러운 상황에서 하는 것이다.

따라서 영유아와 놀이할 때 교사는 '무엇을 해 줄까'보다는 영유아에게 적합하게 '얼마나 자주 반응해 주는가'가 중요하다. 만일 교사가 무엇을 해 주려 한다면 자꾸 제시하고 이끌게 될 것이다. 그러나 반응하려 한다면 영유아가 주도하고 교사는 지지적인 놀이 상대방이 되는 것이다. 영유아는 스스로 능동적으로 경험하면서 더 잘 배운다. 영유아 발달을 위해서는 어떻게 놀아 주는가보다는 어떻게 반응하는가가 중요하다. 놀이중심은 어떻게 영유아의 발달수준에 맞도록 적합하게 반응해 주는가에 대한 해석이라 생각한다.

2) 놀이의 특성

Rubin, Fein과 Vandenberg(1983)는 하나의 활동을 놀이라고 할 수 있으려면 그 활동은 다음의 다섯 가지 특성을 가지고 있어야 한다고 하였다(유미숙 외, 2014).

- 놀이는 그 자체가 목적이어야 한다. 놀이를 하는 자체가 만족을 주기 때문에 하는 것이어야 한다.
- 놀이는 참여자가 놀이를 자유롭게 선택해야 한다. 영유아가 주어진 활동을 놀이로 생각하지 않을 수도 있다. 만일 교사가 영유아에게 어떤 놀이활동을 하도록 제안한다면 영유아는 이를 놀이로 생각하지 않는다. 그것은 수행해야 하는 일인 것이다(King, 1979).
- 놀이는 즐거워야 한다. 놀이는 전형적으로 '긍정적인 정서'를 일으키는 행동이어야 한다. 교사의 권유에 의해 영유아가 일부러 교실에서 찰흙놀이를 해야 할 때, 그것이 영유아가 자유롭게 선택한 활동이 아니라 스트레스를 주는 활동이

라면 이는 즐거움을 준다고 할 수 없다.

- 놀이는 놀이를 하는 사람이 주도적으로 참여해야 한다. 영유아가 수동적이거나 무관심하지 않고 자신이 하고 있는 활동에 몰입할 때 진정한 놀이활동이라 할 수 있다.

- 놀이는 사실이 아닐 수 있다. 놀이는 놀이를 하는 사람의 흥미에 맞추어 현실의 왜곡과 가장이라는 요소를 포함한다. 유아기에 특징적으로 나타나는 상징놀이가 그 대표적 예이다. 영유아는 놀이를 통해 새로운 역할을 실험해 보고 상상해 본다.

3) 놀이중심 영유아 교육

(1) 놀이에 대한 생각

많은 교사는 놀이의 중요성은 알고 있지만 교사 주도의 교육과정과 영유아 주도의 놀이를 어떻게 연결 지어야 할지에 대해서는 고민과 어려움을 갖는다. 교사가 수업에 대한 주도성을 갖지 못하고 적극적인 개입을 하지 않을 때 영유아를 방치하지는 않는지, 또한 교사의 준비된 계획이 놀이에 몰입하고 있는 영유아의 능동적 참여를 방해하는 것은 아닌지 우려한다(경기도교육청, 2017).

놀이에 대한 교사와 유아의 생각을 조사한 결과(경기도교육청, 2017), 놀이에 대한 교사의 생각은 놀이의 주도성을 누가 더 많이 가지고 있느냐에 중점을 두고 있었다. 따라서 유아가 주도적으로 선택할 수 있는 '자유선택활동'과 '바깥놀이'를 놀이중심 교육이라고 생각한다. 이러한 이유로 대집단 시간은 교사가 주도적으로 이끌어야 하기 때문에 상대적으로 놀이가 아니라고 여긴다. 한편, 놀이에 대한 유아의 생각은 주도적 선택 속의 자유로움이었다. 유아가 놀이에서 공통적으로 많이 사용한 단어는 '내가 좋아하는 것과 자유로움' 그리고 '재미와 기쁨'이었다. 그리고 유아가 진정으로 느끼는 '놀이의 개념'은 자유로움 속에서 느끼는 단순한 즐거움뿐만 아니라 지속적으

놀이의 온도

• **놀이에 대한 교사의 생각**

– '내가 하는 수업이 정말 놀이중심인가?'라는 생각이 들어요. 교사가 생각하는 놀이에 대한 질문을 받았을 때 '자유선택활동'만 떠올랐어요.

– 대집단 시간은…… 놀이 같지는 않은데…… 이야기 나누기, 동시는 놀이가 아닌 것 같아요.

– 교사가 목표를 세우고 내용을 결정하고, 또 교수 방법도 정하잖아요. 교사가 주도적으로 하는 것은 놀이가 아니라고 생각해요. 그리고 교사가 주도적이지 않으면 왠지 아이들을 방치한다는 느낌이 들어요.

– 영유아 교육에서 놀이중심, 아동중심은 기본인 건데…… 놀이중심으로 수업을 한다는 것을 어떻게 설명할 수 있을지 어렵네요.

– 대집단활동도 놀이라고 생각하는데 아이들은 미술활동 같이 소집단으로 하는 것도 놀이라고 생각하지 않는 것 같아요. "이제 다했으니 놀아도 돼요?"라고 물어보기도 하거든요.

• **놀이에 대한 유아의 생각**

– 자유롭게 노는 것이 놀이예요. 그러니깐 자유선택활동이 놀이예요. 내가 하고 싶은 것을 스스로 선택해서 고르는 것이니까 놀이예요.

– 가만히 앉아서 보기만 하는 건 놀이가 아니에요.

– 대집단활동은 놀이가 아닌 것 같아요. 그건 원래 자유가 아니잖아요.

– 대집단활동도 놀이예요. 재미있고 새로운 생각이 드니까요.

– 이야기 나누기 시간도 놀이예요. 왜냐면 내가 알고 싶은 것을 알아보는 게 재미있었어요.

– 나만의 시간이 필요할 때 모이라고 하면 놀이가 아니에요.

– 이야기 나누기 시간은 선생님만 말하잖아요. 그리고 손도 사용할 수 없으니까 놀이가 아니에요.

– 내가 하기 싫은데 계속해야 되는 건 놀이가 아니에요.

– 놀이는 친구랑 나를 기쁘고 행복하게 해 주는 거예요.

출처: 경기도교육청(2017).

로 시간을 들이고 참여하는 가운데 얻어질 수 있는 '성취감이 있는 활동'이었다. 유아가 스스로 탐색하고 발견하는 과정에서 '배우는 기쁨'이 있다면 이 또한 즐겁고 의미 있는 놀이일 수 있다는 것이다. 유아의 놀이에 대한 표현이 더 다양하고 구체적이라 볼 수 있다.

요컨대, 교사가 충분한 놀이 환경을 제공하고 영유아 스스로 알아 가는 과정을 기다려 준다면 집단의 유형과 상관없이 그 자체가 놀이이다. 교사가 생각하고 느끼는 놀이의 개념은 자유선택활동과 바깥놀이처럼 영유아의 개별적 선택이 가능하고 영유아 주도적으로 놀이에 참여하는 것을 의미하지만 동시에 영유아의 주도성, 자발성과 놀이의 재미 요소가 주어진다면 대집단활동도 놀이가 될 수 있다.

(2) 놀이중심 영유아 교육 요소

Rubin 등(1983)의 정의 및 경기도교육청(2017)에서 언급한 영유아가 말하는 놀이의 요소를 근거로 놀이중심 영유아 교육의 요소를 제안하면 [그림 5-1]과 같다.

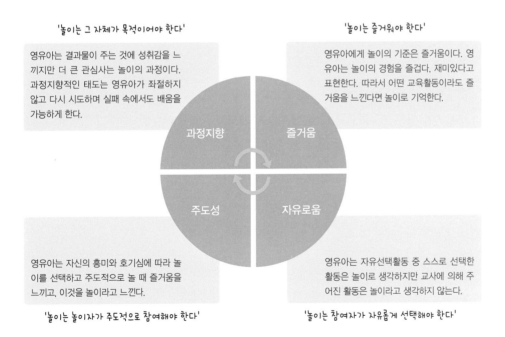

[그림 5-1] 놀이중심 영유아 교육 요소

놀이중심 영유아 교육을 구성하는 놀이 요소는 무엇일까? 선행연구에서 살펴본 바(경기도교육청, 2017)와 같이 교사들은 영유아 교육에서 놀이의 가치와 중요성을 인식하지만 놀이의 특성 요소들, 즉 즐거움, 자유로움, 영유아 주도의 요소를 교육 성취와 연결하는 것에는 고민을 한다. 그러나 영유아는 놀이를 통해 스스로 배움의 요소를 찾는다.

놀이를 통한 배움의 요소를 정리하면 다음과 같다.

첫째, 영유아는 놀이를 하면서 친구들과 협력을 배운다. 친구가 무엇을 할 때 함께 잡아 주거나 블록놀이를 할 때 함께 장난감을 합쳐 창작물을 만들기도 하고, 편을 나누어 게임을 하며 자기 팀과 협력하기도 한다. 영유아는 놀이 속에서 서로 협력하며 도움을 주고받고 문제를 해결하고 더 발전적인 방향으로 성장한다.

"친구와 같이하면 더 좋아요."

둘째, 영유아는 놀이하면서 스스로 탐구하고 발견하는 배움의 시간을 갖는다. 영유아는 놀이 속에서 스스로 참여하면서 교사가 계획한 수업이 아니어도 알지 못했던 것을 발견하고 새롭게 알아 가는 과정을 경험한다. 교사는 영유아에게 배움을 직접적으로 제공하는 것뿐 아니라 영유아가 스스로 탐구하고 발견할 수 있는 교육 환경과 기회를 제공한다.

"새롭게 알게 되는 게 재미있어요."

셋째, 영유아는 또래와의 놀이 상황 속에서 사회적 관계를 배운다. 상대의 마음을 읽고 공감하는 것은 사회적 관계에서 중요한 요소이다. 어린이집이나 유치원은 친구와 함께하는 사회적 맥락에서 때로는 서로 다투기도 하고 갈등 상황을 해결하는 과정에서 타인의 존재를 인지하고 자연스러운 놀이 속에서 상대의 마음을 읽는 사회인지를 발달시킬 수 있는 장소이다.

"단짝 친구랑 놀아도 재미있지만, 같이 놀고 싶은 친구를 위해 다른 놀이를 찾아서 같이했어요."

넷째, 영유아는 놀이 속에서 스스로 생각과 행동을 조절하는 법을 배운다. 또한 영유아는 놀이 속에서 즐거움을 얻는다. 이러한 즐거움이 유지되기 위해서는 놀이 약속을 지키는 조절 능력이 필요하다. 영유아는 놀이를 통해 함께 정한 약속을 지키고 자신의 차례를 기다리며, 다른 친구를 위해서 양보하는 상황을 받아들이고, 스스로 생각과 행동을 조절한다. 이처럼 자기조절은 외부에서 오는 규칙을 습득하는 것이 아니라 영유아가 놀이 속에서 서로 합의하는 과정을 거쳐 스스로 키우는 것이다.

"규칙을 지키지 않으면 재미가 없어져요."

다섯째, 영유아는 놀이 속에서 새로운 것을 구상하고 표상하며 창의성을 키운다. 영유아는 같은 놀잇감을 다르게 사용하며 새로운 것을 계속 생각해 낸다. 놀잇감이 있다고 놀이가 되는 것은 아니다. 놀잇감을 가지고 자신의 생각에 따라 만들고 싶은 방식대로 만드는 경험을 통해 진정한 놀이를 한다.

"블록을 쌓을 때 튼튼하게 세우는 방법을 생각해 냈어요."

(3) 놀이중심 영유아 교육의 실천

놀이가 영유아의 발달에 가치 있는 활동이 되기 위해서는 영유아의 자발적 참여와 영유아 주도적 학습이 필요하다. 때때로 교사는 영유아의 자발적 놀이를 강조하면서 교사의 가르침 없이는 교육적 성취가 충분치 못하고 영유아가 선택한 비구조화된 활동은 영유아를 지루하게 만들 수 있어서 영유아의 주의를 집중시키기 위해서는 교사의 지시적 활동이 필요하며, 영유아 주도적 학습은 교사의 안내나 조언, 지식의 제공 없이는 일어나지 않는다고 주장하기도 한다(Bredekamp, 1993; Hatch et al., 2002). 그러나 교사의 지시나 격려 안에서 영유아가 블록놀이, 모래놀이를 한다고 할 때 목표지향적 활동이 될 수도 있고, 때론 영유아가 몰입하여 스스로 동기화되기도 한다. 이에 Goodman(1994)은 아동이 스스로 그 활동을 즐기며 그것을 자신의 활동으로 생각할 때 지속적인 참여가 일어나며, 그것을 교사의 것으로 생각할 때는 활동 수행이 유지되지 않는다고 보았다(유미숙 외, 2014에서 재인용). 따라서 놀이와 영유아 교육의 적합한 적용은 교사가 문제를 해결하는 데 필요한 기본 기술을 제공하고 어떤 방법 또는 수행이 그 상황에서 더 적합한가를 영유아 스스로 결정하고 문제해결 과정을 가지도록 지속적으로 지원하고 격려하는 것이 중요하다.

다음에서 소개하는 반응성 상호작용 교수이론을 이해하고 반응적인 교사로서 교육과정을 운영하는 것이 놀이중심 교육과정의 구체적 실현이라 본다. 영유아를 관찰하며 영유아의 흥미와 관심을 이해하고 적절한 반응과 의미부여를 통해 영유아의 능동적 참여와 경험을 통한 발현을 촉진하고, 비계로서의 교사 역할을 통해 영유아가 역량을 개발하도록 확장해 주어야 한다. 구체적 운영 내용과 단계별 실행은 다음 장에서 소개하기로 하겠다.

2. 반응성 상호작용 교수

최근 개정된 『2019 어린이집 평가 매뉴얼』(보건복지부, 한국보육진흥원, 2019)과 『2019년 누리과정 개정안』(교육부, 2019)에서는 영유아와 함께하는 놀이와 활동을 영유아의 자발적 선택과 주도로 이루어지는 상호작용을 기반으로 하도록 강조하고 있다. 따라서 반응성 상호작용 중심 영유아 교육과정은 최근 조기개입에서 강조하는 구성주의 철학을 기반으로 하는 영유아중심 교육, 가족중심 접근 그리고 일과기반 교육의 실현이라 할 수 있다.

1) 이론적 배경

(1) 능동적 학습 관점

Piaget의 구성주의 학습이론에서는 인지 발달은 수동적으로 이루어지는 것이 아니고, 영유아가 능동적으로 구성한다고 본다(Piaget, 1963). 여기에는 높은 단계의 보다 많은 행동을 하는 것뿐 아니라 자신의 세계를 다르게 이해하는 것도 포함된다. 영유아의 인지 발달에 미치는 영향은 영유아가 부모 또는 교사와 무엇을 하는가보다는 부모나 교사가 영유아에게 얼마나 많이 반응해 주는가와 더 밀접한 관계가 있다. 다시 말하면, 영유아가 어떤 것을 배우는가의 문제는 영유아에게 특정 학습경험이 있는가의 여부가 아니라 얼마나 능동적으로 참여했는가에 달려 있다. 만일 영유아가 주의를 갖고 실제로 참여하며 자신의 경험을 통해 이해하고자 노력한다면 이전 지식에 비하여 훨씬 더 많은 것을 배우게 된다고 본다. 즉, 영유아가 활동에 능동적으로 참여하지 않는다면 영유아가 활동을 통해 무엇을 배울 가능성은 매우 낮다고 보아야 한다(김정미, 2008; Mahoney & MacDonald, 2008).

영유아 발달에 대한 구성주의적 관점은 Piaget의 영유아 인지이론 연구를 통해 대중화되었으며, 영유아는 주도성, 탐색, 실행 그리고 문제해결과 같은 인지 영역에 속하는 중심축 행동을 반복적으로 사용함으로써 자신의 세계에 대한 통찰과 이해를 얻으며 발달한다고 보았다(김정미, 2004).

> **영유아 발달에 대한 핵심사항**
> • 첫째, 영유아는 선천적으로 자신이 한 행동과 결과를 간파할 수 있다. 그리고 다른 활동과 경험을 서로 연결시키는 능력을 지니고 있다. 영유아는 놀이를 통해 능동적으로 학습을 경험하며 반복적으로 수행해 보면서 상위 수준의 사고와 추론 능력으로 옮겨 간다.
> • 둘째, 학습은 영유아가 경험한 능동적 학습경험의 양에 의해 좌우된다. 모든 영유아에게 있어서 구성주의 학습은 영유아가 가지고 있는 선천적 능력 수준에 상관없이 사물, 도구 그리고 사람과의 능동적인 상호관계 활동을 통해서만 발생할 수 있다.

(2) 비계자로서 교사의 역할

비계(scaffolding)의 원뜻은 새 건물을 건축할 때 사용되는 임시 지지대이다. 이러한 비계는 건축공사가 다음 단계로 넘어가도록 일꾼들에게 지원해 주며, 일반적으로 건축되는 구조물보다 약간 더 크다. Vygotsky(1978)는 영유아 발달에 있어서 부모나 교사의 역할을 영유아의 학습을 위한 비계 역할로 설명하였다. 부모나 교사는 건축에 있어서 비계와 같이, 영유아가 현재 사용하고 있는 행동이나 언어보다 조금 앞서는 자극을 제공할 때 영유아의 발달을 지원할 수 있다. 실제로 영유아의 학습을 효과적으로 증진시키는 결과를 보면, 영유아의 현재 수준 또는 현재 하는 행동보다 약간 복잡한 자극을 제시할 때이다. 그러나 Vygotsky는 영유아의 인지학습은 1차

적으로 교사와 함께하는 일상적인 놀이 또는 활동에 영유아가 능동적으로 참여함으로써 이루어진다고 보았다. 따라서 영유아 발달을 위해서는 이와 같은 일상적인 활동에 영유아가 능동적으로 참여할 수 있도록 격려해 주는 것이 중요하다. 효율적인 교사는 영유아가 사회적 놀이나 활동에 참여하도록 지지하면서 비계로서의 역할을 한다.

영유아에게 있어서 일상 중의 놀이는 분명 영유아 초기의 인지적 성장을 위해 가장 중요한 활동 중 하나이다. 일상 중의 보육활동에서 교사가 반응적으로 상호작용할 때, 영유아는 주도성, 탐색, 실행 그리고 문제해결 능력을 최대한 발휘할 기회를 가질 수 있다. 따라서 교사는 영유아의 주의를 끌고, 영유아가 하는 행동과 의도를 보충하여 새롭거나 약간 다른 활동을 영유아에게 보여 주면서, 자연스러운 상황에서 사회적 놀이를 통하여 영유아가 다음 발달단계의 사고와 추론을 위해 필요한 개념과 능력을 쉽게 만들어 내거나 발견할 수 있도록 비계적 역할을 해야 한다.

(3) 가족중심 교육 프로그램

가족중심 접근(family-focused approach)은 가족, 특히 부모를 서비스의 대상에 포함시키는 접근으로, 가족이 가지고 있는 효율성을 촉진하도록 고안된 서비스를 제공함으로써 영유아의 기능을 최대화시키는 것을 중요시 여긴다(Mahoney & MacDonald, 2008). 대부분의 영유아는 생애 초기부터 많은 시간을 가정에서 부모와 보내고 있다. 부모는 영유아에게 가장 큰 영향력을 미치는 중요한 인물이고, 애정과 관심을 가진 가장 적합한 자원봉사자이며, 자녀의 환경 자극을 통제할 수 있는 적임자이고, 학습된 행동의 일반화와 개별화 교육에 기여할 수 있는 최선의 인물이다. 따라서 영유아는 숙련되고 경험 있는 전문가들이 어떻게 하는지에 상관없이 전문적인 사람과의 상호작용보다는 부모의 제안과 행동에 더 영향을 받으며(Mahoney,

1999), 더욱이 부모-자녀 간의 상호작용의 질은 이후 영유아의 발달을 예견할 수 있는 중요한 변인이다(김정미, 2009).

부모-자녀 간의 상호작용은 1차적으로 부모나 영유아 모두에게 즐거움을 주며, 영유아의 사회성, 의사소통과 인지 능력을 발달시키도록 촉진하는 상황을 제공한다(McCollum et al., 2000). 중요한 것은 영유아에게 장애가 있거나 또는 특별한 전문가 서비스를 받는다는 이유로 부모의 영향력이 변하지 않는다는 사실이다. 부모는 정상 발달하는 영유아나 발달지연 영유아 모두에게 발달과 관련하여 동일한 영향력을 가지며, 심지어는 영유아가 중재 프로그램에 참여하고 있더라도 장애 영유아의 발달적 촉진은 치료나 다른 중재 서비스보다 장애 영유아와 부모 간에 발생하는 상호작용의 특성과 더 많은 관계가 있다.

부모의 참여 없이는 절대로 발달적 성과를 거둘 수 없기 때문에 진단 중재 서비스 효과에는 부모의 협력이 필수이다(김정미, 2008; Mahoney & MacDonald, 2008). 가족중심 조기개입은 가족에게 선택과 의사결정을 촉진하려는 참여적 경험과 기회를 제공하며, 자녀 및 가족의 선호도와 우선순위에 맞게 융통적이고 개별적인 형태로 제공되기 때문에 양육에 대한 자신감을 강화하는 데 필요한 가족의 참여를 높이고, 나아가 가족의 안녕(well-being)을 향상시킬 수 있다(한국형 발달지체 영아 조기개입 모형개발 및 현장타당화연구팀, 2018).

가족의 참여를 촉진하기 위해 교사는 먼저 가족이 하는 말을 경청하고, 가정 환경과 지역사회 생활에 영유아가 참여하도록 가족을 격려해야 한다. 가족의 우선순위, 가치관과 강점을 존중하고 이해할 때 성공적인 가족중심 접근을 실현할 수 있다.

반응성 상호작용 교수 모형(responsive interaction teaching model; 김정미, 2008; Mahoney & MacDonald, 2008)에서는 자녀와의 일상적인 상호작용 상황에서 부모가 영유

[그림 5-2] 조기개입 접근의 변천

아의 발달에 적합한 방식으로 반응적인 상호작용 전략(예: 아동의 행동과 의사소통 모방하기, 아동의 주도에 따르기 등)을 사용하도록 촉진함으로써 일상 중에서 영유아의 중심축 행동 사용 비율을 증가시키며, 이는 궁극적으로 영유아 발달에 영향을 미친다고 설명한다. 교육의 궁극적 목표는 일반화이다. 자연적 상황에서 영유아의 능동적 발현은 그 자체가 교육의 일반화라고 할 수 있다.

(4) 일과기반 조기개입(routine-based intervention)

일과(routine)란 영유아의 가정, 어린이집이나 유치원 그리고 영유아의 주변 환경에서 일어나는 매일의 활동을 말한다. 일과는 억지로 끼워 넣는 수업이나 활동이 아닌 자연스러운 환경에서 일어나는 생활 에피소드들, 예를 들면 아침에 일어나서 씻고, 밥을 먹고, 놀이를 하거나, 차를 타고 이동하는 일상적인 일들을 의미한다. 즉, 일상생활은 자연적 환경, 즉 영유아와 가족에게 '자연스러운 주변 장소들'을 의미한다. 이는 영유아와 가족이 생활하는 보통의 일상적인 가족생활 속에서 그들의 시간을 보내는 장소들을 일컫는다(McWilliam, 2010).

한편, '상호작용'이라는 것은 무언가를 계획하고 작정해서 하는 것이 아니기 때문에 상호작용 사건은 영유아가 일상생활에서 다른 사람과 겪는 모든 경험이 될 수 있으며, 놀이적인 상황에서 영유아가 선택한 활동은 자신이 할 수 있는 행동이고 자연스럽게 반복하게 된다. 따라서 이러한 자연스러운 환경 속에서 영유아가 반복하는 것은 곧 그 행동을 숙련되게 만들며, 효과적으로 영유아의 발달을 촉진하여 인지학

습의 성취를 가져오게 된다(김정미, 2014; Mahoney & MacDonald, 2008). 실제로 일과
가 없는 가족은 없으며, 따라서 영유아가 새로운 정보나 기술을 습득하는 것은 아침
에 일어나서 씻고, 밥을 먹고, 놀이를 하거나, 차를 타고 이동하는 일상적인 일과처
럼 쉬운 일에서도 충분히 가능하다.

영유아가 어린이집 또는 유치원에서 보내는 시간이 점차 늘어남에 따라 교사가
부모의 역할을 담당하는 시간도 늘어나게 되었다. 따라서 교사가 일상에서 일과중
심으로 반응적 상호작용을 통하여 영유아 발달을 촉진할 수 있는 기회를 자주 만들
어 가는 것이 중요하다. 또한 영유아는 자신이 관심 있는 활동에 참여할 때 배울 수
있고, 일상의 다양한 상황에서 학습한 것을 연습해 볼 기회를 갖는다. 그러므로 어
린이집 또는 유치원은 가족과 같은 자연스러운 환경을 설정하고 영유아가 자연스
러운 상황에서 스스로 경험하도록 운영해야 한다.

표 5-1 일과 중 영유아의 상호작용 비율

상호작용 대상	영유아 교사	전문가	양육자
상호작용 기준	2시간 30분/ 4일/주	30분/1회/주	1시간/7일/주
1:1 대면 시간/주	33분	25분	420분
상호작용 건수/년	9,900건	8,750건	220,000건
상호작용 비율	4.5%	3.4%	92.1%

출처: Mahoney & MacDonald (2008), p. 31.

영유아에게 일상의 의미

영유아기 발달에 있어 일상적인 상황에서 활동이 가지는 의미는 다음과 같다.

- 첫째, 일상적인 생활 공간은 영유아가 가장 많은 시간을 보내는 장소이다. 영유아에게 있어서 일상생활은 새로운 기술을 배우는 데 많은 기회를 제공하기 때문에 영유아와 함께하는 부모는 즐거운 경험을 통해 발달능력과 숙련을 촉진하는 중요한 변인이다(Mahoney & MacDonald, 2008).
- 둘째, 영유아는 일상적인 상호작용 속에서 능동적으로 참여하여 발견한 정보를 학습한다. 자연스러운 환경에서 놀이적 상호작용은 중요하다. 가정은 영유아에게 있어서 가장 자연스러운 장이며, 많은 경험과 시도가 주어지는 장이기도 하다.

영유아가 다른 사람과 더 많이 상호작용하고, 활동을 주도해 보고, 탐색하고, 조작해 보고, 문제를 해결하고, 실험하고, 직접 실행해 볼수록 현재 나타난 행동을 활용하고 모방하며 정보를 인식하여 새로운 통찰로 더욱 발전시키고, 새로운 발달적 행동학습에 관여하게 된다. 그리고 더욱 높은 수준의 발달을 성취하도록 이끈다(김정미, 2008).

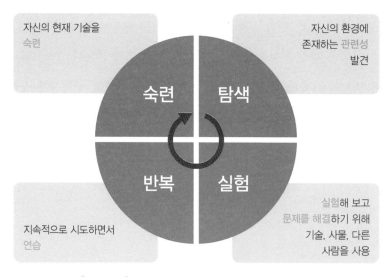

[그림 5-3] 일상 중 자연스러운 상황에서의 상호작용

2) 반응성 상호작용 교수 구성

반응성 상호작용 교수(Responsive interaction Teaching: RT)는 영유아를 양육하거나 많은 시간을 함께 상호작용하는 부모 또는 교사가 일상적인 자연스러운 상황에서 수행하도록 만들어졌으며, 명확한 근거에 기반한(evidence-based) 영유아 발달 교육과정이다. RT는 부모, 양육자 및 교사가 영유아와 일상 중에 일어날 수 있는 상호작용을 최대한으로 활용하여 영유아의 발달과 안정을 도모하고 증진시키기 위한 것이다(Mahoney & MacDonald, 2008).

반응성 상호작용 교수 방법과 목적은 최근 영유아 발달 연구와 조기개입 이론에 부합하는 것들로서 부모 또는 교사가 영유아와 일상에서 얼마나 자주 많이 상호적인 활동에 반응적으로 참여하는가가 영유아의 발달과 사회정서적 안정에 중요한 환경 변인임을 검증하는 선행연구 결과, 즉 학습과 발달에 대한 구성주의이론(Piaget, 1963; Vygotsky, 1978), 언어 발달에 대한 의사소통이론(Bruner, 1974, 1983), 성취동기이론(Atkinson, 1964; Weiner, 1980)에서 도출된 것이다.

반응성 상호작용 교수는 영유아는 놀이를 통해 능동적으로 학습을 경험하고 반복적으로 수행해 보면서 상위 수준의 사고와 추론 능력으로 옮겨 간다는 Piaget의 구성주의적 기본 철학을 바탕으로 영유아기 중심축 행동 발달 목표를 성취하도록 한다. 그리고 어른(부모 또는 교사)과 일상에서 반복적인 반응성 상호작용을 촉진하는 전략을 제안하고 있다. 이는 영유아에게 양적 및 질적으로 중요한 영향력을 행사하는 양육자 또는 교사가 일상생활에서 일어나는 에피소드 중에 영유아와 바람직한 유형으로 자주 상호작용하도록 도움으로써 궁극적으로 영유아 발달을 촉진할 수 있다고 보고, 관계기반 발달 중재 접근에 기초하여 부모-교사-영유아가 함께 참여하도록 고안된 교육과정이다. 반응성 상호작용 교수 교육과정 구성을 요약하면 [그림 5-4]와 같다.

발달목표	인지	의사소통	사회정서
중심축 행동	사회적 놀이 주도성 탐색 실행 문제해결	공동활동 공동주의 언어화 의도적 의사소통 대화	신뢰 감정이입 협력 자기조절 자신감
RT 전략(66개)	상호성　수반성　통제 분배　애정　조화		

[그림 5-4] Mahoney의 반응성 상호작용 교수 교육과정 구성

출처: Mahoney & MacDonald (2008).

3) 반응성 상호작용 교수의 핵심 전제

(1) 반응성 상호작용 교수는 영유아의 중심축 행동 발달을 목표로 한다

반응성 상호작용 교수는 영유아가 발달적 학습에 기초가 되는 사회적 놀이, 주도성, 문제해결, 실행, 공동주의, 대화, 신뢰, 협력, 자신감 등으로 이루어진 '중심축 행동'을 배워 나가고 사용하도록 촉진한다. 반응성 상호작용 교수의 중심인 교수 전략은 어른들이 영유아와 매일 이루어지는 일상적인 활동에 쉽게 접목할 수 있도록 구성되었다. 따라서 교사가 그들의 일과에서 지속적으로 반응성 상호작용 교수 전략을 사용하여 서서히 영유아의 발달적 학습을 자극함으로써 향상시켜 준다. Mahoney가 제안한 15개 중심축 행동에 대한 자세한 설명은 제3장 '영유아 발달의 중심축 행동'을 참조하기 바란다.

(2) 반응성 상호작용 교수는 반응성 상호작용 교수 전략을 실행한다

반응성 상호작용 교수 방법과 목적은 최근의 영유아 발달 연구와 이론에 부합하는 것으로서 반응성 상호작용 교수는 부모 및 교사를 비롯한 어른들이 영유아와 일상 중에 일어날 수 있는 상호작용을 최대한으로 활용하여 영유아의 발달과 안정을 도모하고 중진시키기 위한 것이다. 반응성 상호작용 교수 전략은 교사가 영

유아와 반응적인 상호작용에 참여하는 정도가 영유아의 발달과 사회정서적 안정에 미치는 가장 중요한 환경적 영향으로 보고한 선행연구 결과로부터 도출된 것으로서 반응성 상호작용 교수 전략은 5개의 반응성 유형(상호성, 수반성, 통제 분배, 애정, 조화)으로 나누어져 있으며, 각 유형별로 실행적인 제안사항을 제시함으로써 교사가 이와 같은 반응성 유형으로 영유아와 상호작용을 할 수 있도록 돕는다. 5개 유형에 따른 66개 전략은 제6장 '3. 영유아 교육과 반응성 상호작용 교수 전략'에서 소개하였다.

(3) 반응성 상호작용 교수는 일상 중 상호작용을 촉진한다

다른 일반적인 영유아 발달 교육과정과 달리 반응성 상호작용 교수는 영유아의 발달적 성숙을 촉진하기 위해 특별히 제작된 장난감이나 교육활동을 제시할 필요가 없으며, 더욱이 조기중재 모형에서 강조하는 **자연적 상황 중재**(natural environment intervention)로서 영유아가 다른 사람과 놀이하고 의사소통하고 상호작용하면서 보내는 매일매일의 일상적인 활동에 참여하여 즐거움을 느끼도록 지지해 주고 촉진해 주는 데 초점을 둔다. 일과기반 중재 프로그램에 대한 자세한 설명은 제6장 '놀이중심 반응성 상호작용 교수 운영'에 제시하였다.

(4) 반응성 상호작용 교수는 체계적인 프로그램이다

Mahoney의 반응성 상호작용 교수의 교육과정 내용은 ① 인지, 의사소통, 사회정서의 3개 발달 영역에 걸친 15개 중심축 행동 목표를 포함하고 있으며, ② 반응성 상호작용 교수 수행을 통해 구체적으로 일상 중에 교사가 영유아와 어떻게 반응성 상호작용을 할 것인지에 관한 구체적인 실행 방법으로서 66개의 반응성 상호작용 교수 전략이 있고, ③ 이들 반응성 상호작용 교수 전략의 사용과 중심축 행동 목표가 궁극적으로 영유아의 인지, 의사소통 그리고 사회정서 능력 증진에 어떻게 필요한지에 대한 양육가이드로서 130개의 논의점으로 이루어져 있다(Mahoney & MacDonald, 2008; Mahoney & Perales, 2021, 출판중).

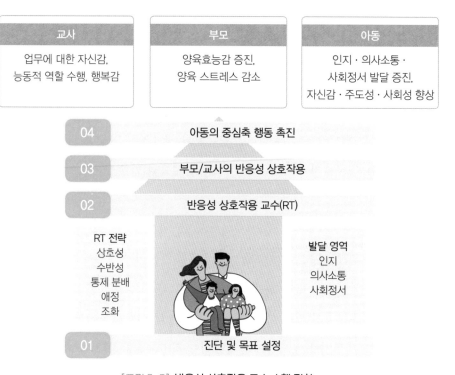

[그림 5-5] 반응성 상호작용 교수 수행 절차

반응성 상호작용 교수는 이와 같은 이론적 근거에 따라 영유아가 다른 사람과 놀이하고 의사소통하고 상호작용하면서 보내는 일상생활에 참여하여 스스로 경험하고 즐거움을 느끼며 자신의 잠재능력을 발현하도록 지지하고 촉진하는 데 초점을 둔다.

4) 영유아 교육과 반응성 상호작용 교수의 의미

반응성 상호작용이란 영유아의 수준과 요구에 맞춰 적절히 반응하는 것을 말하는데(Mahoney & MacDonald, 2008), 이는 영유아와 능동적이고 조화롭게 의사를 전달하고, 영유아가 주도하는 주제 및 영유아와 관련된 대상이나 활동에 맞춰 반응을 해 주고, 영유아의 표현을 영유아의 수준만큼 모방해 주고, 영유아에게 외적 강화인을 사용하기보다는 생동감 있는 미소, 웃음, 과장된 얼굴 표정, 감탄 등과 같은 수용적인 표현을 보이는 것이라 할 수 있다(김정미, 2004).

반응성 상호작용 교수(Responsive interaction Teaching)는 영유아의 발달과 사회
정서 기능을 촉진하기 위한 접근으로서 교사가 일과 중 영유아와 얼마나 반응적으
로 상호작용할 수 있는가가 영유아의 발달 기능에 중요한 영향력을 미친다는 데
근본적인 가정을 두고 있으며(김정미, 2008; Mahoney, Kim, & Lin, 2007; Mahoney &
Wheeden, 1999), 실제로 우리나라 영유아 교육과정에서도 반응성 상호작용 교수 전
략은 영유아의 인지, 언어 그리고 사회정서 발달과 정적인 관계가 있는 것으로 나타
났다(김정미, 임미선, 2017; 김정미, 정빛나, 2016; 송영선, 2015; 이경진, 이유진, 2017). 반
응성 상호작용 중심 영유아 교육의 의미를 정리하면 다음과 같다.

(1) 영유아와의 신뢰로운 관계 형성

교사-영유아 간 상호작용의 시작은 교사가 영유아를 존중하고 반영해 주는 신뢰
로운 관계를 형성하는 것이 우선이라 할 수 있다. 교사가 먼저 영유아를 존중하고
수용할 때 긍정적인 관계 형성이 나타난다(Wittmer & Petersen, 2011). 교사가 영유아
와 신뢰로운 관계를 형성하기 위해서는 영유아를 관찰하여 영유아가 무엇을 학습
하는지, 어떻게 학습하는지, 그들의 요구가 무엇인지 인식하여야 한다. 이와 같은
수행의 처음은 영유아의 눈길을 따라가며 관심 기울이기라 할 수 있는데, 이는 신뢰관
계를 형성하기 위한 가장 기본적인 방법이다.

관심 기울이기 행동은 영유아의 눈높이에서 영유아가 무
엇을 표현하고자 하는지, 현재 가지는 관심이 무엇인지에 함
께 집중함으로써 영유아에게 자신을 이해하려 하고 있다는
사실을 전달한다. 그뿐만 아니라 상대방의 언어적·비언어
적 메시지의 의미를 파악함으로써 보다 효율적으로 주고받
는 상호작용과 의사소통을 할 수 있게 한다. 구체적인 반응
과 행동으로는 영유아와 눈길을 맞추기 위해 영유아와 신체
높이를 맞춘 다음, 자연스럽게 영유아의 현재 시선을 따라가

영유아의 언어적 또는 비언어적 반응에 즉각적으로 반영해 주고 존중해 주는 것이다(김정미, 2008).

(2) 영유아의 의사소통 능력 증진

교사가 언어적 상호작용을 할 때 영유아에게 안정감을 줄 수 있는 태도를 가지는 것이 중요하다. 교사가 영유아의 말에 집중하여 경청하는 태도를 보일 때 영유아도 교사를 모델로 삼아 같은 태도를 가지게 되고, 경청하는 교사와의 상호작용을 통해 영유아는 자신의 수행에 대해 가치롭게 느끼며 자존감과 자신감을 향상시킨다.

영유아가 더 많이 의사소통할 수 있도록 어른이 적게 말하기 전략을 활용하여 경청하는 태도를 가질 때 영유아도 교사의 말을 더 주의 깊게 듣는 태도가 형성되고, 자신감을 가지고 교사에게 더 많이 말해 볼 수 있는 기회를 갖게 된다. 또한 놀이 상황에서 교사의 언어적 상호작용은 영유아의 놀이경험을 풍부하게 해 주고, 놀이의 효과를 극대화시키며, 놀이를 보다 확장 및 발전시키고 놀이 시간을 길게 지속시키는 역할을 한다(이현순, 1991). 따라서 교사의 언어적 또는 비언어적인 반응성 상호작용은 아동의 자발적인 발성을 촉진하며, 궁극적으로 언어 수행의 양을 늘리고 질적인 의사소통 변화를 가져온다.

(3) 영유아의 일과활동 참여 촉진

영유아 간의 긍정적 상호작용이란 영유아 간에 나누기, 협동하기, 도와주기, 사이좋게 지내기, 배려하기 등으로 설명할 수 있고, 교사는 이러한 긍정적인 상호작용이 관찰될 때마다 적절한 칭찬과 격려로 피드백을 주는 것이 중요하다(보건복지부, 2017).

영유아는 하루일과 중에 교사가 마련한 계획된 활동을 하거나 때로는 자기 의지와 목적에 따라 자발적으로 구성한 놀이를 선택하고 흥미롭게 관여하며 놀이에 몰입한다. 특히 영유아는 자신의 관심 영역이나 사전지식이 있는 놀이, 내적 동기에 의해 선택한 놀이, 또래와 상호작용이 일어난 놀이일 때 몰입도가 높고, 교사 주도적인 상황보다 영유아 주도적인 놀이 상황에서 영유아 간의 인지적 협력 구성이 더 잘된다.

교사가 아동이 하는 것에 가치 두기 전략을 활용하여 영유아가 하는 것을 중요하고, 흥미 있고, 의미 있는 것이라고 인식하고, 교사 주도적인 활동보다 영유아 주도적인 활동을 일과에 반영하며, 교사가 일상에서 또래 간 상호작용을 할 수 있는 자유선택 활동이나 실외놀이 기회를 자주 제공하는 것이 중요하다.

(4) 영유아의 적응적인 생활 습관 지도

영유아 교육과정에서 영유아가 세상에 적응하고 실생활에서 현명한 의사결정을 할 수 있도록 하기 위해 생활지도 과정은 중요하다. 생활지도는 영유아 스스로가 자신이 당면해 있는 생활이나 사회를 이해하고, 나아가 교육적·사회적·신체적·도덕적 문제 등을 해결할 수 있는 능력을 함양하도록 도와주며, 자신의 잠재력을 향상시키도록 지원해 주는 과정이다(최일선, 박해미, 이진화, 2013).

생활지도에 적합한 반응성 상호작용 전략에는 발달적으로 적합한 규칙과 기대 가지기, 아동의 행동을 흥미의 표시로 이해하기, 두려움을 의미 있고 이유 있는 것으로 대하기가 있다. 생활지도 시 교사가 영유아의 발달수준만큼의 규칙과 기대를 가질 때 영유아는 수행을 잘할 수 있게 되고 긍정적 자아개념을 가질 수 있게 된다. 또한 영유아의 불순종을 부정적으로 보지 않고, 너무 어려운 것이거나 흥미가 없는 것으로 인식하여 영유아의 선택으로 받아들일 때 영유아는 교사에게 자발적인 협력을 할 수 있게 되며, 이를 통해 자기통제력이 성장할 수 있다.

영유아가 자기통제를 발달시키면서 어떤 행동이 바람직한지, 또 허용될 수 없는 행동은 무엇인지를 배울 수 있다. 교사는 영유아가 자아존중감을

형성할 수 있도록 긍정적 방식으로 행동을 지도해 주어야 한다. 따라서 교사는 영유아를 처벌하거나 무시하는 것, 실수했을 때 야단치는 것이 아니라 명확하고 일관성 있는 한계를 설정해 주고, 인내심을 가지고 규칙을 설명하고, 좀 더 바람직한 행동을 하도록 지도하며, 영유아가 자기 스스로 문제를 해결하는 방법을 배우도록 해야 한다(이기숙 외, 2012).

제6장

놀이중심 반응성 상호작용
교수 운영

1. 영유아 교육목표 실현

2020년 개정 표준보육과정과 2019년 개정 누리과정에서는 교수학습을 위해 교사가 다음 사항에 따라 영유아를 지원하도록 제안하고 있다.

- 영유아가 흥미와 관심에 따라 놀이에 자유롭게 참여하고 즐기도록 한다.
- 영유아가 놀이를 통해 배우도록 한다.
- 영유아가 다양한 놀이와 활동을 경험할 수 있도록 실내외 환경을 구성한다.
- 영유아와 영유아, 영유아와 교사, 영유아와 환경 간에 능동적인 상호작용이 이루어지도록 한다.
- 5개 영역의 내용이 통합적으로 영유아의 경험과 연계되도록 한다.
- 개별 영유아의 요구에 따라 휴식과 일상생활이 원활히 이루어지도록 한다.
- 영유아의 연령, 발달, 장애, 배경 등을 고려하여 개별 특성에 적합한 방식으로 배우도록 한다.

반응성 상호작용 교수를 통한 영유아 교육 및 보육지표 성취 절차를 요약하면 [그림 6-1]과 같다.

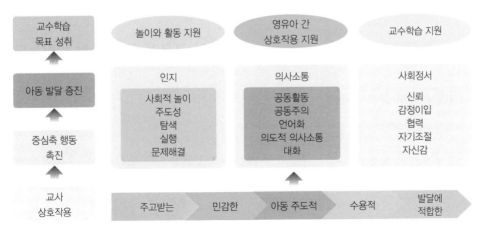

[그림 6-1] 반응성 상호작용 교수와 상호작용 및 교수학습 목표 성취 절차

2. 발달에 적합한 실행적 접근

반응성 상호작용 교육과정에서는 Mahoney의 반응성 상호작용 교수(RT) 이론에 기반하여 우리나라 어린이집 평가지표와 누리과정의 요구에 부합하는 발달에 적합한 실행을 제안하고자 한다. 학습 발달을 위한 철학적 배경은 Piaget의 이론에 근간을 두고, 발달에 적합한 실제(DAP) 모형은 미국유아교육협회(NAEYC)와 그 밖의 영유아 교육에서 제공하는 '최선의 실제(best practice)' 모형에 부합하는 것이다(Mahoney et al., 2004).

미국유아교육협회는 아동의 주도적 활동을 지지하고 반응해 줌으로써 아동이 능동적으로 사람, 도구, 또는 생각을 가지고 상호작용에 참여하도록 촉진하는 교육적 전략으로서 발달에 적합한 실제(DAP)를 정의하였다. 발달에 적합한 실제는 교사 지시적 교수보다는 아동 주도적 활동 과정에서 얻을 수 있는 발달과 학습 성취를 위해 필요한 기능들을 강조한다. 이에 최근 개정된 2020년 어린이집 평가지표와 2019년 누리과정 운영의 원칙도 영유아 교육의 실제는 아동이 능동적으로 자신의 환경에 참여하도록 촉진하고 학습과 발달을 위해 필요한 기회를 제공하는 것에 초점을 둔다. 이 장에서 제안하는 반응성 상호작용 교수는 다음과 같은 7개의 학습 발달 원리로 요약할 수 있다.

1) 발달은 연속적이고 지속적이며 아동의 경험에 의해 영향을 받는다

- 영유아의 학습과 발달의 모든 양상을 증진하기 위해 영유아의 일상적인 활동과 일과를 활용한다.
- 발달적 활동경험으로 친숙하고 흥미로운 일상활동과 통합한다.

2) 아동이 행동하는 방식은 어른에게 그들이 어떻게 생각하고 있는 지를 말해 준다

- 영유아가 하는 행동을 의미와 목적이 있는 것으로 해석하고, 영유아가 하고 있는 것에서 보완하도록 교육활동을 계획한다.
- 관찰된 영유아의 현재 발달수준을 파악한다.
- 발달단계에 대한 일반적인 영유아의 발달정보를 현재 영유아의 인식, 사고, 의사소통, 감정을 이해하기 위한 기초로 사용한다.
- 주의할 점
  - 영유아가 할 수 있는 것과 방법을 이해하지 않고 교육활동을 계획하지 않도록 한다.
  - 영유아의 행동을 비기능적이고, 무의미하고, 부족하고, 이상하다고 해석하여 부정적 용어로 무시하지 않아야 한다.

3) 학습과 발달은 아동이 참여할 때 이루어진다

- 영유아가 행동과 활동을 시작하도록 촉진할 기회를 만든다.
- 영유아 주도적 놀이 및 사회활동을 지원하고 촉진하도록 학습활동을 계획한다.
- 영유아 주도적 활동(예: 영유아가 연습, 탐구, 지속, 문제해결, 시작, 상호작용, 물체, 도구 또는 사회적 관계)이 되도록 교육목표를 설명한다.
- 주의할 점
  - 영유아의 현재 관심사와 활동을 고려하지 않고 교육목표를 정의하지 않아야 한다.
  - 영유아의 고려 없이 엄격한 일상과 일과를 계획하지 않도록 한다.
  - 독립적 행동(discrete behavior)으로 정의된 발달기술을 습득하도록 촉진하지 않아야 한다.

-발달의 성과는 성취에만 연관하여 계획되거나 전문가에 의해 목표로 정해진 특정 활동을 성취하도록 하지 않는다.

4) 이미 하고 있는 행동, 한계에 대한 학습, 새로운 통찰력을 개발하기 위한 정보의 재조직화 그리고 새로운 발달행동의 학습 등 여러 종류의 학습이 발달에 포함된다

- 영유아의 현재 행동은 나중의 발전을 위한 기본 요소로 본다.
- 영유아의 기존 기술 사용을 시원하기 위한 학습 환경을 설계한다.
- 영유아의 기존 기술에 새로운 정보를 소개한다.
- 주의할 점
  - 영유아가 기존의 기능을 사용하거나 연습하는 것을 막지 않도록 한다.
  - 지금 하고 있는 기능이나 행동을 사용한 영유아를 무시하거나 처벌하지 않아야 한다.
  - 새로운 행동의 습득에만 초점을 맞춘 학습활동을 설계하지 않아야 한다.
  - 영유아가 수행했다고 해서 발달기술이 숙달되어 있다고 가정하지 않는다.

5) 영유아가 배우고 사용할 수 있는 기술이나 행동은 그들의 현재 지식과 세상에 대한 이해의 범위에서 가능하다

- 연령이나 발달상의 문제에 관계없이 모든 영유아는 동일한 일련의 발달 순서에 따라 학습한다.
- 특정 행동보다는 일반적인 발달행동 범주를 촉진하도록 한다(예: '이불 밑에 숨겨져 있는 물체 찾기' 대신 기억력이나 대상영속성을 촉진한다).
- 모든 영역에서 영유아의 발달능력은 현재 영유아가 보여 주는 것만으로 이해되어서는 안 된다. 영유아의 발달능력은 단지 영유아의 신체적 능력의 산물일

뿐 아니라 그들이 세계를 이해하는 방식의 결과물이기도 하다.

• 교육의 초점은 영유아의 현재 기능 수준에 적합한 행동 및 개념의 숙달과 활용에 맞춘다.

• 주의할 점

 − 영유아가 자신의 현재 발달능력을 초과하는 연령의 행동을 배우기를 기대하지 않도록 한다.

 − 영유아가 이러한 기능의 중요성을 인식하는지에 상관없이 특정 기술 습득에 집중하지 않는다.

 − 어른이 기능적으로 필요하다고 확인한 행동에만 초점을 두지 않도록 한다.

6) 특수교육이 필요한 영유아는 일반적인 영유아와 같은 과정에서 배우고 발달한다

• 특수교육이 필요한 영유아에게 동일 연령의 일반 영유아와 동일한 유형의 학습 기회를 제공한다.

• 특수교육이 필요한 영유아에게는 활동을 완료하는 데 필요한 추가 시간을 제공하고 학습활동을 반복할 수 있는 기회를 증가시킨다.

• 특수교육이 필요한 영유아에게는 상황에 맞춰 반응해 주어야 하며, 현재 발달 수준에 적합한 사회적 · 적응적 기술을 제시해야 한다.

• 특수교육이 필요한 영유아가 발달적으로 적절한 활동에 참여할 수 있도록 보조 기술 및 기타 적응 장치를 사용한다.

• 주의할 점

 − 결핍된 학습이나 발달 절차를 수정하기 위함을 1차 목표로 삼아 설계된 학습활동을 촉진하지 않는다.

 − 영유아의 행동을 장애로 인한 것으로 해석하지 않도록 한다.

 − 일반 영유아에게 적합하지 않을 수 있는 전략은 발달지연이 있는 영유아에

게도 사용해서는 안 된다.

7) 영유아는 스스로 주도한 활동과 관심에 반응해 주고 지지하는 다른 사람(어른 또는 다른 영유아)과 상호작용할 기회가 있을 때 가장 잘 배운다

- 교사와 다른 어른들이 모든 영유아에게 자주 놀이 상대가 되어 주도록 한다.
- 영유아의 일상생활의 대부분이 고립되거나 비사회적 활동이 아닌 사회적 활동이 되도록 한다.
- 사회적 활동이 영유아의 자기주도적 활동을 강조하고 지원하도록 결정한다.
- 주의할 점
  - 영유아가 참여할 차례를 기다리며 수동적으로 듣고, 보고, 기다리는 집단활동을 지원하지 않는다.
  - 영유아가 오랜 시간 동안 혼자 놀거나 시간을 보내도록 해서는 안 된다.
  - 영유아가 다른 영유아 또는 어른이 주도하는 활동에 반응하거나 지지하는 사회적 활동에 참여하는 것에 우선순위를 두도록 이끌어서는 안 된다.

3. 영유아 교육과 반응성 상호작용 교수 전략

1) Mahoney의 반응성 상호작용 교수 전략

Mahoney는 어른이 영유아 발달을 촉진하는 데 중요한 역할을 수행하는 반응성 상호작용 교수의 구성 내용을 5개 유형으로 범주화하고 66개의 RT 전략을 구성하였다. 각 반응성 상호작용 교수 차원별로 실행적인 제안사항을 제시함으로써 부모나 교사가 반응성 유형으로 영유아와 상호작용을 하도록 돕는다(Mahoney & Perales,

상호성	수반성	통제 분배	애정	조화
주고받는 상호작용	민감한 상호작용	아동 주도적 상호작용	수용적인 상호작용	발달에 적합한 상호작용

[그림 6-2] **반응성 상호작용 유형**

2021, 출판중). 반응성 상호작용 교수의 5개 반응성 유형 및 각 유형별 실행 내용은 [그림 6-2]와 같다.

(1) 상호성: 주고받는 상호작용

주고받기식 상호작용(reciprocal interaction)은 교사와 영유아가 서로 주거니 받거니 하며 교환하는 식으로 상호작용을 하는 것을 말한다. 즉, 교사가 영유아가 한 행동에 대해(때론 부모와 한 행동에 대해) 반응해 주면서 상호작용을 통해 상대에게 자신을 나타내 보이면서 서로에게 작용하고 있다는 것을 인식하고, 서로 주의를 공유하고 협력하는 활동이다.

주고받기식 상호작용에서 가장 중요한 점은 교사와 영유아가 일과 중 공동활동(joint activity routine) 빈도가 많아지고 그 기간이 길게 이어지는 정도라 할 수 있다. 교사가 영유아와 효율적으로 함께 공동활동(joint activity)을 할 때 교사는 자신의 상호작용 기술이 괜찮은 편이라고 생각하며, 영유아와 함께 있는 것을 즐거워하고, 영유아와 함께하는 상호작용을 통하여 성취감과 즐거움을 얻게 된다. 그리고 교사로서 효능감을 증가시킨다. 주고받는 상호작용을 촉진하는 Mahoney와 MacDonald(2008)의 반응성 상호작용 교수의 상호성 유형의 전략은 〈표 6-1〉과 같다.

놀이와 의사소통 중에 차례로 주고받는 습관을 만듦으로써 영유아는 상호적인 사회적 규칙을 배운다.

| 표 6-1 | 주고받는 상호작용을 촉진하는 반응성 상호작용 교수 전략 | | |

반응성 유형	상호성(reciprocity)		
	참여(engagement)	균형(balance)	일과 중 공동활동 (joint activity routine)
반응성 상호작용 교수 전략	• 신체적인 상호작용하기 • 자주 함께 놀기 • 아동의 세계로 들어가기 • 거울을 사용하여 평행놀이를 하며 활동 공유하기 • 아동이 상호작용하기를 기대하기	• 한 번 하고 차례 기다리기 • 아동이 한 번 더 하기 • 소리를 주고받으며 놀이하기 • 내가 준 것만큼 아동에게 받기 • 아동이 더 많이 말하도록 어른이 적게 말하기	• 장난감을 사용하지 않고 서로 마주 보며 놀이하기 • 되풀이하는 놀이나 일련의 순서가 있는 활동을 지속하기 • 반복놀이 함께하기 • 장난감을 가지고 함께 놀기 • 일과 중의 공동활동 중에 의사소통 습관 만들기

출처: Mahoney & MacDonald (2008), p. 67.

(2) 수반성: 민감한 상호작용

민감한 상호작용은 영유아가 먼저 만들어 낸 행동과 직접적으로 관계하는 상호작용이라 할 수 있다. 민감한 상호작용은 영유아가 행동을 만들어 낸 직후 또는 영유아가 처음 행동에서 다른 행동으로 전환하기 전에 즉각적으로 일어나야 한다.

또한 교사의 반응은 영유아의 행동뿐 아니라 의도에도 영향을 미친다. 영유아가 하고 있는 것이 바로 영유아의 흥미과 관심이고, 이것이 학습의 시작이기 때문이다. 반응적인 교사는 영유아의 활동이나 관심에 민감해야 하는데, 먼저 영유아를 민감하게 관찰하고, 영유아의 행동을 지속적으로 체크하며, 영유아가 현재 응시하고 있는 대상이 무엇인지 그리고 영유아의 얼굴 표정은 어떠한지 등을 미묘하게 간파해야 한다. 예를 들어, 영유아가 장난감 냄비와 팬을 장난감 스토브에 두드리고 있다면 '요리 수행'에 초점을 두기보다 '탁탁' 두드리며 소음을 만들어 내고자 하는 영유아의 의도를 관찰하고 영유아의 방식으로 반응해 주어야 한다. 민감한 상호작용을 촉진하는 Mahoney와 MacDonald(2008)의 반응성 상호작용 교수의 수반성 유형의 전략은 〈표 6-2〉와 같다.

영유아가 하는 '작은 행동'에 분명한 목적이나 의미를 가지고 있지 않더라도 즉각적으로 반응해 줄 때,
영유아는 그 행동을 의미 있는 사회적 작용으로 만들 수 있다.

표 6-2 | 민감한 상호작용을 촉진하는 반응성 상호작용 교수 전략

반응성 유형	수반성(contingency)			
	인식(awareness)	즉각성(timing)	의도(intent)	빈도(frequency)
반응성 상호작용 교수 전략	• 아동의 행동 관찰하기 • 아동의 관점 택하기 • 아동의 상태에 민감하기	• 아동의 신호, 울음, 또는 비언어적인 요구에 즉시 반응하기 • 작은 행동에 즉각적으로 반응하기 • 즉시 훈계하고 위로하기	• 비의도적인 발성, 얼굴 표정, 몸짓에 대해 마치 의미 있는 것처럼 반응하기 • 부정확한 단어 선택, 발음 또는 유사한 단어를 아동의 의도대로 반응해 주기 • 아동의 행동, 감정, 의도를 단어로 표현해 주기 • 명확하지 않은 발성과 비슷한 단어를 아동의 행동이나 의도에 알맞은 단어로 바꾸어 말하기 • 불순종을 아동의 선택이나 능력 부족으로 해석하기	• RT 전략이 일상 중에서 아동의 참여를 어떻게 촉진하는지 탐색하기 • 다른 가족들이 RT 전략을 사용하도록 촉진하기

출처: Mahoney & MacDonald (2008), p. 67.

(3) 통제 분배: 아동 주도적 상호작용

영유아가 주도하는 상호작용을 위해서는, 먼저 영유아에게 무엇을 할지 지시하거나 지침을 주기보다 영유아가 먼저 행동을 만들어 내도록 기회를 주고, 만들어 낸 행동에 반응해 주어야 한다. 영유아가 주도하는 대로 따를 때, 사실상 영유아의 관심에 반응하고 있는 것이다. 반응적인 교사는 영유아에게 어른의 행동을 통제하는 것을 배울

기회를 주는 동시에 어른의 요구에 어떻게 반응하는 것이 좋은지 배울 기회를 준다. 영유아가 이미 하는 것에 더 많이, 더 자주 반응해 줄수록 영유아는 더 많은 것에 관심을 보이고, 이러한 흥미는 더욱 의미 있는 행동으로 발전하게 된다. 아동 주도적 상호작용을 촉진하는 Mahoney와 MacDonald(2008)의 반응성 상호작용 교수의 통제 분배 유형의 전략은 〈표 6-3〉과 같다.

영유아가 더 성숙한 반응을 만들어 내도록 다른 반응을 할 때까지 기다려 준다.

표 6-3 아동 주도적 상호작용을 촉진하는 반응성 상호작용 교수 전략

반응성 유형	통제 분배(shared control)	
	지시성 조절(moderate direction)	촉진(facilitation)
반응성 상호작용 교수 전략	• 질문 없는 의사소통하기 • 아동의 행동과 의사소통 모방하기 • 아동에게 선택할 기회를 자주 주기	• 아동에게 다음 발달단계를 보여 주며 확장하기 • 아동의 의도를 명확히 표현해 주거나 아동의 주제를 발전시키며 확장하기 • 더욱 성숙한 반응을 만들어 내는 동안 조용히 기다려 주기 • 목적을 가지고 놀이하기 • 환경 변화시키기

출처: Mahoney & MacDonald (2008), p. 67.

(4) 애정: 수용적인 상호작용

수용적인 상호작용은 영유아를 대하는 교사의 온정적이고 수용적인 태도를 말한다. 온정은 교사의 다정함과 신체적인 애정표현을 의미하며, 수용은 영유아의 행동에 대해 교사가 동의하는 것을 나타내는 언어적·비언어적 행동으로 영유아의 행동이 무엇이든지 간에 그것을 가치 있게 여긴다는 의미이다. 즉, 수용적인 교사는 영유아가 표현한 행동의 정확성이나 적합성을 따지지 않고 언제나 의미 있고 적합한 것으로 대한다는 것이다.

반응적인 교사는 영유아와 함께 있을 때 표현적이고, 생동감이 있어 보이며, 즐거움을 나타낸다. 교사의 애정표현은 영유아에게 교사와 영유아 간의 상호작용에 흥미를 갖게 하고, 상호작용이 재미있다는 것을 알려 준다. 수용적인 상호작용을 촉진하는 Mahoney와 MacDonald(2008)의 반응성 상호작용 교수의 애정 유형의 전략은 〈표 6-4〉와 같다.

영유아는 자신이 즐거워하는 것을 함께해 줄 때 더욱 즐겁고 재미있는 것들을 함께 나누는 법을 배운다.

| 표 6-4 | 수용적인 상호작용을 촉진하는 반응성 상호작용 교수 전략 |

반응성 유형	애정(affect)			
	활기(animation)	즐거움(enjoyment)	온정(warmth)	수용(acceptance)
반응성 상호작용 교수 전략	• 활기 있게 행동하기 • 기대하며 수행을 기다리기 • 놀이적인 방식으로 아동에게 반응하기 • 아동의 주의를 빼앗기지 않도록 더욱 흥미롭게 놀이하기 • 억양, 손짓 그리고 비언어적 몸짓을 사용하여 의사소통하기	• 놀이 상대자로서 행동하기 • 재미있게 상호작용하기 • 일상적인 일을 게임으로 전환하기 • 아동이 즐거워하는 활동 반복하기	• 과격하지 않게 신체 접촉하기 • 주의를 끌기 위한 아동의 울음이나 요구에 애정적으로 반응하기 • 아동이 소란스럽거나 짜증을 내고 화를 낼 때 달래 주기	• 아동이 하는 것에 가치 두기 • 아동의 두려움을 의미 있고 이유 있는 것으로 대하기 • 아동이 하는 것은 무엇이든지 수용하기 • 아동이 하는 신기하고, 새비있고, 바람직한 행동에 대해 이야기하기

출처: Mahoney & MacDonald (2008), p. 69.

(5) 조화: 발달에 적합한 상호작용

교사가 영유아의 행동에 맞추고 조정함으로써 영유아가 교사가 하는 말, 행동 및 요구를 쉽게 이해할 수 있도록 하는 것이다. 이렇게 할 때 영유아는 교사에게 적합하게 반응하게 되고, 교사가 제시하는 정보나 활동을 잘 학습하게 된다.

반응적인 교사는 먼저 영유아의 발달수준에 맞추어 영유아가 하는 말, 행동 및 요구와 비슷하거나 약간만 복잡하게 반응한다. 예를 들면, 영유아가 한 단어로 대화할 수 있는 수준이라면 교사는 한 단어 또는 많으면 두 단어로 된 문장으로 말한다. 또한 반응적인 교사는 영유아의 흥미에 초점을 맞춘다. 그리고 영유아가 무엇을 하든지 그 순간에 영유아가 흥미를 보이는 활동과 행동을 간파하고, 영유아의 현재 관심에 맞추어 상호작용함으로써 영유아의 흥미를 유지하고 증진시킨다.

반응적인 교사는 영유아의 성향과 행동 유형에 맞추어 자신의 기대를 조정한다. 예를 들어, 잠이 없는 영유아라면 일찍 잠자리에 들라고 하지 않고 낮에 자는 시간을 억제하여 밤에 자게 하는 것이다. 이렇게 하는 것은 영유아와 함께 머무르는 시간을 연장시킨다. 조화로운 상호작용을 촉진하는 Mahoney와 MacDonald(2008)의 반응성 상호작용 교수의 조화 유형의 전략은 〈표 6-5〉와 같다.

영유아가 주도하는 것에 따라 줄 때 영유아는 더 많은 것에 관심을 보인다.

표 6-5 발달에 적합한 상호작용을 촉진하는 반응성 상호작용 교수 전략

반응성 유형	조화(match)		
	발달(developmental)	흥미(interest)	행동 유형(behavioral style)
반응성 상호작용 교수 전략	• 아동의 행동을 발달적으로 해석하기 • 아동이 학습할 수 있는 발달적 기술 인식하기 • 아동의 발달수준에 맞는 행동을 요구하기 • 아동이 할 수 있는 방식대로 행동하기 • 아동이 의사소통하는 방식으로 대화하기 • 발달적으로 적합한 규칙과 기대 가지기	• 아동의 행동을 흥미의 표시로 이해하기 • 아동이 주의를 집중하는 것에 따르기 • 아동의 주도에 따르기	• 아동의 기분에 민감해지기 • 아동의 일반적인 상호작용 활동 관찰하기 • 아동의 행동 상태에 반응하기 • 아동의 행동 유형에 적합한 기대 가지기 • 아동의 상호작용 속도에 맞추기

출처: Mahoney & MacDonald (2008), p. 69.

2) 영유아 교육과정에 적합한 반응성 상호작용 교수 전략

Mahoney(Mahoney & MacDonald, 2008)는 반응성 상호작용을 5개 유형으로 범주화하고, 각 유형별로 반응성 상호작용을 촉진하는 방법으로서 66개의 반응성 상호작용 교수 전략을 제안하였다. 여기서는 반응성 상호작용 교수 기반 영유아 교육 프로그램에서의 5개 유형에서 보육과정에 적합한 핵심 반응성 상호작용 교수 전략 12개를 제안하고자 한다. 구체적인 내용은 〈표 6-6〉과 같다.

표 6-6 영유아 교육에 적합한 반응성 상호작용 교수 전략

반응성 상호작용 유형	전략 번호	반응성 상호작용 교수 전략	중심축 행동 목표
주고받는 상호작용	1	아동의 세계로 들어가기	사회적 놀이, 주도성, 공동주의, 감정이입
	2	소리 주고받으며 놀이하기	공동활동, 언어화
	3	아동이 더 많이 의사소통하도록 기다려 주기	주도성, 공동활동, 언어화
민감한 상호작용	4	아동의 행동 관찰하기	탐색, 공동주의
	5	비의도적 발성, 몸짓, 표정에 의미 있는 것처럼 반응하기	주도성, 의도적 의사소통, 대화, 자신감
아동 주도적 상호작용	6	아동의 행동과 의사소통 모방하기	사회적 놀이, 문제해결, 공동주의, 언어화, 의도적 의사소통
	7	아동이 선택할 기회를 자주 주기	협력, 자신감
	8	아동의 의도를 표현해 주며 확장하기	탐색, 문제해결, 대화
수용적인 상호작용	9	아동이 즐거워하는 행동 반복하기	실행, 공동주의, 자신감
	10	두려움을 의미 있고 이유 있는 것으로 대하기	감정이입, 자신감
발달에 적합한 상호작용	11	발달적으로 적합한 규칙과 기대 가지기	협력, 자기조절
	12	아동의 방식대로 행동하기	사회적 놀이, 실행, 자신감

3) 놀이중심 반응성 상호작용 교수 전략 및 실행지침(12개)

영유아 교육에 적합한 12개 반응성 상호작용 교수 전략의 중심축 행동 목표 및 놀이중심 반응성 상호작용 실행지침은 다음과 같다.

(1) 아동의 세계로 들어가기

전략 1: 아동의 세계로 들어가기		
평가 지표	평가영역	1-3. 놀이 및 활동 지원
	평가항목	1-3-2. 영유아의 놀이 상황을 관찰하면서 놀이와 관련된 상호작용을 한다.
중심축 행동 목표		사회적 놀이, 주도성, 공동주의, 감정이입
반응성 상호작용 실행지침	상호작용 목적	• 영유아는 상대를 살펴보고 눈을 맞추며 상호작용할 수 있다. • 영유아는 어른을 쳐다보거나 미소 지으며 정서를 교류할 수 있다.
	어떻게 하는가?	• 영유아와 마주 볼 수 있는 자세로 신체 높이를 맞춘다. • 영유아와 함께 놀이하거나 상호작용할 때 눈을 맞추도록 한다. • 영유아에게 다가가 영유아가 하고 있는 것을 같은 방식으로 함께 한다. • 영유아가 현재 재미있어하는 도구, 장난감, 사물을 선택하도록 한다.
	왜 필요한가?	• 영유아의 활동에 함께 참여하고, 영유아의 눈높이에 맞춰 몸을 낮추고, 영유아의 흥미에 따르면서 영유아와 단순하지만 즐거운 일대일(face to face) 상호작용의 기회를 최대화할 수 있다. • 다른 사람과 함께 활동하며 집중하는 시간을 늘려 준다.

영유아와 마주 볼 수 있는 자세로 신체 높이를 맞추어 상호작용한다.

(2) 소리 주고받기

전략 2: 소리 주고받으며 놀이하기		
평가 지표	평가영역	1-3. 놀이 및 활동 지원
	평가항목	1-3-2. 영유아의 놀이 상황을 관찰하면서 놀이와 관련된 상호작용을 한다.
중심축 행동 목표		공동활동, 언어화
반응성 상호작용 실행지침	상호작용 목적	• 영유아는 명확한 목적이나 의미가 없는 발성과 소리를 만들어 낸다. • 영유아가 내는 소리에 반응해 주는 습관을 기른다.
	어떻게 하는가?	• 영유아가 혼자서 놀이할 때 내는 소리에 즉각적으로 반응해 준다. • 영유아가 내는 발성에 간단하게 즉각적으로 생동감 있게 따라 반응해 주면서 상호작용한다.
	왜 필요한가?	• 영유아는 스스로 반복해서 소리를 내보면서 소리 만드는 방식을 배운다. • 소리를 주고받으며 어른이 놀이 중에 자연스럽게 다양한 소리를 내는 방식을 모델링하게 된다. • 영유아의 소리에 자주 반응해 줄수록 영유아는 더 많이 소리를 내고, 구강근육을 발달시켜 의사소통하게 된다.

영유아가 내는 소리에 즉각적으로 반응하며 상호작용한다.

(3) 기다려 주기

		전략 3: 아동이 더 많이 의사소통하도록 기다려 주기
평가 지표	평가영역	1-3. 놀이 및 활동 지원 1-4. 영유아 간 상호작용 지원
	평가항목	1-3-1. 놀이와 활동이 영유아의 자발적 선택에 의해 주도적으로 이루어지도록 격려한다. 1-4-2. 영유아가 일상에서 자신의 의견, 생각 등을 또래와 나눌 수 있도록 격려한다.
중심축 행동 목표		주도성, 공동활동, 언어화
반응성 상호작용 실행지침	상호작용 목적	• 영유아와 어른 사이에서 균형 있는 상호작용을 할 수 있다. • 영유아는 알고 있는 소리나 단어를 실행해 볼 수 있는 기회를 가진다.
	어떻게 하는가?	• 영유아에게 짧은 문장으로 이야기한다(같은 말을 반복하지 않는다). • 영유아가 더 많이 말할 수 있도록 기다려 준다.
	왜 필요한가?	• 영유아가 말하는 법을 배우기 위해서는 다양한 언어 자극이 필요하지만, 자신이 이미 알고 있는 소리나 단어를 반복해서 실행해 보는 것이 더 중요하다. • 어른이 짧게 이야기하고 적게 말한다면 영유아는 상호작용하는 동안 무언가를 말할 기회를 더 가지게 된다.

영유아가 더 많이 말할 수 있도록 짧은 문장으로 이야기한다.

(4) 관찰하기

전략 4: 아동의 행동 관찰하기		
평가 지표	평가영역	1-3. 놀이 및 활동 지원
	평가항목	1-3-2. 영유아의 놀이 상황을 관찰하면서 놀이와 관련된 상호작용을 한다.
중심축 행동 목표		탐색, 공동주의
반응성 상호작용 실행지침	상호작용 목적	• 영유아의 흥미와 관심을 알 수 있다. • 영유아는 자신이 선택한 활동에 집중할 수 있다.
	어떻게 하는가?	• 영유아가 무엇을 보고 무엇을 하는지 확인한다. • 영유아가 선택한 활동을 영유아의 방식대로 상호작용한다.
	왜 필요한가?	• 영유아의 주의집중을 높이기 위해서는 영유아가 흥미 있어 하는 활동에 반응해 주는 것이 필요하다. • 부모가 영유아에게 주의를 기울인다면 영유아는 자연스럽게 부모와 상호작용하고 부모에게 주의를 집중하며 반응하게 된다.

영유아가 무엇을 보고 무엇을 하는지 먼저 살펴보고 반응한다.

(5) 의미 있게 반응하기

전략 5: 비의도적 발성, 몸짓, 표정에 의미 있는 것처럼 반응하기		
평가 지표	평가영역	1-4. 영유아 간 상호작용 지원
	평가항목	1-4-1. 영유아의 감정에 공감하고, 영유아가 스스로 감정을 다룰 수 있도록 돕는다. 1-4-2. 영유아가 일상에서 자신의 의견, 생각 등을 또래와 나눌 수 있도록 격려한다.
중심축 행동 목표		주도성, 의도적 의사소통, 대화, 자신감
반응성 상호작용 실행지침	상호작용 목적	• 영유아의 관심을 공유할 수 있다. • 영유아는 상호작용 방식을 알 수 있다.
	어떻게 하는가?	• 영유아의 작은 행동에 즉각적으로 반응해 준다. • 영유아가 혼자서 하는 놀이나 혼잣말에도 즉시 반응해 준다. • 영유아가 하는 의미 없는 행동도 그대로 따라서 반응해 준다.
	왜 필요한가?	• 영유아의 의사소통은 영유아의 비의도적인 행동에 부모가 반응해 주는 것으로 시작한다. • 영유아의 모든 소리, 행동은 의사소통이 될 수 있으며, 영유아의 작은 행동에 자주 반응해 줄수록 타인과 상호작용하는 방식을 빨리 배우게 된다.

영유아가 하는 행동은 무엇이든 즉각적으로 반응하여 의미를 둔다.

(6) 행동과 의사소통 모방하기

전략 6: 아동의 행동과 의사소통 모방하기		
평가 지표	평가영역	1-3. 놀이 및 활동 지원
	평가항목	1-3-1. 놀이와 활동이 영유아의 자발적 선택에 의해 주도적으로 이루어지도록 격려한다. 1-3-3. 영유아의 다양한 놀이와 활동에 필요한 자료를 제공한다.
중심축 행동 목표		사회적 놀이, 문제해결, 공동주의, 언어화, 의도적 의사소통
반응성 상호작용 실행지침	상호작용 목적	• 영유아의 관심을 끌 수 있다. • 영유아와 상호적인 관계를 형성할 수 있다.
	어떻게 하는가?	• 영유아가 내는 소리의 음절 수, 억양을 그대로 따라 한다. • 영유아가 하는 무의미한 행동들을 그대로 따라 한다. • 영유아가 내는 소리를 그대로 따라 하면서 의사소통한다.
	왜 필요한가?	• 영유아는 부모가 자신과 똑같은 행동을 할 때 친밀감을 느끼고, 이해받았다고 느낀다. • 영유아는 부모가 자신처럼 행동하는 것을 보며 통제감을 느끼고, 이를 통해 능동적 수행이 증가하게 된다.

영유아가 내는 소리의 음절 수, 억양을 그대로 따라 하며 반응한다.

(7) 선택할 기회 주기

전략 7: 아동이 선택할 기회를 자주 주기		
평가 지표	평가영역	1-3. 놀이 및 활동 지원
	평가항목	1-3-1. 놀이와 활동이 영유아의 자발적 선택에 의해 주도적으로 이루어지도록 격려한다. 1-3-3. 영유아의 다양한 놀이와 활동에 필요한 자료를 제공한다.
중심축 행동 목표		협력, 자신감
반응성 상호작용 실행지침	상호작용 목적	• 영유아는 쉽게 협력할 수 있다. • 영유아는 자신의 행동을 통제하는 능력을 발달시킬 수 있다.
	어떻게 하는가?	• 영유아의 능력 범위 안에서 쉽게 꺼내고 다룰 수 있는 장난감이나 활동을 제공한다. • 영유아가 하고 싶은 것과 하고 싶은 방법을 선택하도록 기다린다. • 해가 되지 않는다면 영유아의 선택을 따른다.
	왜 필요한가?	• 영유아 스스로 선택할 때 학습동기가 일어난다. • 선택권이 있는 상황에서 영유아가 협력할 가능성이 더욱 증가한다. • 능동적일 때 영유아는 스스로 행동을 통제하고 조절하는 연습을 할 수 있다.

놀이는 참여자가 자유롭게 놀이를 선택해야 한다.

(8) 확장하기

전략 8: 아동의 의도를 표현해 주며 확장하기		
평가 지표	평가영역	1-3. 놀이 및 활동 지원
	평가항목	1-3-3. 영유아의 다양한 놀이와 활동에 필요한 자료를 제공한다.
중심축 행동 목표		탐색, 문제해결, 대화
반응성 상호작용 실행지침	상호작용 목적	• 요청하거나 또는 이의를 제기하고 정보를 공유하기 위해 특별한 단어나 몸짓을 사용할 수 있다. • 2~3개의 단어로 된 문장으로 언어를 표현할 수 있다.
	어떻게 하는가?	• 영유아가 단어나 문장을 말할 때, 영유아가 말했던 것에 조금 많은 정보를 덧붙여 확장시킨다(예: 만일 영유아가 "트럭."이라고 말한다면 "커다란 트럭이네."라고 말한다). • 만일 영유아가 교사가 말한 것을 그대로 따라 하려는 시도를 보인다면 미소 짓거나 칭찬하며 격려해 준다. • 영유아가 흥미로워하는 다른 장난감이나 사물을 곁에 두어 선택할 범위를 늘려 준다. ※ 교사가 말한 것을 따라 하도록 강요하지 않는다.
	왜 필요한가?	• 교사는 영유아가 이미 할 수 있는 말에 새로운 단어를 덧붙임으로써 영유아가 좀 더 복잡한 의사소통 기술을 배우도록 예시를 보여 준다. • 영유아가 현재 말하는 것이 중요하다는 것을 인식하도록 부추겨 줌으로써 의사소통 기술을 증가시키게 된다.

영유아가 말했던 것에 조금 많은 정보를 덧붙여 확장한다.

(9) 반복하기

전략 9: 아동이 즐거워하는 행동 반복하기		
평가 지표	평가영역	1-3. 놀이 및 활동 지원
	평가항목	1-3-2. 영유아의 놀이 상황을 관찰하면서 놀이와 관련된 상호작용을 한다. 1-3-3. 영유아의 다양한 놀이와 활동에 필요한 자료를 제공한다.
중심축 행동 목표		실행, 공동주의, 자신감
반응성 상호작용 실행지침	상호작용 목적	• 영유아에게 무언가를 배울 수 있는 기회를 줄 수 있다. • 영유아는 함께하는 것이 즐거운 활동이라는 것을 배우게 된다.
	어떻게 하는가?	• 영유아가 즐거워하는 활동을 인정하고 함께한다. • 영유아가 만든 방식대로 놀아 준다. • 활동 자체보다는 영유아와 함께하는 것에 중점을 둔다.
	왜 필요한가?	• 영유아가 새로운 행동과 개념을 학습하려면 다양한 상황에서 반복을 해야 하며, 이를 통해 숙련에 이르게 된다. • 영유아는 즐겁고 재미있는 것은 스스로 반복해서 실행한다. • 영유아가 즐거워하는 행동으로 상호작용한다면 영유아는 교사와 오래 함께 있는 것 자체를 좋아하게 된다.

영유아가 즐거워하는 행동을 반복하는 것은 배울 수 있는 기회를 주는 것이다.

(10) 가치롭게 여기기

전략 10: 두려움을 의미 있고 이유 있는 것으로 대하기		
평가 지표	평가영역	1-4. 영유아 간 상호작용 지원
	평가항목	1-4-1. 영유아의 감정에 공감하고, 영유아가 스스로 감정을 다룰 수 있도록 돕는다.
중심축 행동 목표		감정이입, 자신감
반응성 상호작용 실행지침	상호작용 목적	• 영유아는 조금 더 쉽게 안정을 찾을 수 있다. • 영유아는 스스로 정서 반응을 통제하고 감정을 조절하는 능력을 발달시킬 수 있다.
	어떻게 하는가?	• 영유아가 어떤 대상을 보고 무서워할 때 괜찮다고 하면서 이해시키지 않는다. • 영유아의 두려워하는 반응을 그대로 인정하고 공감해 준다.
	왜 필요한가?	• 영유아는 정서적으로 반응하는 법을 어른과의 상호작용 속에서 배운다. • 어른의 입장이 아니라 영유아의 입장에서 영유아의 감정을 의미 있게 대해 준다면 영유아는 쉽게 안정을 찾을 수 있다. • 영유아는 어른과의 상호작용을 통해 정서적으로 반응하고 감정을 조절하는 방법을 배우게 된다.

영유아가 두려워하는 반응을 그대로 인정하고 공감해 준다.

(11) 발달적으로 대하기

전략 11: 발달적으로 적합한 규칙과 기대 가지기		
평가 지표	평가영역	1-4. 영유아 간 상호작용 지원
	평가항목	1-4-3. 영유아가 적절한 약속과 규칙을 지키도록 격려한다. 1-4-4. 영유아 간에 다툼이나 문제가 발생할 경우 다양한 해결 방식을 사용한다.
중심축 행동 목표		협력, 자기조절
반응성 상호작용 실행지침	상호작용 목적	• 영유아는 자기조절 능력을 키울 수 있다. • 영유아는 교사에게 쉽게 협력한다.
	어떻게 하는가?	• 영유아의 현재 발달수준을 확인한다. • 영유아에게 요구한 규칙이나 기대가 현재 발달수준에 적합한지 확인한다. • 교사의 규칙과 기대 수준을 영유아의 현재 수준으로 바꾼다.
	왜 필요한가?	• 영유아의 발달수준을 이해하고 그 수준에 적합한 요구를 할 때, 영유아는 스스로 조절하는 능력을 키우게 된다. • 영유아의 특정 반응을 예측할 수 있어서 영유아의 행동에 대한 대처가 조금 더 수월해진다.

영유아의 현재 발달수준에 맞추어 상호작용한다.

(12) 아동의 방식대로 행동하기

전략 12: 아동의 방식대로 행동하기		
평가 지표	평가영역	1-3. 놀이 및 활동 지원
	평가항목	1-3-1. 놀이와 활동이 영유아의 자발적 선택에 의해 주도적으로 이루어지도록 격려한다. 1-3-3. 영유아의 다양한 놀이와 활동에 필요한 자료를 제공한다.
중심축 행동 목표		사회적 놀이, 실행, 자신감
반응성 상호작용 실행지침	상호작용 목적	• 영유아 스스로 활동을 선택한다. • 영유아는 능동적으로 활동에 참여하여 함께 활동하며 상호작용을 한다.
	어떻게 하는가?	• 영유아의 행동 중 몇 가지를 모방해 본다. • 영유아가 가지고 노는 장난감이나 사물을 가지고 영유아와 같은 방식으로 놀이를 한다. • 현재 영유아가 하는 것에 적합한 단어들을 말해 준다.
	왜 필요한가?	• 영유아는 자신이 선호하는 장난감이나 물건을 가지고 상호작용할 때 더욱 능동적으로 주의를 집중하고 상호작용하게 된다. • 현재 자신이 하는 것에 자주 반응해 줄수록 영유아는 통제감을 가지고 더욱 많은 시도를 한다.

영유아가 가지고 노는 장난감 또는 사물을 가지고 영유아와 같은 방식으로 놀이를 한다.

4. 평가지표에 따른 반응성 상호작용 교수 전략

2020년부터 적용되는 보육과정 평가지표는 4개 영역 18개 지표에 걸쳐 59개 평가항목을 포함한다. 그중 '1. 보육과정 및 상호작용' 평가영역의 '1-3. 놀이 및 활동지원'과 '1-4. 영유아 간 상호작용 지원'이 적합하다. '보육과정 및 상호작용' 평가영역에 따른 반응성 상호작용 교수 전략의 구체적 내용은 〈표 6-7〉과 같다.

표 6-7 '보육과정 및 상호작용' 평가영역에 따른 반응성 상호작용 교수 전략

평가영역	평가항목	전략 번호	반응성 상호작용 교수 전략
1-3. 놀이 및 활동 지원	1-3-1. 놀이와 활동이 영유아의 자발적 선택에 의해 주도적으로 이루어지도록 격려한다.	3	아동이 더 많이 의사소통하도록 기다려 주기
		7	아동이 선택할 기회를 자주 주기
		6	아동의 행동과 의사소통 모방하기
		12	아동의 방식대로 행동하기
	1-3-2. 교사는 영유아의 놀이 상황을 관찰하면서 놀이와 관련한 상호작용을 한다.	1	아동의 세계로 들어가기
		2	소리 주고받으며 놀이하기
		4	아동의 행동 관찰하기
		9	아동이 즐거워하는 행동 반복하기
	1-3-3. 영유아의 다양한 놀이와 활동에 필요한 자료를 제공한다.	7	아동이 선택할 기회를 자주 주기
		8	아동의 의도를 표현해 주며 확장하기
		9	아동이 즐거워하는 행동 반복하기
		12	아동의 방식대로 행동하기
1-4. 영유아 간 상호작용 지원	1-4-1. 영유아의 감정에 공감하고, 영유아가 스스로 감정을 다룰 수 있도록 돕는다.	5	비의도적 발성, 몸짓, 표정에 의미 있는 것처럼 반응하기
		10	두려움을 의미 있고 이유 있는 것으로 대하기
	1-4-2. 교사는 영유아가 일상에서 자신의 의견, 생각 등을 또래와 나눌 수 있도록 격려한다.	5	비의도적 발성, 몸짓, 표정에 의미 있는 것처럼 반응하기
	1-4-3. 영유아가 적절한 약속과 규칙을 지키도록 격려한다.	11	발달적으로 적합한 규칙과 기대 가지기
	1-4-4. 영유아 간에 다툼이나 문제가 발생할 경우 다양한 해결 방식을 사용한다.	11	발달적으로 적합한 규칙과 기대 가지기

표 6-8 평가지표에 따른 반응성 상호작용 교수 실행 절차와 전략

평가지표	반응성 상호작용 교수 실행 절차	적용 연령	전략 번호	반응성 상호작용 교수 전략	평가항목
1-3. 놀이 및 활동 지원	관찰하기	공통	1	아동의 세계로 들어가기	1-3-2. 영유아의 놀이 상황을 관찰하면서 놀이와 관련된 상호작용을 한다.
		공통	4	아동의 행동 관찰하기	1-3-2. 영유아의 놀이 상황을 관찰하면서 놀이와 관련된 상호작용을 한다.
	반응하기	공통	6	아동의 행동과 의사소통 모방하기	1-3-1. 놀이와 활동이 영유아의 자발적 선택에 의해 주도적으로 이루어지도록 격려한다. 1-3-3. 영유아의 다양한 놀이와 활동에 필요한 사료를 제공한다.
		영아	2	소리 주고받으며 놀이하기	1-3-2. 교사는 영아의 놀이 상황을 관찰하면서 놀이와 관련된 상호작용을 한다.
		유아	7	아동이 선택할 기회를 자주 주기	1-3-1. 놀이와 활동이 유아의 자발적 선택에 의해 주도적으로 이루어지도록 격려한다. 1-3-3. 유아의 다양한 놀이와 활동에 필요한 자료를 제공한다.
		유아	12	아동의 방식대로 행동하기	1-3-1. 놀이와 활동이 유아의 자발적 선택에 의해 주도적으로 이루어지도록 격려한다. 1-3-3. 유아의 놀이에 필요한 자료를 제공한다.
	확장하기	공통	9	아동이 즐거워하는 행동 반복하기	1-3-2. 영유아의 놀이 상황을 관찰하면서 놀이와 관련된 상호작용을 한다. 1-3-3. 영유아의 다양한 놀이와 활동에 필요한 자료를 제공한다.
		유아	8	아동의 의도를 표현해 주며 확장하기	1-3-3. 유아의 다양한 놀이와 활동에 필요한 자료를 제공한다.
1-4. 영유아 간 상호작용 지원	반응하기	공통	3	아동이 더 많이 의사소통하도록 기다려 주기	1-3-1. 놀이와 활동이 영유아의 자발적 선택에 의해 주도적으로 이루어지도록 격려한다. 1-4-2. 영유아가 일상에서 자신의 의견, 생각 등을 또래와 나눌 수 있도록 격려한다.
		영아	5	비의도적 발성, 몸짓, 표정에 의미 있는 것처럼 반응하기	1-4-1. 영아의 감정에 공감하고, 영아 스스로 감정을 다룰 수 있도록 돕는다. 1-4-2. 교사는 영아가 일상에서 자신의 의견, 생각 등을 또래와 나눌 수 있도록 격려한다.

확장하기	공통	11	발달적으로 적합한 규칙과 기대 가지기	1-4-3. 영유아가 적절한 약속과 규칙을 지키도록 격려한다. 1-4-4. 영유아 간 다툼이나 문제가 발생할 경우 다양한 해결 방식을 사용한다.
	유아	10	두려움을 의미 있고 이유 있는 것으로 대하기	1-4-1. 유아의 감정에 공감하고, 유아 스스로 감정을 다룰 수 있도록 돕는다.

제7장 놀이중심 반응성 상호작용
교수 실행

1. 1단계: 관찰하기

2. 2단계: 반응하기

3. 3단계: 확장하기

교사와 영유아의 상호작용은 교실 내에서 매일 반복적으로 이루어지고 있으며, 이러한 반복되는 상호작용을 통해 영유아는 학습을 촉진한다. 이때 중요한 것은 상호작용을 통해 영유아의 능동적 학습이 이루어지는 것이다.

반응성 상호작용 교수는 매일 일어나는 교사와 영유아 간의 상호작용에서 최선의 실행으로서 의미가 있으며 학습에 매우 긍정적 영향을 주는 것이라 하겠다. 매일의 일과에서 반응성 상호작용 교수 실행은 3단계 절차로 설명할 수 있으며, 각 단계별 주요 반응성 상호작용 교수 전략을 적용할 수 있다.

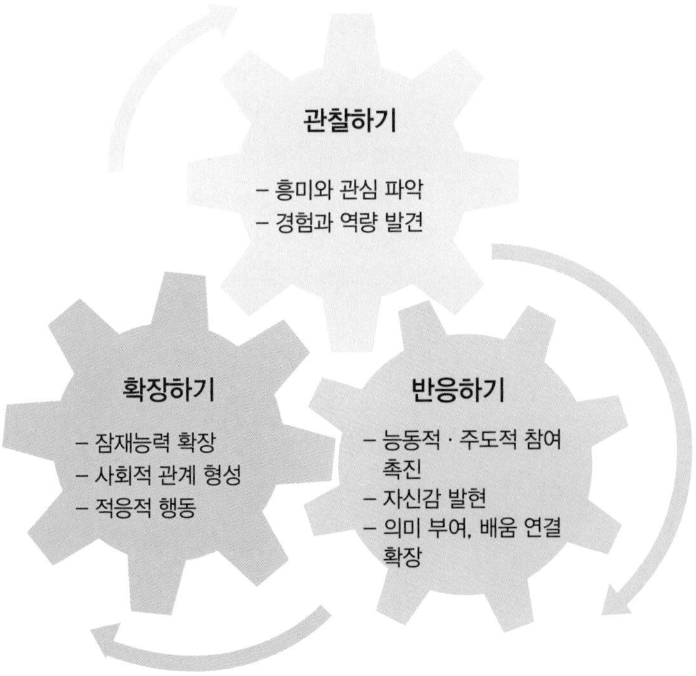

관찰하기
- 흥미와 관심 파악
- 경험과 역량 발견

확장하기
- 잠재능력 확장
- 사회적 관계 형성
- 적응적 행동

반응하기
- 능동적 · 주도적 참여 촉진
- 자신감 발현
- 의미 부여, 배움 연결 확장

[그림 7-1] 놀이중심 반응성 상호작용 교수 실행 요소

표 7-1   단계별 반응성 상호작용 교수 실행 목표 및 교수 전략

단계	목표	반응성 상호작용 교수 전략
1단계: 관찰 하기	• 영유아의 활동에 대한 흥미와 관심이 무엇인지 관찰한다. • 교사와 영유아 간에 신뢰와 안정적인 애착을 형성한다. • 신체적으로, 정서적으로 영유아에게 머물며 좀 더 잘 집중할 수 있도록 한다.	• 아동의 행동 관찰하기 • 아동의 세계로 들어가기
2단계: 반응 하기	• 영유아는 교사가 자신에게 관심이 있고 함께 있고 싶어 한다는 것을 인지한다. • 영유아와의 관계가 더 깊어지고 친밀해지며, 영유아가 교사에게 수용적인 상호작용을 한다.	• 아동의 행동과 의사소통 모방하기 • 아동이 더 많이 의사소통하도록 기다려 주기 • 소리 주고받으며 놀이하기 • 비의도적 발성, 몸짓, 표정에 의미 있는 것처럼 반응하기 • 아동이 선택할 기회를 자주 주기 • 아동의 방식대로 행동하기
3단계: 확장 하기	• 영유아의 지식과 이해를 확장하여 새로운 교수학습의 경험을 제공한다. • 영유아는 교사가 제시하는 새로운 사물, 방법, 생각, 어휘 등 학습에 대한 새로운 경험을 받아들인다.	• 아동이 즐거워하는 행동 반복하기 • 발달적으로 적합한 규칙과 기대 가지기 • 아동의 의도를 표현해 주며 확장하기 • 두려움을 의미 있고 이유 있는 것으로 대하기

1. 1단계: 관찰하기

영유아의 교육 환경은 수많은 과제와 동시에 처리해야 하는 일들로 분주하고, 시끄러우며, 역동적이다. 그래서 때로 교사는 영유아와 함께할 때 '무엇을 말하고, 무엇을 하고, 왜 그렇게 해야 하는지'에 대한 주지 없이 영유아의 활동에 개입하기도 한다. 이때 교사는 자신이 개입하여 영유아가 갖게 될 경험과 질, 이들 개개인에 대한 정보와 특성에 적합한 반응 그리고 보편적으로 알고 있는 영유아 발달 원리를 인식하고 융통성 있게 적용하지 못할 것이다. 따라서 교사가 진정으로 놀이중심 영유아 교육을 실현하기 위해서는 우선적으로 '관찰하기(observe)'가 잘 수행되어야 한다.

1) '관찰하기'란

반응성 상호작용 교수를 위해서 교사가 해야 할 첫 번째 단계는 '관찰하기'이다. 관찰하기는 교사가 스스로 차분하게 영유아와 상호작용할 준비를 하는 것으로서, 잠시 멈추어 영유아의 흥미와 관심을 인식하고 민감하게 반응할 수 있도록 하는 것이다.

교사가 집중할 수 있을 때 영유아에 대해 알고 있는 지식을 활용하고, 어떻게 하면 성공적으로 상호작용을 할 수 있을지 판단할 수 있게 된다.

교사는 영유아의 흥미와 관심이 무엇인지 함께 머물며 민감하게 관찰한다.

2) '관찰하기'의 주요 요소

어른들은 원활한 상호작용을 위해 자신의 행동, 언어를 상대에 맞춰 조정할 수 있다. 때로는 한쪽이 다른 쪽보다 더 많이 조정해야 할 때도 있지만 이것은 효율적으로 상호작용하기 위한 '주고받기'의 하나이다. 그러나 교사가 영유아와 상호적인 상호작용을 하기 위해서는 교사가 영유아에 맞춰 조정해야 할 것이다(Dombro, Jablon, & Stetson, 2011). 관찰하기 단계에서 효율적인 반응성 상호작용을 위한 구성 요소를 정리하면 다음과 같다.

(1) 기질 이해하기

기질은 사람의 본성으로 행동에 영향을 미치며, 영유아는 기질에 따라 다양한 행동양상을 보인다. 따라서 기질은 영유아를 설명하는 특성으로 보아야 한다. 교사가 영유아와 잘 맞는 경우도 있으나 때로는 서로의 기질이 잘 맞지 않아 그로 인해 반응적으로 상호작용하는 데 부정적 영향을 미치기도 한다. 같은 환경, 장소, 상황인데도 영유아의 기질에 따라 상호작용 양상은 매우 다르게 나타난다. 따라서 바람직한 상호작용을 위해서는 먼저 영유아의 기질을 이해하는 것이 필요하다.

(2) 함께하기

영유아와 함께한다는 것은 먼저 영유아를 주의 깊게 바라보며 옆에 머무는 것을 말한다. 이는 영유아에게 관심이 있고 영유아와 함께하고 싶다는 것을 보여 주는 것이다. 만일 영유아와 관계를 형성하고 싶다면 영유아가 교사와 함께 있는 것을 편안해할 수 있도록 해야 한다. 영유아가 교사의 관심과 편안함을 느끼고 교사가 진정으로 자신과 함께하고자 함을 인식하게 될 때, 영유아는 교사와 더 오래 함께 있고 싶어하며 자신에 대해서 드러내게 된다. 그리고 영유아는 교사와 함께하며 더 많은 것을 배우기 시작할 것이다. 영유아와 시간과 공간을 함께하지 못하면 영유아와 학습을 시작하는 것조차 어려울 것이다.

(3) 교사의 흥미와 선호 인식하기

교사의 선호와 흥미는 영유아에 대한 반응뿐만 아니라 영유아와 함께 활동이나 놀이에 참여할 것인가의 의지에도 영향을 준다. 교사 자신이 좋아하는 것과 싫어하는 것을 이해하는 것은 영유아와의 상호작용을 좀 더 유연하게 만들 수 있다.

따라서 교사는 교실에서 성공적인 상호작용을 위해 우선 교사 자신이 흥미를 가지는 것 그리고 흥미롭지 않은 것은 무엇인지 명확히 하는 것이 중요하다. 교사가 자신의 불편함을 내려놓고 영유아와 흥미를 공유할 때 반응성 상호작용 교수로 이어진다.

3) '관찰하기' 단계의 수행평가

'관찰하기' 단계의 상호작용을 잘 수행하였는지를 판단하기 위해 다음과 같은 변화가 있는지 살펴본다.

체크	내용
☐	교사는 영유아중심 수행을 목표로 한다.
☐	교사는 영유아에게 무엇을 하도록 지시하기 전에 먼저 영유아를 지켜본다.
☐	교사는 영유아의 옆에 조용히 앉아 있는 것이 아무것도 안 하는 것처럼 비춰질까 봐 걱정한다.
☐	영유아는 자신에 대해 교사에게 이야기해 준다(예: "선생님, 내가 이렇게 높게 뛸 수 있어요.").
☐	영유아는 다른 친구나 교사에 대해 알게 된 것을 이야기해 준다(예: "선생님, 민지는 콩을 좋아하나 봐요. 점심 때 콩 반찬을 많이 먹었어요." "선생님은 메론을 좋아하나 봐요.").
☐	영유아는 교사와 관계 맺기를 먼저 시도한다(예: 교사의 손을 잡거나 다가와 교사 옆에 머문다).

출처: Dombro et al. (2011).

4) '관찰하기' 단계에 적합한 반응성 상호작용 교수 전략

적용 연령	전략 번호	반응성 상호작용 교수 전략	실행 방법
공통	1	아동의 세계로 들어가기	• 영유아와 마주 볼 수 있는 자세로 신체 높이를 맞춘다. • 영유아와 함께 놀이하거나 상호작용할 때, 자주 눈을 맞춘다. • 영유아에게 다가가 영유아가 하고 있는 것을 같은 방식으로 함께한다. • 영유아가 현재 재미있어하는 도구, 장난감, 사물을 선택하도록 한다.
	4	아동의 행동 관찰하기	• 영유아가 무엇을 보고 무엇을 하는지 확인한다. • 영유아가 선택한 활동을 영유아의 방식대로 상호작용한다.

조망 수용

조망 수용(perspective taking)이란 상대의 입장에서 사물 또는 세상을 이해하는 능력을 말한다.

선행연구에서는 조망 수용 능력을 성공적인 성인기의 역량 형성을 위해 영유아기에 이루어야 할 필수적인 능력으로 설명하고 있다(Galinsky, 2010). 교사는 이러한 능력을 영유아에게 모델링해 주는 중요한 역할을 한다.

교사가 영유아를 관찰하고 흥미에 맞춰 교수를 적용할 때 영유아와의 관계를 더 강하게 만들며, 영유아는 학습자로서 더 많은 것을 배운다. 그리고 교사는 자신의 교수가 효과적임을 인식함으로써 효능감을 높이게 된다.

만일 당신이 양손에 무거운 짐을 들고 현관문을 들어서려 할 때 누군가 당신 앞으로 달려와 문을 대신 열어 준다면 기분이 어떻겠는가? 아마도 분명 당신의 입장을 헤아리고 당신이 원하는 것에 반응해 준 것에 매우 감사하고 즐거울 것이다. 이것이 일상에서 조망 수용이라 할 수 있다.

2. 2단계: 반응하기

영유아에게 '반응하기(respond)'는 반응성 상호작용 교수의 핵심이다. 관찰하기를 통해 교사와 영유아가 공동활동을 시작하였다면, 반응하기 단계를 통해 영유아와 신뢰를 가지고 안정적 관계로 발전하게 된다. 이러한 상태에서 영유아는 자신감을 가지고 능동적으로 활동에 참여하며 자신의 잠재능력을 발현해 간다. 그리고 3단계 학습 확장하기를 통해 교사의 안내와 지도를 받아들일 수 있는 준비를 하게 된다. 이러한 긍정적인 상호작용을 통해 교사는 영유아와 깊은 관계를 형성할 수 있으며, 영유아에게 신뢰와 능동성을 발전시켜 가도록 지원한다(Dombro et al., 2011).

1) '반응하기'란

'반응하기'는 영유아의 행동, 언어, 사고 면에서 영유아의 관심과 선호를 관찰하는 것을 의미한다. 교사는 영유아에게 자신을 바라보며 자신이 무엇을 하는지에 관심을 가지고 있다는 것을 알 수 있게 한다. 교사의 반응하기는 반응성 상호작용을 통해 영유아로 하여금 교사가 자신과 함께 공유하는 관계라는 것을 인식하게 해 준다. 그리고 이러한 인식을 통해 영유아는 편안하고 안정적인 상태에서 자신감을 가지며, 자신을 유능하다고 느끼게 된다.

이러한 감정들은 영유아에게 자신의 생각과 사고를 탐색하고 확장할 수 있도록 한다. 선행연구에서는 정서적 안정과 학습의 관계에서 교사-영유아 상호작용의 질은 영유아의 인지학습 성취를 증진시키는 것으로 보고하고 있다(김정미, 2015; 송영선, 2015; 엄미리, 2013; Downer et al., 2010; Hamre et al., 2014).

영유아 행동에 반응하기를 통해, 영유아는 능동적으로 활동에 참여하며 잠재능력을 발현한다.

2) '반응하기'의 주요 요소

교사에게 있어 '반응하기'는 보육활동 중 자동적으로 이루어지는 수행이 아니라 매일의 일상 속에서 연속적이고 지속적인 교육활동으로 인식되어야 한다. '반응하기'는 영유아가 긍정적이든 혹은 부정적이든 자신에 대해서 어떻게 느끼게 되는지 그리고 자신이 어떻게 학습해야 하는지에 대한 인식에 영향을 주며 영유아 자신의 잠재능력을 발현하는 데 중요한 요소이다. 반응하기 단계에서 효율적인 반응성 상호작용 교수를 위한 구성 요소를 정리하면 다음과 같다.

(1) 경청하기

영유아와 반응하기 위해서는 먼저 영유아의 이야기를 경청해야 한다. 경청은 단순히 듣기보다는 좀 더 적극적인 듣기이다. 즉, 누군가의 이야기에 관심을 기울이고 말과 행동에 집중하는 것이다. 영유아의 이야기를 경청하는 것은 '나는 너에게 마음을 쓰고 있어.' '나는 너에 대해 관심이 있어.' '나는 네가 무엇을 하고 싶어 하고 무엇을 생각하는지 알고 싶어.'라는 의미를 전달한다.

영유아의 이야기를 경청할 때 교사와 영유아는 서로에 대해 알게 되며, 서로의 세계를 이해하게 된다. Vygotsky(1978)는 영유아의 학습과 발달은 상호작용을 통해 이루어진다고 하였다. 영유아가 교사와 관계를 형성하고 반응하는 것은 교사가 자신의 이야기를 들어 준다는 것을 알고 신뢰와 확신을 느끼게 될 때이다. 영유아의 언어는 단어 외에도 목소리 톤, 몸짓, 얼굴 표정 등 다양한 방법으로 전달한다.

효율적인 경청 방법

- **눈높이 맞추기**
  - 앉거나 무릎을 꿇고 영유아의 눈을 바라본다. 교사는 바쁜 보육활동을 운영하면서 잠시 동안 또는 길게 영유아를 돌아보며 주의를 둔다.
- **기다려 주기**
  - 영유아가 자신의 생각을 가다듬을 수 있는 시간이 필요하기 때문에 교사는 영유아의 침묵을 교사의 언어로 채우지 않는다.
- **호응의 메시지 전달하기**
  - 끄덕임, 고개 기울이기, 눈을 크게 뜨기, '음~' '아~' 같은 소리 내기 등을 통해 "나는 너의 말을 이해하고 있어." "네가 말하는 것이 무엇을 의미하는지 알고 있어."라는 메시지를 보내며, 영유아가 말을 이어 가는 데 방해하거나 끊지 않도록 한다.

> • 감정에 반응하기
> −"속상하구나." "화가 나~."라고 말하며 현재 영유아의 감정에 반응해 준다. 그러나
> "네가 화가 나서 그렇게 했구나."와 같은 말로 영유아의 감정을 판단하지 않도록
> 한다.

출처: Dombro et al. (2011).

(2) 특성에 맞추기

영유아는 각자 자신의 기질, 요구, 관심이 있고, 이에 적합한 행동과 언어를 사용
한다. 교사가 영유아의 개별 특성을 알고 이에 맞추어 상호작용을 할 때 영유아는
교사가 자신에게 온전하게 집중하고 있다고 느끼며 더 많이, 더 오랫동안 함께하고
싶어 한다. 또한 영유아의 특성과 요구에 적합하게 반응할 때 관계가 돈독해지고,
영유아는 교사의 요구에 좀 더 수용적인 태도를 보이게 된다. 교사는 각 영유아에게
적합한 언어와 행동이 무엇인지 파악하고, 이들에게 적합한 반응을 하기 위해서 '지
금 영유아에게 필요한 것'을 파악해야 한다.

> **효율적인 특성 맞추기 방법**
> • 각 영유아의 개별적 특성에 맞추기 위해 교사 자신의 대화와 활동 속도를 조절한다.
> • 각 영유아의 발달수준에 적합한 언어를 사용한다.
> • 각 영유아의 감정에 적합하도록 교사의 표정을 조절한다.
> • 영유아의 문제를 해결하기 위해 각 영유아에게 맞춘 다른 질문을 적용한다.
> • 영유아와 상호작용할 때 옆에 조용히 머무르며 영유아의 반응이 어떤지 관찰하고 함
> 께 이야기를 나눈다.

출처: Dombro et al. (2011).

(3) 행동과 의사소통 모방하기

영유아의 행동이나 말을 그대로 모방하며 따라 하는 것은 교사가 영유아의 행동
이나 말을 가치롭게 여긴다는 것을 알게 하며, 영유아에게는 스스로 무엇을 알고 무

엇을 할 수 있는지 주의 깊게 관찰할 수 있는 기회를 제공한다. 영유아와의 대화에서, 특히 피드백을 제공해 줄 때 영유아는 스스로 놀이와 상호작용을 통해 자신의 생각을 확장할 수 있다.

이와 같이 영유아의 말을 그대로 따라 반응해 주는 것은 교사가 영유아에게 무엇을 하든지 가치 있게 생각한다는 것을 알게 해 줌으로써 두 사람의 관계를 돈독히 할 뿐만 아니라 영유아의 사고를 확장하고, 자신의 생각과 학습에 대해서 잘 인식하게 하며, 지속적인 반복과 연습을 통해 성공적인 학습 수행을 이끌 수 있다.

효율적인 모방하기 방법

- 따뜻하고 부드럽고 자연스러운 목소리를 사용한다.
- 영유아와 이야기하기 위해 먼저 "○○야."라고 이름을 불러 준다.
- 영유아와 마주한 뒤 신체를 낮추어 영유아와 눈높이를 맞춘다.
- 문제를 해결하기 위해 영유아와 함께 이야기를 나눈다(먼저 판단하지 않는다).
- 영유아의 이야기를 주의 깊게 들어 주고, 의미 있게 반응해 준다.
- 영유아의 행동에 대해서 이야기할 때는 개인 공간에서 이야기를 나눈다.

출처: Dombro et al. (2011).

영유아의 행동과 의사소통 모방하기 사례

- 사례 1. 만 3세 된 영유아가 자동차놀이를 하며 "삐리삐리삐리리리리." "주차합니다."라고 하며 논다면 교사는 "어디에 하시나요?" "혼자 오셨어요?"와 같은 대화보다는 "주차할 거예요~."라고 하며 영유아의 말을 그대로 따라 반응해 준다.
- 사례 2. 만 4세 된 영유아가 역할 영역에서 자신이 놀이한 장난감을 정리하고 있다면 "잘했어."와 같은 일방적인 칭찬보다는 "○○이가 장난감을 정리했구나."라고 하며 현재 행동을 기술하여 반영해 준다.

3) '반응하기' 단계의 수행평가

상호작용 중에 영유아의 행동을 관찰하고, 다음과 같은 변화가 있는지 살펴본다.

체크	내용
☐	교사에게 자신의 경험이나 감정에 대해서 전보다 많이 이야기한다.
☐	교육활동 중 자신의 수행에 대해 전보다 자주 교사에게 다가와 이야기한다.
☐	교사의 언어와 표정을 모방한다.
☐	교사에게 다른 사람과는 하지 않는 반응(예: 미소 등)을 보인다.
☐	스킨십 등 교사와 친밀하다는 표현을 한다.
☐	교사와의 활동에 더 오랜 시간 함께 참여한다.
☐	혼자보다는 다른 또래와 함께 어울리며 시간을 보낸다.
☐	다른 영유아와 물건을 공유하며 배려적이다.
☐	다른 사람의 이야기를 잘 들어 준다.
☐	"싫어."라는 부정적 표현보다는 "그래요."라는 긍정적 표현을 자주 한다.
☐	요구하지 않아도 자신의 실수에 대해 사과를 한다.

출처: Dombro et al. (2011).

4) '반응하기' 단계에 적합한 반응성 상호작용 교수 전략

적용 연령	전략 번호	반응성 상호작용 교수 전략	실행 방법
공통	3	아동이 더 많이 의사소통하도록 기다려 주기	• 영유아에게 짧은 문장으로 이야기한다(같은 말을 반복하지 않는다). • 영유아가 더 많이 말할 수 있도록 기다려 준다.
	6	아동의 행동과 의사소통 모방하기	• 영유아가 내는 소리의 음절 수, 억양을 그대로 따라 하며 반응한다. • 영유아가 하는 무의미한 행동들을 그대로 따라 하며 반응한다. • 영유아가 내는 소리를 그대로 따라 하면서 의사소통한다.

영아	2	소리 주고받으며 놀이하기	• 영아가 혼자서 놀이할 때 내는 소리에 즉각적으로 반응해 준다. • 영아가 내는 발성에 간단하게 즉각적으로 생동감 있게 따라 반응해 주며 상호작용한다.
	5	비의도적 발성, 몸짓, 표정에 의미 있는 것처럼 반응하기	• 영아의 작은 행동에 즉각적으로 반응해 준다. • 영아가 혼자서 하는 놀이나 혼잣말에도 즉시 반응해 준다. • 영아가 하는 의미 없는 행동도 그대로 따라서 반응해 준다.
유아	7	아동이 선택할 기회를 자주 주기	• 유아의 능력 범위 안에서 쉽게 꺼내고 다룰 수 있는 장난감이나 활동을 제공한다. • 유아가 하고 싶은 것과 하고 싶은 방법을 선택하도록 기다려 준다. • 위험하지 않는 한 유아의 선택을 따른다.
	12	아동의 방식대로 행동하기	• 유아의 행동 중 몇 가지를 모방해 본다. • 유아가 가지고 노는 장난감이나 사물을 가지고 유아와 같은 방식으로 놀이한다. • 현재 유아가 하는 것에 적합한 단어들을 함께 말해 준다.

3. 3단계: 확장하기

반응성 상호작용의 3단계 확장하기(extend learning)는 교사가 영유아의 생각과 지식을 넓혀 주는 것을 의미한다. 교사가 무엇을 가르치는가보다 교사가 어떻게 상호작용하는지, 즉 긍정적 관계가 영유아가 자신의 능력을 발현하고 적극적으로 학습에 참여하는 데 영향을 준다. 영유아는 교사와 신뢰로운 관계를 형성하면서 편안하고 안전하다는 느낌을 가지게 되며, 이를 바탕으로 적극적으로 탐색을 하고, 질문을 하고, 문제를 해결하며, 새로운 도전을 하고, 자신의 생각을 표현하게 된다(Dombro et al., 2011).

1) '확장하기'란

반응성 상호작용을 하는 동안 교사는 영유아와 함께 머물면서 영유아의 개별적인 학습적 요구에 민감하고 의도적으로 반응해야 한다. 반응성 상호작용은 교사가 영유아 입장에서 현재 영유아를 보는 것이 선행되어야 한다.

교사는 영유아의 학습 확장을 위해 다음의 세 가지 사항을 고려해야 한다.

교사는 영유아가 학습하고 탐색할 수 있도록 동기를 부여한다.

(1) 지금 무엇을 가르칠 것인가

영유아에게 집중하고 영유아를 관찰하게 되면 영유아의 관심과 선호를 알게 되며, 나아가 학습하기 위해 지금 이 순간 영유아에게 필요한 내용이 무엇인지 알게 된다. 영유아가 말을 할 줄 안다면 교사는 새로운 단어를 소개할 수 있을 것이다. 영유아가 원인과 결과에 대해서 생각하고 있을 때, 교사는 "왜 그렇게 생각하니?" 등의 질문을 할 수 있다.

(2) 현재 알고 있는 것은 무엇인가

교사는 영유아가 준비가 되어 있다면 다음 단계의 학습 내용에 대해 생각해 볼 수 있다. '영유아가 이미 알고 있는 것은 무엇인가?' '영유아가 이미 할 수 있는 일은 무엇인가?'에서 시작해야 한다. 교사는 영유아의 학습에 대한 격려를 유지하면서 동시에 편안함을 느낄 수 있도록 해야 한다. 만약 영유아에게 너무 어렵고 앞서가는 학습을 강요하게 된다면, 영유아와의 사이에 형성된 신뢰롭고 편안한 관계는 깨질 수도 있다. 영유아의 동기와 흥미가 무엇인지 관심을 기울이며 영유아가 다음 단계로 성공적으로 나아갈 수 있도록 동기화해 준다.

(3) 영유아의 흥미와 관심은 무엇인가

영유아에게 학습은 의미 있어야 하고, 선행경험이나 영유아의 흥미와 관련이 있어야 한다. 따라서 영유아에 대해 이미 알고 있는 것(지식, 기술, 관심 그리고 경험)을 고려하여 익미 있는 학습을 계획해야 한다. 주의 깊은 관찰을 통해 교사는 영유아에게 집중을 하는 데 방해 요인이 무엇인지 파악할 수 있다.

2) '확장하기'의 주요 요소

(1) 호기심에 반응하기

호기심은 영유아가 학습하고 탐색할 수 있도록 동기를 부여한다. 호기심은 영유아의 학습을 확장하며, 영유아의 호기심을 격려할 때 교사 자신의 호기심도 높아지고 영유아에게 학습의 모델링이 될 수 있다.

효율적인 호기심에 반응하기 방법

- **영유아가 하고 있는 주제에 대해 진지하게 이야기한다.**
  - 예컨대, "○○이는 이 소리에 관심이 많구나. 어떻게 소리가 나는지 함께 알아볼까?"와 같이 영유아가 현재 관심 있어 하는 주제를 확장한다.
- **영유아가 관심 있어 하는 것에 생동감 있게 반응한다.**
  - 예컨대, "와~, 정말 재밌구나. ○○이가 입속에 장난감을 넣으니 뽕뽕하고 큰 소리가 나네."와 같이 영유아가 하는 활동을 조금 강조해서 반응함으로써 흥미를 유지하고 활동에 적극적으로 참여하도록 확장한다.

> • **영유아의 선행지식과 새로운 발견을 연계한다.**
> 　－예컨대, "○○야, 꽃향기가 정말 달콤하네. 이 향기를 맡으면서 무슨 생각이 났니?"
> 　　와 같이 영유아가 현재 하고 있는 활동에 새로운 주제를 확장시키도록 시도한다.
> • **영유아가 자신의 질문에 답을 찾도록 도와준다.**
> 　－예컨대, "좋은 질문이야. ○○이는 어떻게 그것을 알게 되었니?"와 같이 자신의 질
> 　　문에 스스로 답을 찾아보도록 촉진한다.

출처: Dombro et al. (2011).

(2) 주고받기식 대화 지속하기

언어적 · 비언어적 대화는 관계를 돈독하게 해 주고, 동시에 영유아의 언어, 이해 그리고 사고를 확장시켜 준다. 대화는 또한 상호작용의 즐거움을 제공해 준다.

대화도 사회적 상호작용에서 시작된다. 학습은 사회화 과정으로서 우리가 다른 사람을 보고 이야기를 들을 때에도 학습이 이루어진다. 놀이를 할 때나, 일을 할 때나 또는 다른 사람과 이야기를 하는 매 순간 새로운 아이디어, 단어, 기술 등을 배울 수 있다. 대화는 반드시 언어적인 것만은 아니다. 중요한 것은 언어적이든 미소나 눈맞춤과 같이 비언어적이든 주고받기식의 대화가 지속적으로 반복되는 것이다.

교사는 영유아와의 대화에서 영유아가 무엇을 알고 있는지, 어떻게 생각하는지를 주고받으면서 더 많은 것을 배울 수 있다. 대화는 교사와 영유아의 관계를 돈독하게 해 줄 뿐 아니라 영유아의 학습(언어, 생각, 아이디어 그리고 세계의 이해)을 확장시킬 수 있다.

(3) 함께 문제해결하기

영유아와의 협력을 통해 영유아가 문제를 해결할 수 있게 하기 위하여 단계, 다양한 전략의 사용 그리고 문제를 해결하는 긍정적 자세 등을 학습할 수 있도록 도움을 줄 수 있다. 문제해결은 영유아에게 교실 내 구성원으로서 유능감을 느낄 수 있도록 한다. 따라서 영유아가 문제해결의 경험을 많이 가질수록 영유아는 어떻게 문제를 해결할 수 있을지를 생각하는 긍정적 태도를 형성할 수 있게 된다.

영유아는 모두 선천적으로 능동적이고 끈기 있는 문제해결사이다. 어떤 문제들은 계획 없이 접근할 수 있지만, 어떤 문제들은 체계적인 접근이 필요할 수 있다. 만

Step 1: 호기심과 인내심

- 호기심은 문제를 보고 해결하고자 하는 동기를 부여한다.
- 인내심은 문제를 해결하는 과정에 집중할 수 있도록 한다.
- 문제가 해결되었는가의 결과에 초점을 두지 않는다.

Step 2: 문제 인식 및 정의

- 훌륭한 문제해결자는 문제를 확인하고 정의할 수 있다.
- 영유아에게 문제가 생겼을 때 어떻게 인식하고 정의하는지에 대한 모델링이 되어 준다.
- 영유아가 현재의 상황적 사실을 인식하고 영유아가 느끼는 문제를 정의하도록 돕는다.
- 예: 아이가 모자를 벗으려고 할 때, "모자 쓰는 것이 불편한가 보구나. 그런데 지금은 날씨가 너무 추운데 어떻게 하면 좋을까?"라고 질문한다.

Step 3: 다양한 전략 적용

- 브레인스토밍: "우리가 이 문제를 해결할 수 있는 다양한 방법을 생각해 보자."
- 시행착오: "네가 네 가지 방법으로 시도하는 걸 봤어. 이걸 '시행착오'라고 한단다."
- 선행지식 적용: "지난주에 네가 이것과 비슷한 문제를 가지고 있었어. 지난번에는 어떻게 했니? 아마도 그때 했던 방법이 도움이 되지 않을까?"
- 대안 시도: "다른 방법을 사용해서 문제를 풀어 볼까?"
- 도움 요청: "이 문제를 해결하는 데 도움을 줄 수 있는 사람이 있니? 책을 검색해 볼까?"

Step 4: 분석 및 평가

- 가능한 해결 방법을 생각해 보고 분석하고 평가한 다음, 어떤 방법으로 시도해 볼지 결정한다.
- 교사가 모델링이 되어 어떻게 분석하고 평가하는지 알려 준다.
- 예: "밖이 꽤 춥구나. 담요를 가지고 나가는 것도 좋은데 그러면 놀이를 하는 데 어려움이 있을 거야. 좀 더 따뜻한 외투를 입고 나가는 것이 더 좋을 것 같은데, 어떠니?"

Step 5: 검토

- 문제해결 방법을 찾은 후, 좀 더 생각할 시간을 갖는다. 무슨 일이 일어났고, 어떤 전략을 사용해서 어떻게 문제를 해결했는지 되돌아본다.

[그림 7-2] **문제해결력을 키우기 위한 단계**

출처: Dombro et al. (2011).

일 영유아가 '나는 할 수 없어요.'와 같이 주저하는 태도를 보인다면, 교사의 지지와 격려를 통해 문제를 해결할 수 있는 긍정적 태도를 키워 줄 수 있다.

영유아의 문제해결력을 키우기 위해서는 영유아 교육과정 중에 앞의 [그림 7-2]와 같은 단계를 거쳐 확장시켜 주어야 한다.

(4) 다양한 어휘 사용하기

현재 영유아의 수준보다 조금 더 복잡하고 다양한 언어를 사용하는 것은 영유아의 어휘 확장을 도울 수 있다. 영유아의 어휘와 학업 성취 간에는 관련성이 있다.

효율적인 다양한 어휘 사용하기 방법

- 목록을 작성한다. 교실의 한 공간에 주목할 만한 단어들을 걸어 둔다.
- 소리 내어 읽는다.
- 힌트를 제공한다. 친근하지 않은 단어를 이해하기 위해 시각적 단서, 몸짓, 얼굴 표정 등의 힌트를 제공한다.
- 대화 중에 새로운 단어를 적용한다. 대화는 영유아의 어휘를 지속적으로 확장시킬 수 있다. 노래, 시 등에서 나온 새로운 단어에 대해 이야기하거나 하루 일과 중에 '오늘의 단어' 시간을 가져 본다.

출처: Dombro et al. (2011).

(5) 질문하기

올바른 질문은 바람직한 학습 성취를 이끌 수 있다. 반면에 일방적인 질문은 대화는 물론 영유아와의 관계를 해치는 주원인이 되기도 한다. 반응적인 교사는 영유아의 특성과 수준에 적합한 질문의 유형을 상황에 맞게 선택하여 영유아 스스로 확장하도록 돕는다.

영유아 교육에서는 단답의 일방적 답변을 요구하기보다는 영유아의 사고를 바탕으로 답이 정해지지 않은 개방형 질문을 바람직한 것으로 제안해 왔다. 반응성 상호작용 교수를 위해서는 영유아에게 질문하기 전에 먼저 영유아를 관찰하고, 영유아가 생각할 동안 기다려 주고, 영유아의 반응에 비계 설정을 하는 절차가 중요하다. 이를테면, 영유아가 질문에 대답하기 어려워할 때 선택할 수 있는 답을 제시하고 힌트를 주거나 좀 더 쉬운 질문을 제공한다. 여기서 명심할 것은 질문을 통한 원활한 확장을 위해서는 반드시 관찰하기와 기다리기를 통한 관계 형성의 선행 단계가 필요하다는 것이다.

영유아 교육과정 중 학습 확장을 위한 질문하기는 〈표 7-2〉와 같은 다양한 방법으로 적용할 수 있다.

표 7-2 학습 확장을 위한 질문하기 방법

질문의 종류	예시
짧은 답변을 요구하는 질문	• "손가락이 몇 개지?" • "네가 가지고 있는 공은 무슨 색이니?" • "당근을 좋아하니?"
좀 더 생각하고 대답해야 하는 질문	• "손은 어떠한 도움을 주지?" • "네 공을 어떻게 찾을 수 있지?" • "당근은 어떤 맛이지?"
설명을 필요로 하는 질문	• "오늘 어린이집/유치원에 오면서 무엇을 보았니?" • "○○(예: 느낌, 소리, 맛, 냄새)이 어떠니?" • "네 블록탑과 친구의 블록탑이 어떻게 다르니?"
영유아의 생각을 설명해야 하는 질문	• "○○(이)가 너에게 '미안하다'고 먼저 말했을 때 어떤 느낌이었니?" • "이 이야기에서 네가 제일 좋아하는 부분이 어디니? 왜 그렇게 생각하니?"

출처: Dombro et al. (2011).

영유아는 자신에게 의미 있는 내용이 주어질 때 더 잘 학습할 수 있다.

(6) 이미 경험한 정보를 이용하여 확장하기

영유아는 자신에게 의미 있는 내용이 주어질 때 더 잘 학습할 수 있다. 이는 어른도 마찬가지일 것이다. 여기서 의미 있는 내용이란 영유아에게 친숙하고 흥미로우며, 영유아가 이미 알고 있는 것과 연계된 내용을 말한다. 영유아가 어린이집이나 유치원에서 이루어지는 새로운 내용들을 잘 학습하고자 한다면, 교사는 영유아가 가진 자신의 경험을 통해 이미 알고 있는 정보와 새로운 내용들을 어떻게 해야 잘 연계할 수 있는지를 고민해야 한다. 여기서 연계(bridging)하기를 잘하기 위해 때로는 부모와의 상담을 통해 영유아의 환경과 경험에 대한 정보를 갖추는 것도 도움이 된다.

3) '확장하기' 단계의 수행평가

상호작용 중 영유아의 행동을 관찰하고, 다음과 같은 변화가 있는지 살펴본다.

체크	내용
☐	영유아가 또래나 교사와 상호작용하는 것이 좀 더 편안해 보인다.
☐	영유아가 다른 친구들과 놀이를 할 때 교사와 대화할 때와 같은 방식으로 이야기한다.
☐	영유아가 새로운 행동으로 전환하는 것이 쉬워졌다.
☐	영유아의 문제행동을 지도할 때 영유아가 자신의 감정을 조절한다.
☐	교사는 문제 상황을 예측할 수 있고, 영유아의 문제행동 발생이 감소한다.
☐	교사는 영유아와 긍정적 관계를 유지한다.

출처: Dombro et al. (2011).

4) '확장하기' 단계에 적합한 반응성 상호작용 교수 전략

적용 연령	전략 번호	반응성 상호작용 교수 전략	실행 방법
공통	9	아동이 즐거워하는 행동 반복하기	• 영유아가 즐거워하는 활동을 인정하고 함께한다. • 영유아가 만든 방식대로 놀아 준다. • 활동보다는 영유아와 함께하는 것에 중점을 둔다.
	11	발달적으로 적합한 규칙과 기대 가지기	• 영유아의 현재 발달수준을 확인한다. • 영유아에게 요구한 규칙이나 기대가 현재 발달수준에 적합한지 확인한다. • 영유아의 현재 수준에 맞춰 규칙과 기대를 바꾼다.
유아	8	아동의 의도를 표현해 주며 확장하기	• 유아가 단어나 문장을 말할 때, 유아가 말했던 것에 조금 많은 정보를 덧붙여 확장시킨다. • 유아가 부모가 말한 것을 그대로 따라 하려는 시도를 보인다면 미소 짓거나 칭찬하며 격려해 준다. • 유아가 흥미로워하는 다른 장난감이나 사물을 곁에 두어 선택할 범위를 늘려 준다.
	10	두려움을 의미 있고 이유 있는 것으로 대하기	• 유아가 어떤 대상을 보고 무서워할 때 괜찮다고 하면서 이해시키지 않는다. • 유아의 두려워하는 반응을 그대로 인정하고 공감해 준다.

반응성 상호작용 교수의 3단계 실행 절차는 [그림 7-3]과 같다.

[그림 7-3] 반응성 상호작용 교수와 학습 성취 절차

III

일과에서 반응성 상호작용 적용

제8장 연령별 반응성 상호작용

제9장 부적응 행동 지도와 반응적 훈육

제8장

연령별 반응성 상호작용

1. 만 0세(0~11개월): 눈 맞추며 상호작용해 주세요

2. 만 1세(12~23개월): 작은 행동에도 즉각적으로 반응해 주세요

3. 만 2세(24~35개월): 의미 있게 반응해 주세요

4. 만 3세(36~47개월): 아동의 방식대로 행동하고 대화해 보세요

5. 만 4세(48~59개월): 가치롭게 반응해 주세요

6. 만 5세(60~72개월): 아동의 주도에 따라 상호작용해 주세요

1. 만 0세(0~11개월): 눈 맞추며 상호작용해 주세요

이 시기는 전적으로 어른에게 의존하는 시기이다. 인간의 삶에서 가장 극적인 변화가 일어나는 시기이기도 하다. 신체적·운동적 변화뿐 아니라 울음, 미소, 몸짓, 언어 등을 사용하여 다른 사람과 의사소통하는 인지적 능력의 발달, 애착, 자율성, 신뢰감 등 사회정서 발달능력이 나타나기 시작한다(Shelov & Altmann, 2009).

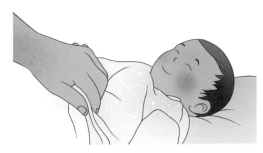

생후 초기 양육자와 안정되고 편안한 관계를 형성한 영아는 이후 시기에 스스로 능력을 발달시켜 나간다.

1) 감각 발달을 위한 상호작용

생후 1개월 된 영아의 시력은 사물을 뚜렷하게 볼 수는 없으나 약 30cm 거리 이내에 있는 사물은 알아볼 수 있다. 만일 영아가 누워 있는 침대 옆에 모빌을 매달아 놓으면 쳐다보고, 거울에 비친 자신을 흥미롭게 바라보기 때문에 깨지지 않는 거울을 영아의 침대 옆에 붙여 놓으면 영아는 잠시 부모가 주위에 없어도 혼자 잘 놀 수 있다. 그러나 이 시기의 영아가 가장 좋아하는 것은 바로 사람의 얼굴이다. 따라서 이 시기에는 어떤 장난감보다도 부모 또는 교사가 영아와 마주 보고 눈을 맞추며 노는 것이 가장 즐거운 놀이이다.

생후 1개월 된 영아의 색깔 인식은 선명한 보색이나 흑백의 굵은 무늬를 선호한다. 보통 영아의 방을 꾸밀 때는 은은한 파스텔 색을 선호하는데, 사실 영아는 4개월 정도 되어야 파스텔 색 등 다양한 색과 색조를 구분한다.

생후 3개월이 되면 좀 더 멀리 있는 사물 또는 서 있는 부모를 쳐다볼 수 있다. 그래서 생후 3개월 정도 되면 벽면에 영아가 관심을 둘 만한 브로마이드를 붙여 놓아도 좋다.

또한 영아가 사물보다 사람의 얼굴을 선호하듯이 다른 소리보다 사람의 목소리를 좋아하는데, 그중에서도 엄마의 목소리를 가장 좋아하며 여자의 고음을 좋아한다.

2) 의사소통 발달을 위한 상호작용

생후 1개월 된 영아는 부모나 다른 사람들이 말하는 것을 들으며, 부모의 목소리에 편안함을 느낀다. 이 시기부터 영아는 부모와 주고받는 초기 대화를 보이며, 음성 모방이 가능하고, 상대에 맞춰 의사소통하는 속도도 조절할 수 있다.

생후 2개월 정도 되면 옹알이를 하며, 특정 모음(아-아-아, 우-우-우)을 반복하는 것을 들을 수 있고, 영아는 어른이 말하는 방식에서 상대의 기분과 성격을 짐작한다. 예를 들면, 영아는 어른이 활기 있고 달래 주는 어조로 말하면 웃지만, 어른이 소리를 지르거나 성난 어조로 말하면 입을 삐쭉거리고 울려고 한다. 이처럼 생후 초기부터 영아는 부모 또는 교사와 상호작용을 한다. 이는 영아가 이미 양육자와 자신의 관계 그리고 인과를 인지하고 있다는 것이다.

생후 4개월 된 영아는 부모가 말하는 방식을 구분하며, 모국어의 억양 및 질문과 평서문의 높낮이를 구분한다. 이 시기에는 영아의 옹알이에 반응하고, 알아들을 수 있는 발성을 할 때 그대로 반복해 주어야 한다. 예를 들면, 영아가 우연히 '브' 소리를 냈다면 영아에게 '브브' '바바'라는 소리로 반응해 준다. 영아가 낸 소리는 이미 자신에게 친숙하기 때문에 어른이 비슷한 소리를 내면 영아는 상대에게 더욱 귀를 기울이고 집중하여 듣게 된다.

생후 6~7개월쯤 된 영아는 적극적으로 소리를 흉내 내기 시작한다. 이 시기의 영아를 둔 부모나 교사는 영아의 언어 발달에 좀 더 적극적으로 관여하는 것이 좋다. 예를 들면, 영아에게 '아가' '멍멍' '우유' '까까' '맘마' 등과 같이 간단한 음절과 단어를 알려 줄 수 있다. 만일 영아가 7개월이 될 때까지 옹알이를 하지 않거나 소리를 흉내 내지 않으면 청력이나 언어 발달에 문제가 있는지 확인해 볼 필요가 있다.

생후 8개월이 지나면 이제 '바' '다' '가' '마'처럼 알아들을 수 있는 발성을 한다. 이 시기가 되어야 영아는 좀 더 많은 언어를 이해하기 시작하므로 부모나 교사와의 대화도 이전보다는 의미를 가지게 된다. 아직 특정 단어를 말할 수는 없지만 여러 단어의 의미를 알고, 아직 말로 표현하지는 못하지만 자신이 이해하는 언어나 비언어적인 표현부터 발달하기 시작한다. 따라서 부모나 교사는 일상에서 자주 간단하고 구체적이며 일관된 표현을 쓰는 것이 좋다. 예를 들면, '고양이'를 말할 때 '야옹이' '나비' 등 여러 가지 이름으로 부르지 말고 한 가지로만 정해서 부르도록 한다.

3) 인지 발달을 위한 상호작용

생후 4개월 된 영아가 주변에 대해 무슨 생각을 하는지 알 수 없지만, 영아는 태어나면서부터 자신을 둘러싼 주위 세상에 대해 학습한다. 이 시기의 영아에게 중요한 인지적 개념 중 하나는 '인과 원칙'이다.

생후 4~5개월 사이에 우연한 경험을 통해 이 개념을 습득하게 된다. 예를 들면, 영아가 누워 있는 침대 위에 모빌을 달아 놓고 모빌과 영아의 발을 실로 연결한 뒤 영아가 발을 차면 모빌에서 소리가 나도록 장치해 두었을 때 영아는 이를 알아채고 더 많이 발을 찬다. 또한 종이나 열쇠 따위를 흔들면 재밌는 소리가 난다는 것을 알고, 탁자 위에 놓인 사물을 치거나 바닥에 떨어뜨리면 주위 사람들의 반응을 이끌어 낸다는 것을 알고 일부러 사물을 떨어뜨리기도 한다. 이는 일상에서의 경험을 통해 영아가 인과관계와 환경에 영향을 미칠 수 있는 자신의 능력을 배우는 과정이다. 영아는 사물이 점차 자신의 시야에서 사라지는 현상을 인식하는데, 이것이 바로 '대상영속성' 개념이다. 대상(사물, object)이 오래 계속된다는 것(영속, permanence)을 이해하는 것이다. 대상에는 사람(person)도 포함된다. 그래서 이 시기의 영아들은 '까꿍놀이'를 재미있어 한다.

생후 7~8개월 정도가 지나 기어 다니기 시작할 때부터는 영아가 스스로 새로운 것을 찾는 탐색활동이 활발해진다. 영아는 훌륭한 과학자처럼 자신의 능력 수준 안에서 사물의 특징을 관찰하고, 관찰을 바탕으로 모양(어떤 사물은 굴러가지만 그렇지 않은 것도 있다), 질감(어떤 사물은 까칠하고, 또 어떤 사물은 부드럽거나 매끈하다), 크기(어떤 사물은 다른 사물 안에 들어간다)에 대한 사고를 키워 간다. 또한 이 시기의 영아는 특히 입을 통해 사물을 탐색하기 때문에 손에 쥐는 모든 것을 입으로 가져간다. 이러한 수행을 통해 어떤 것은 먹을 수 있고, 어떤 것은 그렇지 않음을 이해하게 된다. 이 시기에 부모나 교사가 제지를 많이 하면 영아의 탐색활동을 방해할 수도 있으므로 부모나 교사는 영아의 발달수준에 적합한 제한이 되도록 하고, 위험한 물건이 영아의 입에 들어가지 않도록 환경을 안전하게 해 주는 것이 필요하다.

생후 8개월쯤 되면 영아는 대상영속성 개념이 발달하여 부모가 스카프 밑에 장난감을 감추면 스카프를 들추어 장난감을 찾아낸다. 아직 완숙하지는 않지만 눈앞에서 사라진 사물이 어딘가에는 존재한다는 대상영속성 개념을 익히는 과정이다.

생후 12개월 무렵이 되면 영아는 사물에 이름과 나름의 기능이 있음을 인식하고 이를 놀이에 반영한다. 예를 들어, 장난감 전화기를 씹고, 찌르고, 내려칠 수 있는 놀잇감으로 취급하는 대신 어른이 하는 대로 전화기를 귀에 댄다. 영아에게 빗, 칫솔, 컵, 숟가락 등의 사물을 기능에 따라 사용하게 함으로써 영아의 인지 발달활동을 격려할 수 있다.

4) 사회정서 발달을 위한 상호작용

생후 2개월 된 영아는 매일 주위 사람들을 관찰하고 경청한다. 영아는 사람들이 자신을 즐겁게 해 주고, 달래 주거나, 먹여 주고, 편안하게 해 주는 상황을 학습한다. 영아가 하는 행동이 본능적인 반복행동 같지만 사실은 일상에서 반복된 상호작용을 하면서 영아는 울거나 웃을 때 상대와의 관계에서 어떤 결과가 나타나는지를 배우고 다른 상황을 예측한다. 이와 같이 영아가 부모나 교사와 일상에서 상호작용을 하면서 상황적 맥락을 인식하는 경험들은 영아의 두뇌 발달은 물론 전반적인 발달에 영향을 준다.

생후 3개월 때부터는 모방 능력이 나타나기 시작한다. 영아는 부모의 표정을 보며 자신의 얼굴을 움직이고, 부모가 말할 때 입을 벌리고 눈을 뜨기도 하며, 부모가 혀를 내밀면 이를 따라 하기도 한다. 영아는 친숙한 사람들에게 애착을 느끼지만, 물론 부모를 가장 좋아한다.

생후 3~4개월이 되면 영아는 다른 영아들에게도 관심을 보이며, 형제자매가 있는 경우에 그들이 말을 걸면 더 활짝 웃는다. 한편, 이 시기의 영아는 두려움이 생겨서 이전에는 겁 없이 받아들였던 사물이나 상황을 두려워하기도 한다. 예를 들면, 어둠이나 천둥번개를 무서워하고, 진공청소기 등 시끄러운 소리를 내는 가전제품을 두려워하기도 한다. 그러나 부모나 교사가 이를 지극히 정상적인 발달 현상으로 이해하고 영아의 두려움을 그대로 수용하는 것이 오히려 영아 스스로 안정을 찾고 두려움을 완화시키는 데 도움이 된다. 이후 영아와 대화할 수 있는 시기가 되면 설명해 주도록 한다.

생후 8~12개월 된 영아는 변덕을 부리고 불안감을 느끼기도 한다. 이를 '격리불안'이라 한다. 생후 3개월 때에는 낯선 사람을 봐도 별 변화를 보이지 않다가 생후 8~12개월에는 낯선 사람이 다가오면 심하게 긴장하는 모습을 보인다. 이전에는 스스럼없이 대했던 친척이나 다른 어른이 나타나면 숨거나 울음을 터뜨린다. 격리불안은 보통 생후 10주에서 18주까지 보이기 시작하다가 만 2세가 끝날 무렵에 사라진다. 이러한 영아의 행동 특성은 발달과정에서 지극히 정상이며 일시적인 반면, 이 시기의 영아에게 안정감을 주는 것은 이후 정서적 안정의 기반이 되는 데 매우 중요하다.

대상영속성 개념이 발달하면서 모든 사물은 각각 그 특성대로 유일한 존재이고 그 특성은 영구적임을 깨닫기 시작할 때, 점차 엄마와 일시적으로 떨어져 있어도 엄마를 기억하며 스스로 안정을 찾고, 엄마와 다시 만날 것을 기다릴 수 있다.

5) 사회인지 발달을 위한 상호작용

생후 0~3개월 된 영아와 부모의 소통은 주로 영아의 욕구를 충족시켜 주며 이루어진다. 영아는 배고프거나 힘들 때 울거나 찡얼거리고 또는 몸을 격렬하게 움직이는 등 자신만의 방식으로 양육자에게 알린다. 이 시기에 영아의 욕구에 대한 신호를 부모가 얼마나 잘 인식하고 민감하게 반응해 주는가는 영아와 부모 간의 신뢰관계 형성에 영향을 미친다.

생후 몇 달간은 때로 영아의 작은 움직임에 너무 많은 관심을 주는 것이 '손 탄다'라는 표현처럼 버릇이 없어지게 할까 봐 염려하기도 한다. 하지만 이러한 걱정을 하기보다 이 시기의 영아들에게는 기본적 욕구를 채워 주는 것이 필요하다.

생후 6개월까지는 영아의 요구나 관심에 즉각적이고 지속적으로 반응해 주는 것이 영아와 애착관계를 형성하고 덜 까다로운 영아로 성장하도록 도와준다. 또한 영아에게 안정감을 제공해야 이후에 영아가 보다 주도적이고 건강한 인간으로 성장하는 데 필요한 자신감과 신뢰의 토대를 마련할 수 있다.

〈반응성 상호작용 TIP〉

눈 맞추며 상호작용해 주세요

- 영아의 웃음에 즉각적이고 생동감 있게 반응하며 영아와 '대화'할 때, 영아는 자기 자신이 부모 또는 교사에게 중요한 존재임을 느낀다.

- 영아가 딸랑이나 소리 나는 장난감을 가지고 놀이를 한다면, 이때는 '장난감이 내는 소리' '장난감 흔들기'가 목적이 아니라 영아와 상호작용하는 것이 중요하다. 예컨대, 장난감을 떨어트리거나 툭툭 치는 행동에 반응해 준다.

- 영아의 반응에 즉각적이고 생동감 있게 반응하며 '대화'할 때, 영아는 자기 자신이 부모 또는 교사에게 중요한 존재임을 느낀다.

- 영아는 아직 언어표현이 성숙하지 못하지만 자기만의 방식으로, 때로는 눈 깜박임으로, 때로는 손과 발을 젓는 동작으로, 때로는 '마마' '그그'와 같은 발성으로 반응한다.

- 영아의 눈과 눈길이 닿는 곳을 확인하며 상호작용한다. 이러한 경험이 많을수록 영아에게 '나는 너에게 관심이 있고 너를 소중하게 생각한단다.'라는 것을 보여 주는 것이다. 이는 영아와 부모 간의 신뢰관계 형성을 위한 기본이며, 이후 자존감 발달에 중요한 영향을 미친다.

표 8-1 │ 만 0세(0~11개월) 영아의 발달이정표

체크	발달항목
	3~4개월
☐	• 놀이 중에 가끔씩 큰 소리로 반응한다.
☐	• 부모의 목소리를 들으면 좋아한다.
☐	• 움직이는 사물을 눈으로 따라간다.
☐	• 손을 빼서 사물을 잡을 수 있다.
☐	• 사람의 얼굴을 보고 미소 짓는다.
☐	• 머리를 제대로 가눈다.

☐	• 장난감을 향해 손을 뻗는다.
☐	• 옹알이를 한다.
☐	• 사물을 입으로 가져간다.
☐	• 새로운 얼굴을 보고 관심을 가지듯 오래 응시한다.
	4~7개월
☐	• 새로운 사람이 안아 주려 하면 거부한다.
☐	• 주위의 소리에 고개를 돌려 반응한다.
☐	• 입에 사물을 가져가 탐색한다.
☐	• 거울을 보며 흥미로워한다.
☐	• 자발적으로 웃는다.
☐	• 부모에게 의지하여 앉아 있는다.
☐	• 놀 때 웃거나 '악' '까르르'와 같은 비명소리를 낸다.
☐	• 적극적으로 사물을 향해 손을 뻗는다.
☐	• 적극적으로 옹알이를 한다.
☐	• 까꿍놀이를 재미있어 한다.
	8~12개월
☐	• 간단한 언어적 요청에 반응한다.
☐	• '아니요'라는 뜻으로 고개를 저어 반응한다.
☐	• '마마' '다다'와 같은 발성을 한다.
☐	• 단어를 모방하여 입술을 움직인다.
☐	• 다양한 방식으로 사물을 탐색한다(예: 흔들기, 내려치기, 던지기, 떨어뜨리기).
☐	• 눈앞에서 보자기 밑에 사물을 숨기면 찾아낸다.
☐	• 간단한 동작을 모방한다(예: 혀 내밀기 등).
☐	• 그림책을 보고 그림의 이름을 말하면 해당 그림을 쳐다본다.
☐	• 사물의 사용 기능을 안다(예: 컵으로 물 마시기, 빗으로 머리 빗기, 전화기를 귀에 대기).
☐	• 기어 다닌다.

출처: 김정미(2017).

2. 만 1세(12~23개월): 작은 행동에도 즉각적으로 반응해 주세요

걷기 능력은 이 시기에 성취해야 할 가장 중요한 신체 발달 과업이다. 이 시기에는 초보적인 이동 능력이 발달하며 손으로 물체를 잡았다 놓는 등의 조작 능력이 발달하는데, 이처럼 생존을 위해 반드시 필요한 기초 동작이 발달하는 시기이다. 또한 미각과 촉각이 완전하게 발달해 가며 음식에 대한 선호가 나타나 편식이 나타나기도 한다. 배변훈련이 시작되고, 10개 정도의 단어를 말하며, 두 단어를 결합하는 것이 가능해진다. 다른 사람에 대한 관심이 주 양육자를 넘어서 다양해지며, 자기주장이 생기고 다양한 놀이를 시도하게 된다(Shelov & Altmann, 2009).

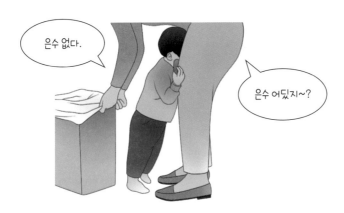

아동이 하는 것에 즐겁게 반응해 줄 때 아동은 자신에 대해 긍정적 감정을 갖는다.

1) 인지 발달을 위한 상호작용

생후 12개월이 지나면서 인지가 급격하게 발달한다. Piaget의 인지 발달단계에 의하면, 감각운동기의 '3차 순환반응기'로서 사고의 시작 단계에 해당한다. 이 시기의 영아는 호기심 행동이 발달하며, 문제를 해결하기 위해 새로운 행동을 시도하고 시행착오를 거듭하면서 탐색을 시도한다. 모든 놀이나 일상의 사건이 영아에게는 학습의 장이며, 일과 중에 사물에 대한 정보를 수집하고 놀이 중 문제를 해결하기 위해 이미 얻은 정보를 이용하며 인지를 발달시켜 간다.

영아기의 모방은 학습과정의 필수 능력인데, 만 1세 영아에게 흔히 관찰된다. 예를 들면, 영아는 놀이 중 빗으로 머리 빗기, 전화기에 대고 옹알대기, 장난감 차의 핸들을 돌리며 운전하기 등의 행동을 보인다. 처음에는 혼자 이러한 행동을 보이다가 점차 타인이나 다른 사물을 끌어들여 공동활동을 한다. 예를 들어, 인형의 머리 빗겨 주기, 부모에게 자신의 책을 읽어 주기, 장난감 음료를 친구에게 주기, 장난감 전화를 부모의 귀에 내어 주기 등의 행동을 한다. 이 시기에는 이후 발달에 근본이 되는 중요한 중심축 행동이 발달하는데, 일상생활 사건을 모방하는 능력, 부모나 또래와 함께하는 공동활동, 다른 사람을 자신의 활동에 끌어들이고 자신이 하는 것에 함께 관심을 가지길 원하는 공동주의 능력은 학습의 기초가 되는 중요한 역할을 한다.

만 1세가 된 영아는 자신이 특별한 뭔가를 해냈다는 생각이 들면 부모나 교사로부터 칭찬을 기대하기도 한다. 이때 영아의 행동에 즉각적으로 반응해 주는 것은 영아의 학습을 지지하고 더욱 많이 실행할 수 있게 한다. 한편, 이 시기의 영아는 아직 판단력이 부족해서 어떤 일이 발생할지에 대해서는 예측하지 못한다. 예를 들어, 엘리베이터를 타서 버튼을 누르면 문을 빨리 닫을 수 있고, 문틈에 손을 넣으면 문이 열리는 것은 이해해도 문틈에 손을 넣으면 어떤 일이 발생하는지는 이해하지 못한다. 또한 이전에 겪은 고통스러운 경험을 기억하지 못하고 또다시 위험을 겪기도 한다. 따라서 이 시기에는 항상 영아의 곁을 보살피고 안전을 지켜 주는 것이 필요하다.

만 2세가 되면 대상영속성 개념이 발달하여 숨바꼭질놀이를 좋아하고 눈앞에서 숨긴 물건을 능숙하게 찾아낸다. 이와 같은 능력은 이제 부모가 하루 종일 곁에 없어도 언젠가 돌아온다는 것을 알고 부모와 떨어져 있어도 어느 정도 시간을 견딜 수 있음을 의미한다.

2) 의사소통 발달을 위한 상호작용

생후 12개월이 되면 한 단어 표현이 가능한데, 예를 들어 영아가 "공."이라고 하면 '공을 내게 굴려 주세요.'라는 의미일 수 있다. 그리고 만 1세 말경에는 최소한 50개의 단어를 알고, 두 단어를 조합하여 짧은 문장을 만들 수 있는데, "공 위로." 또는 "우유 줘."와 같은 문장이나 "이게 뭐지?"와 같은 질문을 한다.

또한 표현 가능한 언어보다 이해 가능한 언어가 더 많은데, 이 시기의 영아는 다른 사람이 말하는 것을 거의 이해한다. "밥 먹자."라고 말하면 식탁 앞으로 오고, "신발 어딨지?"라고 하면 자신의 신발을 찾아온다. 이제 하이톤이나 아기 말투로 대화하지 않고 일반 언어로 말해도 이해할 수 있다. 그러나 간단한 단어와 짧은 문장 위주로 천천히 또박또박 말하는 것이 좋다.

생후 18개월이 되면 어휘가 폭발적으로 증가하고 두 단어를 결합하여 의사, 감정, 요구 등을 좀 더 자세히 전달할 수 있다. 그리고 이 시기 말경에는 2~3개의 단어를 조합하여 사용하고 언어표현이 더욱 풍부해진다. 그래서 책 읽기 활동은 새로운 경험이 되는데, 책을 읽어 줄 때 듣는 것과 동요를 듣고 따라 부르기를 좋아한다. 이 시기에는 사물이나 신체 부위를 말할 때 '까까' '쭈쭈'와 같은 아기 말투를 사용하지 않고 '과자' '우유'로 표현해도 잘 받아들일 수 있다. 하지만 아직 영아가 아기 말투를 사용한다면 "똑바로 말해 봐. 그거 아니잖아."라고 하면서 교정하지 않는 것이 좋다. 영아는 아직 발음이 정확하지 않아서 이해하기 어려울 수 있는데, 곧바로 정정하거나 핀잔을 주는 것은 영아의 주도성을 키우는 데 방해가 된다. 이는 영아의 시도를 방해하기 때문이다. 영아가 낸 소리를 그대로 즉각적으로 반응해 줄수록 영아의 발음도 점차 올바르게 발전한다.

3) 정서 발달을 위한 상호작용

이 시기의 영아는 점차 자신을 독립된 한 사람으로 인식하며 자아개념을 형성하고, 어른에게 자신의 의지를 표현하기도 하는데, 예를 들면 '나' '내 것' 등의 언어로 이러한 의지를 표현한다. 이 시기에는 스스로 하고자 하는 자신의 의지를 보다 강하게 표현하기 위해 모든 것에 반대하여 "아니요." 혹은 "내가, 내가." 등의 말을 빈번히 사용한다.

이 시기에는 자신에 대한 인식이 점차 발달하면서 긍정적 감정과 부정적 감정이 나타나고 이를 표현한다. 즉, 무슨 일을 혼자 해내면 성취감으로 긍정적 감정을 느끼고 자존감을 가지게 되는 반면, "싫어."라고 표현하며 부정적 태도를 나타내고 분노, 부끄러움, 공포 등의 감정도 느끼게 된다. 하지만 아직 세분화된 정서표현은 어렵고 주로 화를 내거나 짜증을 부리거나 울음을 터뜨리는 것으로 표현하고 떼쓰는 행동으로 표현하기도 한다.

생후 18개월쯤 되면 질투의 감정을 나타내고, 어른에게 관심과 귀여움으로 애정을 표현하며, 인형, 장난감 등을 안고 귀여워하기 시작한다. 이러한 감정의 반영으로 부드러운 인형이나 놀잇감을 좋아하며, 특정 놀잇감을 선호하고 집착을 보이기도 한다.

4) 사회성 발달을 위한 상호작용

영아는 다른 사람들의 존재를 인지하고 타인에게 다소 관심을 갖지만, 사회인지는 아직 부족하여 타인이 어떻게 사고하고 느끼는지는 이해하지 못한다. 남들도 자신과 똑같이 생각한다고 믿는 자기중심적 사고를 한다. 그래서 다른 영아들과 잘 어울리지 못하고 장난감을 가지고 놀지만 협동놀이가 되지 않고 자기만 갖고 놀려고 한다.

그리고 자신이 관심을 가지는 장난감을 다른 영아도 관심 있어 할 때 경쟁 상황을 만들어 종종 싸움이 일어난다. 아직은 나누고 타협하는 능력이 미숙하기 때문에 이럴 때에는 부모나 교사가 중재자가 되어 공평히 나눠 주고 보살펴 주어야 한다. 만 1세의 영아는 독립적이면서도 아직은 부모나 교사에게 의존적이라고 할 수 있다. 즉, 신체가 발달해 걸을 수 있는 영아는 독립적으로 움직일 수 있으나, 아직은 미숙하므로 두려움을 느낄 때는 양육자의 위로가 필요하다.

5) 사회인지 발달을 위한 상호작용

이 시기의 영아는 애착 대상을 안전의 기반으로 삼고 주변의 새로운 환경을 탐색한다. 환경 안에서 영아는 환경을 지배하고 성취감을 느끼면서 자율성이 성장하고, 자신을 독립된 한 사람으로 인식하며 자아개념을 형성한다.

처음엔 또래와 어울리기보다는 혼자 놀면서 주로 어른에게 의존하다가 생후 18개월경이 되면 술래잡기와 같은 상호작용 게임을 즐기며, 또래에 대한 관심이 차츰 증가하면서 타인과의 관계를 늘려 나가게 된다. 다른 영아들과 놀이할 때 처음엔 상호작용이 다양하거나 많지 않고 놀잇감이나 물건, 음식 등을 공유하거나 나누기가 어렵다. 점차 타인에 대한 이해가 생기면서 어른의 행동에 관심이 많아져 행동을 모방하는데, 놀이할 때 인형에게 음식을 먹이거나 옷을 입히는 것, 걸레질, 청소하기 등으로 표현한다.

〈반응성 상호작용 TIP〉

작은 행동에도 즉각적으로 반응해 주세요

- 영아의 작은 행동, 예를 들면 트림, 얼굴 표정의 변화, 웅얼거리는 발성에 적극적으로 반응해 준다. 영아가 '아' '어'와 같은 무의미한 발성을 할 때 '아~아' 하며 머리를 쓰다듬어 주거나 엉덩이를 토닥여 준다.

- 영아가 만들어 낸 이와 같은 사소한 행동에 즉각적으로 반응해 주는 것은 영아에게는 자신에게 관심을 가지고 있다는 것을 전달하는 것이며, 다음 행동을 더 잘 표현하게 하고, 이후 시기에 자신감을 키우는 데 도움이 된다.

- 영아는 다른 사람에게 자신의 감정이나 요구를 전달하는 능력을 가지게 됨에 따라 점차 다른 사람과 상호작용하는 것을 즐기고 발전시키게 된다. 예컨대, 영아가 자신의 손을 무심코 움직였을 때 부모가 이러한 동작에 대해 인사하는 의사소통적인 동작으로 의미를 부여해 "안녕."이라고 말하며 동작에 반응해 준다.

표 8-2 만 1세(12~23개월) 영아의 발달이정표

체크	발달항목
12~23개월	
☐	• 사물이나 그림의 이름을 말하면 영아가 해당 사물의 그림을 가리킨다(예: "○○가 어디에 있어요?").
☐	• 익숙한 사람, 사물, 신체 부위에 해당하는 이름을 사용한다(예: "저것은 ○○이에요?" "저 사람은 ○○이에요?").
☐	• 몇 개의 단어를 말한다(예: 생후 18개월 된 영아는 15개 정도).
☐	• 2~4개의 단어로 이루어진 문장을 사용한다.
☐	• 간단한 지시를 수행한다(예: "○○ 가져오세요.").
☐	• 두세 겹 덮개 밑에 숨겨진 물건을 찾아낸다.
☐	• 모양과 색깔을 구별하여 정리한다.
☐	• 어른이나 다른 영아의 행동을 모방한다.
☐	• 거울을 보며 자신을 인식한다.
☐	• 새로운 얼굴을 보고 관심을 가지듯 오래 응시한다.

출처: 김정미(2017).

3. 만 2세(24~35개월): 의미 있게 반응해 주세요

의사소통 능력은 이 시기의 중요한 발달과업이다. 만 2세가 된 영아는 독립된 존재로서 자신을 인식하고 감정이 풍부해지며 다양한 단어로 의사소통할 수 있다. 이러한 능력을 기반으로 사회적 관계는 양육자와의 관계에서 또래관계로 상호작용이 확장된다. 또한 스스로 밥 먹기, 마시기, 옷 입고 벗기 등 기초적인 자조 능력이 발달하여 기본적인 일상생활 습관이 형성된다. 한편, 운동 능력 발달이 왕성하여 뛰어다니고, 발로 차고, 오르고, 뜀박질을 하며 쉴 새 없이 움직이기 때문에 때에 따라서는 이전보다 주의집중 시간이 짧아진 것처럼 보이기도 한다.

1) 인지 발달을 위한 상호작용

만 2세가 되면서 영아는 언어이해 능력이 성장하고 표상 능력이 발달하여 머릿속에서 사물, 행위, 개념의 이미지를 형성하고 해결 방식을 고안하며 문제를 해결하고자 시도한다.

상징적 사고 능력이 발달함에 따라 놀이 형태에 변화가 나타난다. 주제를 가지고 상상을 하며 노는 역할놀이가 가능해지고, 모방 능력이 발달하여 단순한 행동 모방에서 나아가 자신이 생각하고 이해한 대로 행동을 만들어 놀이에 활용한다. 또한 새롭게 경험하는 활동들을 기존 경험에 조직화하고 이를 연결하여 해석하는 능력이 생기고 이것을 언어로 표현하면서 역할놀이를 더욱 풍부하게 표현할 수 있다.

'지금, 이전, 다음' 등의 시간관계도 부분적으로 이해하고, 사물과 사건 간의 인과관계가 발달하여 순서대로 놀이하는 것이 가능하다. 예를 들어, "밥 먹고 놀자."와 같은 간단한 시간 개념을 이해한다. 그래서 손을 씻고 밥 먹기 등과 같은 일상생활을 습관화할 수 있다.

또한 사물의 분류, 양과 수, 공간과 시간에 대한 지식이 발달하고, 이와 관련한 어휘를 사용하기도 한다. 인과관계를 이해하게 되면서 사물 간의 관계를 알고 '모양 맞추기' 장난감과 '간단한 퍼즐'을 비슷한 모양끼리 맞출 수 있다.

양의 차이와 위, 아래, 뒤, 밑 등의 공간관계를 이해하며, '많고 적음'의 차이도 이해하기 시작한다. 기초적 수준의 분류, 측정을 할 수 있어서 사물을 가지고 셈을 할 수도 있다.

이 시기의 영아는 인지적 한계성을 가지는데, '세상의 모든 현상이 자신으로부터 시작되고, 자기중심적으로 결과를 생각하며, 모든 사물을 살아 있는 생명체로 본다. 또한 세상을 보는 눈이 매우 단순해서 환상과 현실을 혼동하기 쉽다. 따라서 교사는 일상에서 단어 선택을 할 때에도 이 시기 영아의 사고 수준을 이해하고 발달수준에 적합한 단어나 표현으로 반응해야 한다. 예를 들어, 영아는 아침의 해가 자신이 일어나도록 비춰 주는 것이라고 생각한다. 이러한 영아기 사고를 일상에 이용한다면, 영아가 밤늦게까지 블록놀이를 하며 잠을 자지 않을 때 "네가 블록을 잡고 있으면 블록이 잠을 자지 못해 피곤해서 내일은 블록과 놀지 못해."라고 말하는 것이 내일 어린이집에 가려면 일찍 일어나야 한다거나 너무 늦게 자면 피곤하다는 설명보다 영아 입장에서는 훨씬 이해하기가 쉽다.

2) 의사소통 발달을 위한 상호작용

만 2세가 되면서 영아의 언어 능력이 상승하고 상대방이 하는 말의 의미를 이해할 수 있다. 발달심리학자들은 이 시기를 '언어폭발기'라고 한다. 이 시기에는 약 200개 정도의 단어를 말할 수 있고, 다른 사람의 이야기를 듣고 이야기를 나누는 것에 흥미가 높아진다. 질문을 하면 대답할 수 있고, 자신의 생각과 감정, 요구 등을 표현한다.

"이게 뭐야?"라는 말을 자주 하며, 물체의 이름을 묻고, 자신의 이름, 물건의 이름, 수 이름, 색 이름, 친근한 동물, 꽃, 친근한 사람의 호칭을 부르고, 그림책 속에 있는 사물의 이름을 묻는다. 어휘가 급격히 발달하면서 일상에서 2~3개의 단어로 이루어진 문장(예: "우유 주세요." "엄마는 초코 좋아해.")에서부터 4~6개의 단어로 이루어진 문장(예 : "공이 어디에 있어, 아빠?" "인형이 내 무릎에 앉았네.")을 구사한다. 또한 대명사(나, 너, 우리)를 사용하고, '내 것'(내 컵, 내 인형)의 개념을 사용하기도 한다. 단어의 배열 순서를 점차 익히며 보다 완전한 문장을 말하고 연속된 문장으로 생각을 표현한다.

글자 모양을 식별하기 시작해서 낱자와 낱자처럼 보이는 것을 구분하기 시작하고 쓰기를 시도하지만 아직은 대부분의 영아가 끄적거리기 형태(선, 원, 세모 등)를 보이며, 자신의 이름, 친숙한 사물의 이름 등을 그리듯이 쓰기 시작한다. 글자 쓰기에 관심이 많은 영아는 실제 글자 형태가 나타나고 읽기에 관심을 보이지만 그림을 읽어야 하는 것인지 글자를 읽어야 하는 것인지를 잘 구별하지 못하고, 책을 보며 의미를 비슷하게 꾸며 말하는 식으로 읽는 경우가 대부분이다.

의사소통 발달을 위해 영아의 현재 언어이해 능력 및 의사소통 수준을 이해하는 것이 중요하다.

3) 정서 발달을 위한 상호작용

만 2세 말경이 되면 기쁨, 애정, 웃음, 공포, 분노, 질투, 울음 등 어른에게서 볼 수 있는 거의 모든 정서를 표현할 수 있다. 자신의 행동이 제지되면 반항심을 보이거나 짜증을 낸다. 이러한 부정적 행동은 영아의 주장이나 독립성을 나타내는 것이며, 자신의 세계를 침해당했다고 느끼면 때로는 공격성으로 표현되기도 한다.

행복, 분노, 공포, 슬픔, 기쁨의 1차정서 및 수치심, 부러움, 죄책감, 자부심과 같은 2차정서 혹은 복합정서가 발달한다. 이러한 2차정서 발달은 자신에 대한 인식과 자신의 행동을 평가하는 것, 즉 하지 말아야 할 행동을 했을 때 수치심이나 죄책감을 느끼고 어려운 일을 해냈을 때 자부심을 느끼는 복잡한 정서 능력이 필요하다.

자신의 감정표현 외에도 다른 사람의 정서표현에도 민감해지고, 다른 사람의 정서 상태에 맞게 자신의 행동이나 정서를 조절하려고 시도한다. 예를 들면, 동생이 다치면 위로해 준다.

4) 사회성 발달을 위한 상호작용

이 시기에는 자율성을 획득해야 한다. 그러나 여전히 양육자에게 의존할 수밖에 없는 시기이기도 하다. 건강과 안전이 보장된 상황을 만들고 그 안에서 영아가 자신이 스스로 할 수 있는 일들을 늘려 나갈 수 있도록 격려해 주는 것이 중요하다. 즉, 잠자기, 먹기, 옷 입기, 대소변 가리기 등의 일상생활과 관련한 과업을 할 수 있도록 격려하고 자율성을 달성하도록 한다. 반대로 양육자가 과잉보호하여 스스로 해 볼 수 있는 기회를 제공하지 못하면 자율성을 획득하지 못하며, 자신의 능력에 대해 회의를 갖고 수치심을 가지게 된다. 영아는 자율성을 획득하면서 고집을 줄이고 충동을 감소시키며 지연 만족 능력을 발달시키게 된다.

만 2세 초반에는 혼자 놀이를 많이 하고 상호작용이 많지 않으나, 만 2세 말경에는 다른 사람과의 접촉에 대한 욕구가 점차 증가하여 또래와 함께 놀이하는 빈도가 증가하고 병행놀이, 협동놀이가 나타나며 간단한 소꿉놀이가 이루어진다. 또래 간의 놀이 시 자신의 감정이나 생각을 적절한 언어로 표현하기보다는 행동으로 표현하는 경우가 많다. 그러나 누군가와 함께 놀고 싶어 하고, 누군가가 자신의 이야기를 들어 주기를 원하고, 관심을 얻고자 자신의 관심에 끌어들이며, 적극적인 공동주의를 나타낸다. 이것이 때로는 양육자를 귀찮게 하는 것처럼 보이지만 영아는 어른들을 기쁘게 하는 행동을 하며 그 결과를 확인하고자 한다.

이 시기의 영아는 '자기중심적 사고' 특성을 나타내기 때문에 자신의 욕구에만 관심을 가지고, 자신의 장난감을 또래와 공유하는 데 어려움을 나타낸다. 점차 사회적 관계를 형성해 가기 때문에 또래와 함께하는 활동은 늘어나지만, 자신의 감정을 조절하는 능력은 아직 미숙하여 분노와 좌절을 느끼면 갑작스런 울음으로 표현하기도 하고, 발로 차거나 소리 지르는 행동으로 표출하기도 한다. 그리고 자신이 가지고 싶은 장난감을 상대로부터 빼앗으려는 행동을 보이기도 한다. 이러한 행동이 지속되면 분명 어린이집이나 유치원에서 또래들과 원만한 관계를 가지기 어렵고, 다른 어른에게서도 좋은 피드백을 받기 어려울 것이다. 하지만 이와 같은 행동은 이기적이거나 공격적인 것이 아닌 자기중심적 사고 단계에 있는 영아에게서 나타나는 발달특성으로 이해해야 한다.

또한 모방행동이 늘어나서 '역할놀이'는 이 시기에 가장 좋아하는 놀이로 나타난다. 예를 들어, 곰 인형을 침대에 놓거나 밥을 먹일 때 잠자리에서 하는 행동이나 밥을 먹을 때 빨리 먹으라고 재촉하는 어조와 단어를 그대로 모방한다. 따라서 부모 또는 교사는 일상에서 좋은 역할 모델이 되어야 한다.

5) 사회인지 발달을 위한 상호작용

이 시기의 영아는 자신만의 욕구를 통해 세상을 바라보기 때문에 같은 상황에 있는 타인의 감정을 이해하지 못하고 친구의 장난감을 빼앗거나 때리는 부정적인 행동이 자주 일어난다. 이때 "그렇게 하는 것은 나쁜 행동이야." 또는 "친구가 너와 똑같은 행동을 했다면 넌 어떻겠니?"라고 말하며 영아의 행동을 고치려 하는 것은 사실 효과적인 방법이 아니다. 이때 가장 좋은 방법은 똑같은 장난감이 여러 개 있는 곳에서 놀게 하는 것이다.

영아 스스로 자신의 감정을 다스리고 상대방의 반응에 어떻게 대처하는지 옆에서 지지자로서 지켜봐 주고, 부모나 교사가 먼저 나서서 중재하지 말고 영아가 그 상황에서 스스로 배워 나갈 기회를 주는 것이 바람직하다.

한편, 이 시기부터 영아는 책을 읽으며 여러 가지 생각과 정보를 이해하고 기억힐 수 있으므로 책 읽기를 습관화하여 재미있는 놀이로 인식하면 영아의 어휘력과 언어 능력을 강화하는 데 도움이 된다. 단, 오랫동안 한자리에 앉아 집중하는 것은 어려우므로 되도록 짧은 책을 읽어 주는 것이 좋다. 또한 영아의 주의집중을 유지하기 위해 사물을 만지고 가리키고 이름을 붙이거나 특정 구절을 반복하게 하는 활동중심적인 책을 선택한다.

영유아는 함께하는 사회적 놀이를 통해 발달을 촉진해 간다.

〈반응성 상호작용 TIP〉

의미 있게 반응해 주세요

- 이 시기의 영아는 혼자 시도하는 일이 많아지는데, 어른이 보기에는 서툴러서 지켜보기가 답답할 수도 있지만, 현재 영아에게는 자신의 발달수준에서 최선의 수행을 하고 있는 것이다.

- 영아의 발달상태에 맞는 기대를 하여 영아가 놀이활동을 할 때 '나는 못해.'라는 좌절감보다 '내가 생각한 것을 해 보겠어.'라는 자율성을 키우도록 해 준다. 이 시기 이러한 자율성의 경험은 이후 자신의 의지를 적극적으로 실행해 보는 자신감으로 성장하게 된다.

- 일상적인 대화를 할 때 "지금 뭐해?" "맛있어?" "재미있어?" "내가 해 줄게."와 같이 영아의 응답 없이 일방적인 교사의 대화만 있다면 현재 영아의 발달상태에 비해 영아에 대한 규칙과 기대를 너무 높게 가지고 있는 것은 아닌지 생각해 보아야 한다. 무의미한 질문은 대화가 아니다. 대화는 주고받는 사회적 상호작용 속에서 발달한다.

표 8-3 만 2세(24~35개월) 영아의 발달이정표

체크	발달항목
	24~35개월
☐	• 4개 이상의 블록으로 탑을 만든다.
☐	• 작은 사물을 손가락으로 집는다.
☐	• 짧은 문장으로 의사소통을 할 수 있다.
☐	• 가장놀이를 하며 논다.
☐	• 또래가 옆에서 놀이할 때 그쪽에 관심을 둔다.
☐	• 이전보다 엄마와 잘 떨어진다.
☐	• 놀이할 때 눈을 잘 마주친다.
☐	• 장난감을 흥미롭게 잘 가지고 논다.
☐	• 애정표현을 한다(예: 뽀뽀하기, "사랑해."라고 말하기).
☐	• 정서표현(슬픔, 기쁨, 화남 등)이 다양하게 나타난다.

출처: 김정미(2017).

생후 초기 스트레스 경험과 뇌 발달의 영향

생후 1년 이내에 만성적인 스트레스를 경험한다면 집중력, 충동 조절, 수면, 건강한 운동신경 조절에 부정적 영향을 미칠 수 있다. 뇌 발달은 위계성이 있어서 먼저 생명과 관련한 뇌간이 발달하고, 다음으로 정서 및 기억과 관련한 변연계 그리고 조절, 사고, 판단 등 전반적인 뇌 기능 발달과 관련한 대뇌피질의 순으로 발달한다. 빈번히 두려움을 겪게 되면 두려움에 반응하는 뇌 영역이 만성적으로 활성화되고 뇌 발달의 위계성과 관련하여 더 높은 수준의 사고와 관련된 두뇌의 발달은 손상을 입게 된다.

만성적인 스트레스를 경험한 영아는 정상적으로 문제를 대처하거나 해결하는 뇌 기능이 발달하지 못해서 과도하게 흥분하고, 항상 환경을 위험의 신호로 인식하기 때문에 자신의 두려움을 조절하기 위해 오히려 다른 사람에게 공격적인 행동을 하게 된다.

따라서 생후 초기, 특히 만 2세 미만의 영아기에는 반응적인 보살핌을 받아 안정된 정서를 지원하는 것이 뇌 발달에 중요하다.

 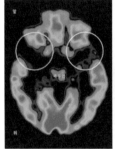 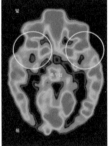

루마니아 고아원에서   정상적인 환경에서
자란 아동의 뇌활동   자란 아동의 뇌활동

▶ 루마니아의 고아원에서 자란 아동은 사랑과 보살핌의 결핍으로 정상적인 환경에서 자라난 아동에 비해 측두엽의 뇌활동이 침체되어 정상 두뇌보다 현저하게 작게 발달되었다(Zeanah, Fox, & Nelson, 2012).

4. 만 3세(36~47개월): 아동의 방식대로 행동하고 대화해 보세요

영아기보다 신체 성장의 속도는 둔화되나 운동 기술은 보다 정교하게 향상된다. 인지 성장은 극대화되고 관심이 또래에게로 확장되면서 다양한 사회적 기술을 습득하고 언어 능력이 향상되어 대부분의 의사소통이 언어로 이루어진다.

스스로 무언가를 시도해 보는 것은 이후 성공적으로 자신의 역량을 발휘하는 데 중요하다.

1) 인지 발달을 위한 상호작용

만 3세는 주위에서 벌어지는 일에 대한 호기심과 의문이 많은 시기이다. 그래서 '왜?'라는 질문을 많이 한다. "왜 그래?" 또는 "왜 해야 돼?"라는 질문을 자주 하며, 때로는 "왜 해가 빛나?" "왜 개는 말을 못해?"와 같은 추상적인 질문도 한다. 하지만 아직 논리적 사고가 발달하지 않아서 어른 수준으로 어떤 논리나 원칙을 일일이 설명하는 것은 유아에게는 이해하기 어렵다.

유아는 자신이 생각한 답을 가지고 질문을 하기도 한다. 이때 우선 유아가 말하는 대로 "왜 그러지~?" 하고 반응해 주면, 유아가 이미 자신이 생각한 답이 있을 경우 서슴지 않고 "~해서 그런가 봐."라며 자신의 답을 말할 것이다. 이는 유아가 스스로 답을 찾도록 기회를 주는 것이다. 때로 유아가 정말로 답을 원하는 것이라면 "좋으니까." "다치지 말라고." 등과 같이 간단하게 유아 수준의 단어 수로 설명하는 것이 좋다.

유아가 부적응 행동을 하고 나면 유아가 뭘 잘못했는지에 대해 말하며 상대 유아에게 사과하도록 요구한다. 그러나 단순히 "내가 잘못했어, 미안해."라고 말한다고 해서 유아의 행동이 고쳐지는 것은 아니다. 또한 이 시기의 유아는 자신이 왜 사과를 해야 하는지 논리적인 이해가 부족하기 때문에 잘못된 행동이 반복되는 것이고, 어른이 보기에는 행동이 고쳐지지 않았다고 생각될 수 있다. 만 4세가 되면 어른의 설명을 이해하게 된다.

2) 언어 발달을 위한 상호작용

만 3세가 되면 약 300개 이상의 단어를 이해하고, 3~4개의 단어로 이루어진 문장을 말할 수 있으며, 어른이 내는 대부분의 소리를 모방한다. 언어가 보다 정교하게 발달하여 유아는 익숙한 사물들의 이름을 말할 수 있으며, 이름을 모르는 사물이 있으면 질문하여 알아내기도 한다. 또한 부모나 교사가 가르쳐 주는 어휘를 기억하고 확장하여 사용할 줄 알고, 자신의 생각을 문법에 맞는 문장으로 표현하고 이야기를 만들어 내는 도구로 사용한다.

유아의 표현 능력과 어휘를 확장시키려면 책을 읽으며 자연스럽게 어휘를 익히게 하고, 또 부정확한 표현이라도 유아가 말한 의도에 맞춰 반복하여 반응하는 것이 좋다. 부모나 교사가 유아에게 정확한 발음을 가르쳐 주려고 한다면 이는 오히려 유아에게 '나는 못해.'라는 무력감을 줄 수 있다. 예를 들어, 유아가 "어제 시마트 갔져."라고 하면 "어제 이마트 갔었지~."라고 반응해 준다. 이때 "시마트가 뭐야, 이마트지, 이마트 해 봐. 너 할 수 있잖아!"라며 교정해 줄 필요가 없다. 왜냐하면 유아의 언어화는 현재 유아의 발달수준을 반영하는 것이기 때문이다. 따라서 비록 서툴더라도 유아가 스스로 만들어 낸 행동을 인정하고 그대로 반응해 줄 때 유아는 자신감을 가지고 더욱 많이 표현해 볼 것이고, 이를 통해 자연히 숙련될 것이다.

3) 정서 발달을 위한 상호작용

만 3세가 되면 자신의 감정을 솔직하게 표현하고 부정과 반항의 표현을 많이 하며, 때로는 화를 내고 떼를 쓰기도 한다. 자율성과 성취감이 발달하면서, 특히 장난감을 성공적으로 잘 다룰 수 없게 될 때 공격적 행동을 나타내기도 한다. 한편, 어른과 또래의 칭찬과 인정에 관심이 많으며, 또래에 대한 질투의 감정이 생긴다.

언어가 발달함에 따라 울음은 다소 감소하고 말이나 웃음 또는 기쁨으로 표현하게 되며, 자기주장이 강해져서 만 1세 반쯤에 시작된 반항심이 만 3세에는 절정에 이른다.

만 3세의 유아는 사랑, 분노, 저항, 두려움 등 다양한 감정을 이해하고, 살아 있는 것의 특징과 감정을 시계, 장난감, 달 등 무생물에게까지 부여하며, 가상의 친구(예: 유령 친구들)를 만들어 표현하는 등 창의적 표현을 나타내기도 한다. 그러나 아직 가상과 현실을 구분하지 못해서 상상 속 사건에 겁을 먹거나 불안해하기도 한다. 이때 유아에게 상상 속 사건이 사실이 아니라는 것을 강조할 필요는 없다. 흔히 유아들이 말을 안 들으면 "그러면 집에서 내쫓을 거야." 또는 "이렇게 자꾸 떼쓰면 여기 두고 갈 거야."와 같은 협박(?)은 절대로 하지 말아야 한다. 왜냐하면 이 시기의 유아들은 현실과 가상을 명확히 구분하지 못하기 때문에 이 같은 말을 진짜로 믿어 하루 종일 겁에 질려 있을 수 있고, 심지어 이것이 뇌 발달에 영향을 미칠 수 있다.

만일 유아가 찡얼대거나 화를 내는 상황에서는 유아가 자신의 기분이나 요구를 간단한 단어로 표현하면서 감정표현을 할 수 있도록 도와준다. 이때 야단을 치거나 훈육을 하려 하기보다 "나도 가지고 싶어." "속상해~." "화가 나~."와 같이 유아가 현

재 자신의 기분이나 욕구를 설명할 수 있는 적절한 단어로 반영해 주어 감정표현을
할 수 있는 모델링을 학습하도록 도와준다.

4) 사회성 발달을 위한 상호작용

아직은 혼자놀이에 익숙하지만 1~2명의 친한 또래와 병행놀이가 나타나면 신체
적 싸움으로 또래와의 관계를 해결하는 경향이 있으며, 차례 지키기 등의 집단 내
규칙이나 놀이규칙을 이해하기 시작한다.

만 3세의 유아는 점차 어른에게서 벗어나 독립적으로 행동하려 하고 다른 사람의
입장을 생각할 수 있다. 자신에 대한 정체성이 좀 더 확고하고 안정적으로 나타난다.
또래들과 함께할 때 가만히 모여 있기만 하는 것이 아니라 서로 어울려 상호작용한
다. 이 과정에서 유아는 다른 사람들이 자신과 똑같이 사고하지 않으며 다른 또래들
도 각자 성격이 다르다는 것을 이해한다.

그리고 특정 친구에게 매력을 느끼며 우정을 쌓아 가기 시작하는데, 자신을 좋아
하는 친구를 가지면서 자신에게도 남들이 좋아할 만한 특징이나 성격이 있음을 깨
닫고 자아존중감을 발달시켜 간다.

5) 사회인지 발달을 위한 상호작용

만 3세는 어느 시기보다 주도성 발달이 중요한 시기이다. 주도성이란 자신이 계획한 것을 시작하면서 주변의 사람들을 끌어들여 함께 이끌어 가는 능력이다. 이러한 주도성이 발달하기 위해서는 타인의 감정과 행동을 알고 타인을 민감하게 살피는 능력도 있어야 한다. 또한 경쟁만 하는 것이 아니라 협력하여 자신의 계획을 관철하며 이끌 수 있는 방법도 알아야 한다.

주도성 발달을 위해 유아가 스스로 생각하여 시도해 보는 유아의 독립성과 창의력을 격려해 준다. 일상에서 유아와 대화할 때 유아의 말을 경청하고, 유아의 의견이 중요함을 보여 주며, 유아에게 선택권을 자주 줄 때 유아는 자신의 중요함을 인지하게 되고 스스로 결정하는 법을 배워 간다. 단, 선택권을 줄 때에는 간단할수록 좋은데, 예를 들어 식당에서 무엇을 먹을까 결정할 때는 두세 가지 범위에서 유아에게 선택하도록 하는 것이 좋다. 유아는 스스로 결정하면서 자신감을 키우고, 스스로 내린 결정에 대해서는 책임감 있게 수행하는 능력을 키워 간다.

이 시기부터 유아는 규칙을 이해할 수 있고, 여럿이서 함께하는 집단활동을 하거나 자신의 감정을 조절하고 문제 상황을 스스로 해결하는 능력이 발달한다. 그리고 이 시기에는 자기조절 능력이 서서히 발달하면서 이전 시기에 비해 공격적인 행동도 훨씬 줄어들고 얌전하게 놀이를 즐기고 장난감도 주고받으며 함께 상호작용을 한다. 또한 나름대로 도전적인 상황에서 문제를 해결하는 방법도 성장한다. 문제해결 능력이 잘 발달하도록 하기 위해, 예를 들어 게임을 할 때 '나 한 번, 너 한 번' 같은 규칙을 만들거나 "누가 먼저 가지고 놀까? 순서를 정하자."라는 말을 반복해 일상에서 자연스럽게 순서를 가르쳐 줄 수 있다.

〈반응성 상호작용 TIP〉

아동의 방식대로 행동하고 대화해 보세요

- 이 시기의 유아는 교사의 지시를 따르기보다 스스로 무언가를 해 보며 교사나 또래를 이끄는 활동을 좋아한다. 호기심이 왕성해서 실제로 무언가 새로운 것을 탐험해 보기를 좋아한다. 이와 같은 주도성은 이후 성공적으로 자신의 역량을 발휘하는 데 매우 중요한 능력이다.

- 유아가 일상에서 흔히 하는 행동을 관찰하고 유아가 일상에서 반복적으로 하는 그 패턴에 새로운 것을 추가시켜 본다. 예를 들어, 유아가 낚시놀이 장난감을 좋아하고 엄마는 자녀에게 '고래'라는 개념을 더 가르치고 싶다면 낚시놀이에 평소 유아가 노는 고래 모형을 첨부해 놓는 것이다. 그리고 유아가 스스로 시도하고 발견하는 기회를 가질 수 있도록 기다려 준다.

- 교사는 수동적으로 유아에게 정보를 주기보다 비계자로서 환경을 설정하고 그 안에서 유아가 스스로 탐색하도록 기회를 준다. 유아가 스스로 놀이에 참여하고 시도할 때 반응해 주는 것은 유아에게 자신이 한 행동이 다른 사람의 주의를 끌 수 있다는 경험을 하게 해 주어 유아의 주도성을 발달시킬 수 있다.

표 8-4 만 3세(36~47개월) 유아의 발달이정표

체크	발달항목
	36~47개월
☐	• 공을 위로 던질 수 있다.
☐	• 제자리에서 깡충 뛰기를 할 수 있다.
☐	• 낙서하듯 그릴 수 있다.
☐	• 부모와 떨어져도 울지 않고 잘 적응한다.
☐	• 다른 사람과 주고받는 상호작용 놀이에 관심을 보인다.
☐	• 또래 유아와 잘 논다.
☐	• 가족 이외에 다른 사람과도 잘 반응한다.

☐	• 스스로 옷을 입고, 잠자리에 들고, 화장실에 다녀온다.
☐	• 화가 나거나 불안할 때 위로해 주면 곧 안정을 찾는다.
☐	• 세 단어 이상으로 이루어진 문장을 사용한다.
☐	• '나'와 '너'를 올바르게 사용한다.

출처: 김정미(2017).

5. 만 4세(48~59개월): 가치롭게 반응해 주세요

만 4세의 유아는 영아기적 특성에서 벗어나 유아기적 특성이 발달 영역 전체에서 명백하게 나타난다. 운동 기술이 좀 더 정교해지고, 또래와의 상호작용이 활발해지고, 호기심을 가지고 적극적으로 탐색하고, 더욱 집중하여 탐구하며, 문제해결의 시도도 증가한다. 특히 또래관계가 확장되어 단순한 놀이 친구에서 벗어나서 선호하는 친구와의 관계가 형성되고 이를 유지하고자 한다. 이 시기에는 다른 사람과 능숙하게 언어로 소통하고 또래와도 타협하며 사회적 관계를 키워 간다.

1) 인지 발달을 위한 상호작용

만 4세가 되면 유아는 인과관계를 추론할 수 있고 간단한 사건의 이유를 설명할 수 있다. 성공과 성취에 대한 긍정적인 감정을 느끼고, 새로운 경험을 할 준비가 되어 있다. 상상과 가상을 구별하여 현실을 인식하고, 사물의 속성과 유사성 및 차이점에 의하여 분류하고 범주화하는 능력이 형성된다. 만 4세는 호기심이 많아 특별한 대답을 듣는 것에 큰 중요성을 두지 않고 많은 질문을 하게 된다.

이 시기에는 이후 학교생활에 필요한 기초 개념에 관심을 가지고 탐색하기 시작한다. 그래서 이 시기의 자녀를 둔 부모나 교사는 유아의 인지학습에 관심이 많아진다. 이때 주의할 점은 이러한 개념을 빨리 배우는 것이 이후 학습에 꼭 좋은 것은 아나라는 점이다. 오히려 유아에게 교육을 강요하다 보면 유아는 학습에 억압받는 느낌을 받아 실제로 학교에 입학하는 것을 흥미롭지 않은 일로 생각하고 학습을 거부할 수도 있기 때문이다.

이 시기에는 무엇보다 유아에게 다양한 배움의 기회를 제공해야겠지만, 유아의 흥미와 관심에 따른 경험을 통해 배움의 즐거움을 느끼게 하는 것이 중요하다. 그럼으로써 정규 교육이 시작될 때 유아 스스로 동기부여를 할 수 있다.

만 4세가 되면서 유아는 현실 개념과 우주적 개념에 관심을 가지고 지구의 기원, 죽음, 태양 그리고 하늘과 같은 전 우주적인 개념을 탐구하며 질문한다. 또한 호기심이 왕성하여 '왜'라는 질문을 많이 한다. 유아가 "왜 하늘은 파란색이야?"라고 물었을 때 어른은 자신이 알고 있는 상식 차원에서 대답을 해 주지 않는 것이 좋다. 질문의 내용은 간단하지만 기본 원리가 포함된 것일 때에는 이러한 내용을 다루고 있는 어린이용 책을 보거나 유아와 함께 동네 도서관에 가서 관련된 책을 찾아보며 스스로 해결할 기회를 주는 것이 좋다.

2) 의사소통 발달을 위한 상호작용

만 4세는 언어 발달이 절정에 달하는 시기라 할 수 있다. 이 시기의 유아는 모국어의 거의 모든 음소를 발음할 수 있으며, 약 1,500개 정도의 단어를 알고 약 1,000개 이상의 단어를 더 학습할 수 있다. 자신이 생각한 것을 3~8개의 단어로 구성된 복잡한 문장을 사용하여 정교하게 이야기할 수 있고, 자신에게 있었던 일이나 원하는 것 그리고 꿈과 환상에 대해서도 설명할 수 있다. 유머를 좋아하고 이야기를 듣거나 다른 사람과 이야기하기, 노래 부르기를 좋아한다.

이 시기의 유아는 언어 사용과 단어 습득이 활발한 만큼 욕이나 격한 표현의 단어도 배우게 된다. 그러나 발달적으로 가족의 규범이나 사회적 규칙을 이해할 수 있으므로 상황에 맞게 표현하는 방법을 가르쳐 주는 것이 좋다. 무엇보다 부모나 교사가 먼저 역할 모델이 되도록 하고, 유아에게는 자신의 감정을 표현할 때 적절한 단어를 사용해야 한다는 것을 알려 주며, 상황에 따라 적절한 단어를 선택하여 사용하도록 도와주어야 한다.

3) 정서 발달을 위한 상호작용

이 시기의 유아는 자신의 감정표현을 스스로 통제할 수 있고, 부모나 교사의 반응을 의식하고 행동을 조절할 수 있다. 자신감이 증가하여 때론 허풍을 떨거나 과장스러운 말로 표현하기도 한다. 독립심이 생기고 점차 자기정체성이 확립되어 가지만 아직 인내심이 적고 기다리기를 잘하지 못하여 어른의 통제를 받는다. 과제를 의욕적으로 수행하고 성취함으로써 스스로 기쁨을 느끼기도 한다. 창의성이 풍부해지고 자신의 생각에 따라 주도적으로 활동을 시도하기도 한다.

이 시기의 유아는 어둠, 천둥, 개 등에 공포를 느낀다. 유아의 이런 공포에 대해서는 사실적이고 이성적인 설명이 도움이 되지 못하며, 유아가 도움을 필요로 할 때 어른이 옆에 있어 주어 누군가가 도와줄 수 있다는 안정감을 느끼게 하는 것이 정서적 안정에 좋다. 뇌 발달과 학습 능력과의 관련성 연구를 보면, 정서적 안정은 기억 능력과 관련이 있고 이후 학습 능력에 영향을 미친다. 또한 이 시기의 유아는 기초적인 정서표현이 보다 성숙해지고 가정 교육의 영향을 받는다.

4) 사회성 발달을 위한 상호작용

만 4세가 되면 유아는 친구를 사귀고 '친한 친구(best friend)'를 가지기도 하며, 활발한 사회적 관계를 형성한다. 이 시기에 친구와의 관계를 통한 사회경험은 유아의 사회성 발달에 매우 중요하며, 친구는 단순히 놀이 친구의 의미만이 아니라 유아의 사고방식과 행동에 직접적인 영향을 미친다. 경우에 따라서는 부모보다 친구를 더 따르기도 하고, 어떤 특정 친구처럼 되고 싶어 하기도 하며, 친구가 하는 행동을 따라 하려고 부모나 교사가 정한 규칙을 어기기도 한다.

만 4세의 유아는 현실과 가상을 구별할 수 있어 가상놀이가 시작된다. 현실과 가상 세계를 착각하지 않고 오갈 수 있어서 장난감을 가지고 전쟁 게임, 공룡 죽이기 게임 등의 공격적인 놀이를 하기도 한다. 하지만 이것에 대해 너무 공격적인 것은 아닌지 걱정할 필요는 없다.

이 시기에는 자기주장이 강해져서 유아가 지시적으로 보일 때도 있다. 예를 들어, 자기 말을 듣지 않고 어른들끼리만 대화를 나눌 때 "그만 말해." "말하지 마."라고 하거나 친구들과 놀면서 "이리 와."라고 명령하기도 한다. 이 시기의 유아는 사회적인 규칙과 제한을 이해할 수 있으므로 부모나 교사는 유아가 무례한 태도를 보일 경우 상황에 맞게 표현하는 방법을 가르쳐 주는 것이 좋다.

어른에게 무례한 표현을 사용했다면 사실 이것은 모욕을 주려는 의도라기보다는 자신의 화난 감정을 표현하는 것일 수 있다. 따라서 유아의 행동을 부적응 행동으로 판단하고 곧바로 질책하며 상황을 심각하게 만들기보다 상황을 재미있게 전환하는 것도 좋은 방법이다. 예를 들어, 유아가 "선생님은 백설공주에 나오는 마녀 같아."라고 말했을 때, "뭐라고? 선생님한테 그게 무슨 말이니?"라며 화를 내면 부정적인 감정이 확 살아나 "놀았으면 장난감은 치워야지요?"와 같이 다른 방식으로 감정이 이어질 수 있다. 이럴 때에는 "음, 마녀가 간다. 마녀는 예쁜 애를 잡아먹는데, ○○이를 잡아먹을까?"라고 하면서 장난처럼 전환한다면 현명하게 교사와 유아의 화를 진정시킬 수 있다.

5) 사회인지 발달을 위한 상호작용

이 시기의 유아는 사회적 관계를 맺고, 그것에서 생기는 규칙을 이해하고, 그것을 지키기 위해 자신의 감정을 조절하는 능력도 발달하기 때문에 훈육이 가능하다. 이 시기의 유아는 다른 시기에 비해 어른의 입장에서는 말을 안 듣고 어른에게 반항하는 것으로 보이기 쉽다. 유아의 부적응 행동에 대해서는 분명 훈육이 필요하겠지만 부모나 교사는 유아의 행동에 대해 훈육하는 것이라는 점 그리고 이러한 훈육은 유아가 잘 자라기를 바라는 마음에서 한 것임을 전달할 수 있어야 한다.

유아가 혼날 만한 말이나 행동을 했을 때 유아가 단순히 자신이 '나빠서' 혼나는 것이 아니라 어떤 특정한 행동 때문에 혼난다는 것을 이해하도록 해 주어야 한다. "네가 그렇게 하는 건 나빠."라며 감정적인 표현으로 말해 주기보다는 유아가 무엇을 잘못했는지 구체적으로 설명해 주어 행동과 관계를 명백하게 나누어 줄 필요가 있다. 예를 들어, 유아가 어린 동생을 괴롭히면 "너는 나빠, 못됐어!"라고 말하기보다 다른 사람의 기분을 상하게 하는 것은 좋지 않은 행동이라고 설명해 준다.

만약 유아가 팔을 휘두르다 실수로 동생이 맞았고 이것이 남을 괴롭히는 행동처럼 보였다면 오히려 유아를 위로하며 일부러 나쁜 행동을 한 것이 아니었음을 이해한다고 말해 준다. 단순히 겉으로 드러난 결과만 가지고 판단하여 화내지 않도록 한다. 유아는 나름대로 자신의 행동에 대해 자신의 논리를 가지고 있다. 그런데 자신의 의도와는 다르게 벌어진 결과를 보고 질책을 한다면 유아는 부모나 교사가 자신에게 화가 나 있으며 자신을 미워한다고 생각하게 된다.

유아가 잘못된 행동을 했을 때 화를 내거나 고쳐 주려 하기보다 유아가 평소에 아무리 사소한 것이라도 바른 행동을 했을 때 즉각적으로 계속 칭찬해 주는 것이 더 효과적이다. 예를 들어, 일상에서 유아에게 자기의 방을 치우거나 식사 준비(테이블 세팅)를 하는 등의 간단한 의무를 주고, 유아가 그 의무를 잘 해냈을 때 그때마다 칭

찬해 준다. 유아에게 칭찬은 절대 질리지 않는 메뉴이다.

외출하거나 다른 장소에 방문할 때 유아가 바른 행동을 하기를 원한다면 부모는 미리 어떻게 하는 것이 바른 행동인지 부모가 기대하는 바를 설명해 주는 것이 좋다. 부모가 칭찬할 만한 행동 목록을 미리 알려 주는 것도 좋다. 부모는 자녀를 훈계할 때 혼내는 것이 목적이 아니라 유아가 바른 행동을 배우고 그렇게 하도록 가르치는 것이 목적임을 잊지 말아야 한다.

〈반응성 상호작용 TIP〉

가치롭게 반응해 주세요

• 유아의 생물학적인 성향과 기질에 맞추어 반응해 줄 때 유아는 더욱 쉽게 행동할 수 있게 되고 더욱 잘 협력한다. 예를 들면, 조용히 있기를 좋아하는 유아에게는 블록놀이 같은 차분한 놀이를, 신체활동을 좋아하는 유아에게는 놀이터 활동을 하도록 지원해 준다.

• 유아가 부적응적인 행동을 한다면 이러한 행동을 멈추도록 즉각적으로 훈계해야 한다. 그러나 유아가 혼날 만한 말이나 행동을 했을 때 단순히 자신이 '나빠서' 혼나는 것이 아니라 어떤 특정한 행동 때문에 혼난다는 것을 이해하도록 해 주어야 한다. 예를 들어, 유아가 어린 동생을 괴롭히면 "너는 나빠, 못됐어!"라고 말하기보다 무엇을 잘못했는지 구체적으로 설명해 주어 행동과 인성을 명백하게 나누어 준다.

• 자칫 행동의 옳고 그름의 결과만 판단하기보다 관계를 잃지 않는 것이 중요하다. 서로 간의 반응적인 상호작용은 신뢰관계를 형성하여 유아가 자신의 감정을 조절하는 능력을 키우는 데 기본이 되는 요소이다.

| 표 8-5 | 만 4세(48~59개월) 유아의 발달이정표 |

체크	발달항목
	48~59개월
☐	• 5개 이상의 단어로 된 문장으로 말한다.
☐	• 이름과 주소를 말할 수 있다.
☐	• 친구들처럼 되고 싶다는 표현을 한다(예: 여행을 가 본 것, 예쁜 옷을 입은 것, 새로운 물건을 가지고 있는 것 등).
☐	• 숫자를 10까지 셀 수 있다.
☐	• 적어도 4개 이상의 색깔 이름을 알고 말할 수 있다.
☐	• 시간 개념을 이해한다.
☐	• 주어진 규칙에 잘 따른다.
☐	• 스스로 하고자 하는 일이 전보다 많아졌다.
☐	• 자신이 여자인지 남자인지 성을 구분하여 말할 수 있다.

출처: 김정미(2017).

6. 만 5세(60~72개월): 아동의 주도에 따라 상호작용해 주세요

이 시기의 주요 과업은 주도성 발달이다. 만 5세가 되면 자신의 신체에 대한 통제 능력이 더욱 발달하여 운동 능력과 자조 능력이 향상되고 정교한 활동이 가능해진다. 또한 복잡한 대인관계에 대한 이해도 증가하여 친사회적 행동이 나타나며, 학습 능력이 향상되어 새로운 지식을 습득하고, 지각·기억·사고 능력 등이 발달한다.

1) 인지 발달을 위한 상호작용

이 시기의 유아는 두 가지 사물을 비교해서 공통점과 차이점을 알고, 이야기를 듣고 논리적으로 틀린 것을 찾아낼 수 있다. 간단한 표와 그래프를 이해하고, 일상에서 접하는 것에 대해서는 상황과 결과를 추론할 수 있다.

새로운 정보에 관심이 많으며, 사물의 사용 방법 및 문제해결에 관심이 많다. 사물의 속성과 기능의 유사성과 차이점을 이해하고 서로 분류하거나 범주화하는 능력이 발달한다. 사물의 구체적 특성을 인지하고 각각의 인과관계를 지각한다. 아직 보존 개념과 논리적 사고가 불완전하여 대부분 직관적인 생각과 행동으로 사물이나 상황을 인지한다.

2) 의사소통 발달을 위한 상호작용

만 5세경에는 일주일의 요일을 알고, 하루를 시간과 분으로 측정하는 것을 안다. 또 숫자 세기, 크기 비교, 도형의 이름과 같은 개념도 이해할 수 있고, 한글도 익힌다. 발음이 거의 정확해지고 문장을 정확하게 구사한다. 약 2,000개에서 3,000개의 어휘를 이해하고 구사한다. 일상에서 부모 또는 또래와 놀이할 때 수수께끼놀이를 하며, 알고 있는 어휘를 과시하고 많은 단어를 이해하고 있어서 동화책 읽기를 즐겨한다. 자신의 이름과 글자 몇 개를 쓸 수 있다. 상황과 맥락에 맞는 짧은 글쓰기를 할 수 있어서 스스로 초대장을 만들고 일기를 쓸 수 있다.

발음체계와 문법규칙이 숙달되고 사용하는 문장의 형태와 문장 이해력이 성인의 언어 형태에 도달하여 완전한 문장으로 말할 수 있고, 다른 사람과 적절히 의사소통을 할 수 있다. 글자의 이름, 소리, 단어의 변별이 가능하고 말하기에 사용하는 어휘 수에 있어서도 의사소통에 거의 불편이 없다. 쓰기와 읽기의 기본 기술이 습득된다. 풍부한 어휘를 구사하며 때로는 저속한 언어를 사용해 주위를 놀라게 하기도 한다.

3) 정서 발달을 위한 상호작용

이 시기의 유아는 자신의 감정을 자유롭게 표현할 수 있으며 자신감이 증가한다. 또한 상상력이 완전히 발달하여 상상 속 공포감을 보이며 정확한 감정표현을 할 수 있다. 정서의 표현을 행동으로 나타내지 않고 말이나 이미지로 표현하고, 상황에 맞게 부정적 정서를 피하거나 감추기도 한다. 이제 두려움 없이 혼자서 잠자리에 들 수 있다.

4) 사회성 발달을 위한 상호작용

이 시기에는 가정, 또래, 사회 속에서 사회적 제도를 배우며 다른 유아와 상호작용하는 기술이 발달하고, 협동하기, 돕기, 협상하기 등의 사회적 기술과 규칙을 배우며, 상대방의 생각과 견해를 인식하고 도와줄 수 있고, 협동놀이가 증가되어 협동심과 책임감을 갖게 된다. 대인관계가 차츰 확대되어 가며 관계 범위도 사회까지 미치게 되는데, 이로 인해 규칙을 배우고, 공정하고 평등하며 정의로운 행동에도 관심이 많아진다. 규칙이 있는 게임을 친구와 협력해서 할 수 있다.

만 5세가 지나면서 학습 도구로서 놀이 기구의 중요성은 점점 적어지고, 활동은 단순 활동에서 좀 더 지구력 있는 취미활동으로 바뀐다. 호기심이 많고 새로운 시도에 쉽게 흥미를 느끼며, 블록 쌓기, 모으기 등 무언가를 만들어 내고자 하고, 보다 더 생산적인 상황에 몰입한다.

5) 사회인지 발달을 위한 상호작용

이 시기는 취학 전 시기로서 신체운동 발달 외에 인지·사회정서 발달 측면에서도 학교에 갈 준비를 해야 한다. 기초적인 읽기나 쓰기를 할 수 있고, 단순한 셈도 가능해지며, 유치원 등의 경험으로 단체 생활에도 익숙해져 있다면 기본적인 준비는 된 것이다. 인지적 측면만이 아니라 모든 발달 측면에서 취학 준비가 되어 있는지 꼼꼼히 살펴보고 부족한 부분을 보충해 주는 것이 좋다.

만 3~4세의 유아는 자기중심적이어서 남의 물건이라도 자신이 갖고 싶으면 집으로 가져오기도 하는데, 이는 그것이 잘못된 행동이라고 정확히 판단하지 못하기 때문이다. 그러나 만 5세 유아는 다르다. 다른 사람의 물건을 가져오면 안 된다는 것을 알고는 있지만 그 물건을 가지고 싶다는 충동을 억제하지 못했기 때문이다. 이 경우 그 물건을 갖고 싶어 했던 유아의 마음을 이해해 주고 가져온 물건을 어떻게 하면 좋을지 유아와 함께 의논하는 것이 좋다. 그리고 유아 스스로 자신의 행동이 잘못된 것임을 인정하고 가져온 물건을 돌려주도록 유도하는 것이 바람직하다.

간혹 물건을 다른 사람이 주었다고 거짓말을 하는 경우도 있다. 이럴 때에는 유아를 몰아세우기보다는 차분히 질문을 해서 유아 스스로 고백하도록 유도해야 한다. 때로는 유아가 자신이 나쁜 행동을 한 것이라고 생각하지 못하는 경우도 있으므로 왜 그런 행동이 나쁜 것인지도 설명해 주어야 한다. 아무런 설명 없이 야단부터 치면 유아는 자신의 행동에 대해 생각할 기회를 잃게 되고, 이후에도 같은 경우가 생기면 숨기려고만 할 것이다. 그러므로 부모나 교사는 유아가 부모나 교사를 믿고 자신이 한 행동을 솔직하게 말할 수 있도록 대해 주고, 올바른 행동에 대해 차분하게 설명해 주어야 한다.

〈반응성 상호작용 TIP〉

아동의 주도에 따라 상호작용해 주세요

- 일상에서 유아를 지도하면서 교사나 부모는 '안 돼'라는 말이나 '미루기'를 한다. 유아가 다가와 "선생님, 책 읽어 주세요." 하면 "잠깐만, 이거 하고 해 줄게."라고 하면서 유아의 제안을 미룬다. 이는 일종의 거부를 의미하기도 한다.
- 일상에서 교사의 요구에 협력하는 유아를 원한다면 사소한 것에서 자주 긍정의 반응을 해 주어야 한다. 유아가 선택한 것에 대해 긍정적으로 반응해 준다. 유아에게서 '네'라는 긍정의 즉각적 대답을 원한다면, 교사가 먼저 유아의 말에 긍정의 반응을 보여 주어야 한다.

- '그래' '좋아'라는 반응으로 시작해 보자. 예를 들면, 유아가 블록을 가지고 놀면서 "선생님, 이렇게 만드는 거 어때요?"라고 할 때, "자, 봐봐. 이렇게도 할 수 있네?"라고 더 좋은 제안을 주기보다 "그래, 좋은데."와 같이 긍정의 답으로 모델링을 먼저 보여 주면 유아도 교사의 요구에 '네'로 답하는 법을 배우게 된다.

표 8-6 만 5세(60~72개월) 유아의 발달이정표

체크	발달항목
	60~72개월
☐	• 8~10초간 한 발로 서 있다.
☐	• 발을 교대로 바꾸면서 도움 없이 긴 계단을 내려온다.
☐	• 가위질이 능숙해지고 네모를 자른다.
☐	• 종이를 접어 봉투에 넣을 수 있다.
☐	• 사람의 얼굴, 머리, 몸, 팔, 다리를 그린다.
☐	• 10~12개의 색깔을 맞힌다.
☐	• 물건의 상대적인 크기를 잘 이해한다(예: 크고 작은 것을 구분한다).
☐	• 친구들과 이야기를 나누고 수수께끼나 동화를 즐겨 듣는다.
☐	• 읽기 및 쓰기 학습이 가능하다.
☐	• 왼쪽과 오른쪽의 구별이 가능하다.
☐	• 자신의 이름을 쓴다.
☐	• 사회적 행동이 발달되어 집단생활에 적응하는 것을 배워 간다.
☐	• 동정심이 생겨 약한 친구를 보살피기도 한다.
☐	• 한 놀이에 20분 이상 집중한다.

출처: 김정미(2017).

제9장

부적응 행동 지도와 반응적 훈육

교사는 일상적인 교육활동 중에 예측 가능한 일과, 협의된 규칙들 그리고 친절과 서로를 존중하는 태도 등에 대한 행동 지도를 하게 된다. 한편, 일과 중에 벌어지는 문제 상황에 대한 대처는 많은 경우 영유아의 안정감을 해치거나 부정적 방법으로 대처할 수밖에 없다고 생각하기도 한다.

이 장에서는 이러한 도전적 상황들에서 영유아에게 안정감을 주고 긍정적인 방법으로 지도하기 위한 '반응적 훈육' 방법을 소개하고자 한다.

1. 부적응 행동에 대한 관점

1) 행동적 관점

행동적 관점에서는 행동과 그 뒤에 따라오는 자극 간의 연합에 중점을 두며, 여기서 뒤에 따라오는 반응이 그 행동에 영향을 미친다고 본다. 즉, 행동발생 후 뒤따라오는 자극이 즉각적으로 나타났을 때 둘 간의 연합이 일어나 그 행동은 의미를 가지고 발생하게 된다는 것이다. 여기서 연합이 이루어지기 위해서는 자극과 반응 간의 시간적 간격이 중요한데, 교육학에서는 약 0.5초 이내라 할 정도로 자극과 반응 간의 시간적 즉각성을 강조한다. 즉, 자극과 반응 간의 연합, 의미 있는 연결을 만들기 위해서는 그만큼 즉각적으로 자극이 주어져야 한다는 것이다. 따라서 교실에서 영유아의 부적응 행동이 일어났을 때(B), 바로 뒤에 어떠한 반응(C)이 주어졌는지 행동과 반응 간의 연합을 분석하는 것이 필요하다.

행동적 관점에서는 뒤에 주어지는 반응(C) 또는 행동이 발생하는 선행조건(A)을 조작적으로 계획하여 행동을 통제하고자 한다.

2) 반응성 상호작용 교수 관점

영유아가 교실에서 일으키는 부적응 행동들(예: 심한 짜증, 때리거나 찌르기, 비명 지르기, 공격적 행동, 새로운 변화 상황에 대처하지 못하는 것, 던지거나 파괴적인 행동을 하는 것 등)은 정서조절에 필요한 인지, 언어 및 정서 기술이 부족한 경우에 일어나는 경우가 많다. 따라서 반응성 상호작용 교수 관점에서는 영유아가 감정과 요구를 표현하는 능력에 한계가 있기 때문에 이러한 부적응 행동들의 결과가 자신이나 상대 사람을 해치지 않을 것이라는 이해와 경험의 부족으로 인한 사회인지 발달의 미숙함에서 나타나는 것으로 본다(김정미, 2008; Mahoney & Perales, 2021, 출판중). 이러한 부적응 행동의 정도는 영유아의 발달과 성향 등에 따라 개인차가 크다. 그러나 부적응 행동의 발생은 영유아 개인의 발달 면에서나 사회적응 면에서도 바람직하지 않으므로 멈추도록 즉시 훈육해야 할 필요가 있다.

반응적 훈육은 영유아의 인격 형성을 목적으로 하는 교육활동으로서 영유아가 상황에서 요구되는 규칙이나 질서를 배우고, 궁극적으로는 요구를 조절하는 힘을 기르는 것에 초점을 둔다. 따라서 효과적인 훈육이 이루어지기 위해서는 무엇보다 영유아와 신뢰관계가 형성되어 있어야 가능하다고 본다. 반응성 훈육이란 영유아와 신뢰관계를 유지하면서 영유아가 궁극적으로 상황에 맞게 자신의 정서를 조절하고 적합한 대처 능력을 키우는 것을 의미한다.

2. 행동발생의 원리

영유아의 행동이 바람직하게 형성되고 유지되게 하기 위해서는 행동이 만들어지는 메커니즘에 대한 이해가 필요하다. 먼저, 영유아의 행동이 일어나는 전후 상황에 대해 관찰하여 기록하고 관찰 기록된 자료를 기초로 해서 행동을 분석할 수 있다. 이러한 과정은 일반적으로 행동발생과 관련된 상황, 즉 선행자극(Antecedents), 행동

(Behavior) 그리고 그 행동에 수반되는 후속결과(Consequence)를 분석하는 A-B-C
분석을 활용할 수 있다(Baldwin, Fredericks, & Brodsky, 1973).

여기서 선행자극은 행동의 단서를 말하며, 행동은 관찰하고 분석하는 행동 그 자
체로서 때론 수정이 필요한 부적응 행동이 된다. 그리고 후속결과는 목표행동을 증
가, 감소, 혹은 유지하게 하는 자극을 의미한다.

선행자극(A)   **행동(B)**   **후속결과(C)**
사육사가 지시한다   묘기를 부린다   사육사가 과일을 준다

[그림 9-1] 행동이 만들어지는 메커니즘 예시

A-B-C 행동분석의 예

■ 배경 정보

교실에서 늘 친구들과 잦은 다툼을 일으키고 공격적 행동으로 교사를 곤란하게 하는 영유아가
있다. 교사는 때때로 '공격적이고 협조적이지 않다.'라며 괴로움을 호소하기도 한다. 영유아의 행
동을 올바르게 지도하기 위해서는 행동분석을 통해 보다 구체적으로 표현하는 것이 필요하다.

선행자극 (Antecedents)	행동 (Behavior)	후속결과 (Consequence)
자유선택놀이 시간에 A 아동이 블록놀이를 하는데 B라는 친구가 다가와 함께 놀고자 시도함	친구의 얼굴을 때림	선생님이 다가와 사이좋게 놀도록 훈계함. 블록은 먼저 선택한 A 아동이 가지고 놀고, B는 그다음에 가지고 놀도록 지도함

■ 행동 규명

부적응 행동은 '장난감으로 친구의 얼굴을 때리는 행동'으로 규명할 수 있으며, 그러한 상황을
구체적으로 표현하면 항상 일어나는 것이 아니라 특정한 사건이나 상황, 즉 자신이 놀이를 할 때
옆에 친구가 다가오는 상황으로 축약할 수 있다.

■ 행동의 선행자극과 후속결과 분석

교사는 영유아가 친구의 얼굴을 때릴 때마다 그 행동에 대해 따끔하게 혼을 내었지만 그러한 행동이 계속되었다면, 그 이유는 그런 행동은 행동이 일어난 뒤에 즉각적으로 따라오는 결과와 강력하게 연합되는 효과가 있기 때문이다. 즉, 교사는 영유아가 친구에게 해가 되는 행동을 한 것에 대해 지도하고 훈육하였다고 생각하지만, 이 영유아는 자신의 장난감을 다른 영유아와 나누지 않고 자신만이 독점하고 싶고, 또한 여러 영유아가 모여 있는 상황에서 교사가 자신에게 관심을 집중하길 원하는 자신의 목표를 이룬 것이다.

■ 행동의 후속결과 규명

이 영유아가 친구를 때리는 행동에 교사가 모든 영유아를 배제하고 달려와 이 영유아와 단독 시간을 가진 것이 후속결과로 작용함으로써 더욱 강력한 강화 요인으로 영향을 미치게 된 것이다.

3. 반응적 훈육의 이해

부적응 행동에 대한 대처를 통해 교사가 원하는 궁극적인 목적은 영유아의 부적응 행동이 나타나는 횟수를 줄이거나 아니면 제거되어 일상에 잘 적응하는 것이다. 반응적 훈육은 영유아의 성향을 이해하고 인정하는 데서 시작한다. 그리고 1차적으로 영유아와의 관계를 증진시키고 영유아가 스스로 조절하여 적응할 수 있는 능력을 키우는 것을 목표로 한다. 반응적 훈육은 부적응 행동에 초점을 두지만 영유아와의 관계를 해치지 않고 신뢰를 유지하면서 영유아 스스로 외현적 행동에 대처할 수 있도록 자기조절(self-regulation) 능력을 키우는 것이다. 따라서 궁극적으로 영유아가 자신이 했던 것 때문에 교사로부터 훈육을 받았지만, 여전히 평소와 같이 자신이 사랑받고 있다는 인식을 유지하도록 해야 한다(김정미, 2008; Mahoney & MacDonald, 2008).

1) 훈육의 전제

(1) 발달수준에 적합한 기대를 가졌는가

영유아에게 무언가를 하도록 요청할 때 영유아의 조절 범위 내에 있는 행동이나 말로 한정해야 한다. 영유아는 자신의 조절 범위를 넘어서는 행동과 의사소통에 대해서는 반응하기가 어려울 것이다. 영유아에게 주어지는 규칙과 기대가 현재 영유아의 사회정서 기능 수준에서 할 수 있는 것과 부합한다면 영유아가 외현적으로 부적응 행동을 할 가능성은 낮아질 것이다. 예를 들면, 산만한 영유아에게는 주위 환경을 단순하게 정리하여 영유아의 산만성을 부추기지 않도록 할 수 있다.

영유아가 다른 영유아보다 주의집중을 하지 못하고 그 상황에서 부적응 행동을 일으킨다면 먼저 영유아가 수행할 만한 수준의 과제가 주어졌는지, 그 상황이 영유아에게 흥미로운지, 또는 영유아의 현재 상태가 어떠한지를 살피는 것이 우선일 것이다.

훈육을 위한 사전 체크사항

- 영유아와 신뢰관계를 형성하였는가?
- 영유아의 발달수준에 적합한 기대를 가졌는가?
- 영유아의 행동을 관찰하였는가?
- 영유아의 불안 정서를 수용하였는가?
- 영유아의 긍정적 행동에 즉각적으로 피드백을 하였는가?

---

(2) 영유아의 자기조절 능력을 이해하는가

어린 영유아는 자신의 분노를 통제하는 내적 전략이 없기 때문에 본능적으로 자신이 느끼는 방식(예: 울음, 짜증, 물거나 때리기, 물건 부수기 등)대로 반응한다. 영유아가 반드시 어른보다 부정적인 감정을 더 많이 느끼는 것은 아니지만 자신의 정서를 다루는 다른 방법을 잘 모르기 때문에 어른보다 더 많이 울고 더 많이 외현적인 행동을 나타낸다. 영유아는 점차적으로 자신의 정서적 반응에 대처하거나 조절하는 전략을 발달시켜 나가며, 이러한 능력은 대부분 약 8~10세 정도 되어야 잘 다룰 수 있게 된다.

어떤 어른은 영유아가 울음이나 공격적인 행동을 보일 때, 위협이나 처벌을 통해 억압함으로써 영유아의 부정적인 반응을 다루려고 한다. 이것은 경우에 따라서는 일시적으로 효과가 있는 것처럼 보이지만, 사실은 어른에게 느끼는 두려움을 울음이나 외현적 행동으로 드러내는 것을 참는 법을 배운 것이지, 자신을 자극하는 정서에 대처하는 법을 학습한 것이 아니다. 어른이 영유아에게 울거나 외현적으로 표현하지 못하도록 강요하는 것은 영유아가 자신의 감정을 다루는 법을 배우도록 돕는 것이 아니라 영유아의 정서에 대한 증상에만 대처하도록 하는 것이다.

(3) 영유아의 생물학적 성향을 이해하는가

영유아의 행동을 좀 더 효과적으로 조절하기 위한 전략은 영유아가 가장 잘 반응할 수 있는 방식에 맞추어 규칙과 기대를 가지는 것이다. 예를 들면, 영유아가 신체적으로 활동적이라면, 어른은 영유아가 조용하거나 차분한 것보다는 반대로 활동적이길 기대할 때 그리고 일상적인 일과 속에서 신체적인 활동 기회를 줄 때 보다 성공적으로 영유아의 협력을 얻게 될 것이다. 어른이 영유아의 선천적인 성향과 반대되는 방식으로 영유아가 행동하기를 기대한다면 그것은 단지 영유아와 어른 간의 갈등과 긴장을 높일 뿐이다. 이는 영유아가 자신의 행동을 규제하는 전략과 대처기제를 발달시키는 것을 더욱 어렵게 만든다.

영유아의 선천적인 성향에 맞게 조절함으로써 어른은 영유아가 좀 더 쉽게 행동하거나 협력하도록 만들 수 있다. 어른은 영유아가 기질이나 생물학적 성향으로 인한 행동을 하지 못하도록 요구하는 싸움에서 이기지 못한다. 때에 맞추어 어른이 장기적인 목표로서 영유아의 기질과 성향에 맞는 기대를 유지한다면, 영유아는 어른이 자신에게 가지는 행동적 기대에 대부분 순응하는 것을 배우게 될 것이다. 어른은 영유아가 적절하고 일반적인 행동을 하기를 바라는 마음을 포기하지는 않지만, 영유아가 어른이 적합하고 필요하다고 여기는 것에 따라 행동하는 것보다는 영유아에게 스트레스를 주는 상황과 활동을 다루는 법을 배우기 위한 시간과 지원을 해 주는 것이 더 중요하다는 것을 깨달아야 한다.

(4) 영유아의 짜증에 대해 어떻게 반응하는가

영유아는 자신의 정서에 대처하거나 규제할 수 있는 능력 범위를 넘어서는 스트레스나 좌절을 겪게 될 때 공격적으로 변하고 심한 짜증을 내게 된다. 영유아는 자신의 스트레스에 대처하거나 이를 규제하는 데 효과적인 전략을 가지고 있지 않을 때 정서적인 폭발로 반응한다.

거의 모든 영유아가 일상에서 종종 짜증을 내거나 공격성을 드러내지만, 반응의 빈도, 지속 시간, 강도에는 차이가 있다. 반응성 상호작용에서는 영유아의 심한 짜증을 스트레스에 대처하는 능력이 부족한 결과로 본다.

만일 어른이 짜증을 내는 영유아를 혼자 내버려 둔다면 영유아는 정서적으로 지쳐 버리고, 스스로 안정을 찾는 방법을 학습할 중요한 기회를 놓치게 된다. 영유아가 짜증을 낼 때 어른이 달래 주는 반응이 영유아의 울음을 강화하거나 울음이 일어나는 상황을 더 조장하지는 않는다. 오히려 어른이 영유아에게 위안을 줄 때 영유아는 정서적 반응 강도를 점차 줄이고, 스스로 안정을 취하는 법을 배우게 된다. 영유아의 짜증이나 분노에 반응해 주는 것은 영유아가 짜증이나 분노에 대처하고 자기 조절 능력을 발달시키도록 돕는 것이다. 이는 이후에 영유아가 스트레스를 받거나 좌절하는 사건을 겪을 때 정서적으로 덜 혼란스럽게 해 준다.

영유아가 외현적 행동을 나타내는 것에 교사 자신의 감정을 조절하기 힘들 정도로 스트레스를 받는다면 교사는 자신의 감정을 좀 더 효과적으로 조절하기 위해 어떻게 해야 하는지에 대해 생각해 볼 필요가 있다. 때로는 영유아로부터 벗어나 생각할 시간을 가질 수 있도록 다른 사람에게 부탁하고 영유아로부터 잠시 타임아웃하기 위한 계획을 세우는 것도 필요하다. 만일 기관 내 교사들 간에 분담이 가능하다면 서로 간에 지원할 수 있는 방법을 계획하는 것이 필요하다. 교사가 자신의 감정을 더 이상 조절할 수 없을 정도로 스트레스를 받을 때까지 보육을 계속한다면 영유아와의 부정적인 상호작용을 피하기는 어려울 것이다.

(5) 영유아가 말을 듣지 않는 것을 어떻게 이해하는가

영유아는 교사의 요구에 '순종하지 않는 방식'으로 자신의 의도를 전달하기도 한다. 때때로 영유아는 교사의 요구에 쉽게 따르지 않는다. 그러나 말을 안 듣고 교사의 의사에 반하여 투정을 하는 것에는 다 이유가 있다. 그 이유는, ① 자신에게 하도록 요구하는 것이 너무 어려운 것이거나, ② 영유아에게 별 흥미가 없는 것이기 때문이다. 교사는 영유아와 지속적으로 상호작용을 유지하기 위해서 먼저 영유아가 순종하는 않는 것에 대해 영유아가 할 수 있는 것을 요구했는지 살펴볼 필요가 있다. 그리고 영유아가 순종하지 않는 것은 여러 사항 중 그렇게 하지 않기로 선택한 것임을 이해해야 한다.

교사가 영유아의 제한 능력과 희망사항을 알고 이에 반응해 줄수록 더욱 성공적으로 영유아의 자발적인 협력을 이끌 수 있다.

(6) 영유아가 불안해하는 것을 받아들이는가

어린 영유아는 어른에게는 공포스럽게 보이지 않는 사람, 장소, 빛, 소리 등에 대해 두려움을 나타낸다. 영유아가 느끼는 두려움은 다른 사람과 사건에 대한 이해가 제한되어 있기 때문에 나타나는 것이다. 사람, 장소, 감각에 대한 영유아의 이해는 지속적으로 변화한다. 예를 들면, 낯선 사람에 대한 두려움은 보통 영유아가 어른을 지지해 주고 보호해 주는 유일한 대상으로 여기기 시작하는 때인, 대략 생후 8~12개월 사이에 나타나기 시작한다. 어른은 일반적으로 영유아가 공포에 대처할 수 있도록 안정을 주는 방식으로 "괜찮아." "이건 해치지 않아."라고 말하며 위안을 준다. 하지만 심리적 불안감은 스스로 안전하다는 믿음이 형성되는 것이 1차적이다. 따라서 영유아가 느끼는 불안감을 낮춰 주는 방식이 필요하다.

영유아가 어떤 특정 장소 또는 대상에 대해 불안을 느끼고 무서워할 때 교사는 영유아의 두려움을 함께 받아들이고 반응해 준다. 예를 들면, 영유아가 강아지를 보고 "무서워."라고 표현한다면, 교사는 영유아와 똑같이 "무서워~."라고 반응해 주거나 또는 "선생님이 가려 줄게~."라고 반응해 주며 영유아가 두려워하는 대상을 그대로 인정해 준다.

이러한 과정에서 영유아는 자신의 행동을 수용받는 것에 대해 이상한 것이 아니라는 생각을 가지며 스스로 안정을 찾을 수 있게 된다. 때때로 영유아가 두려워하는 특정 장소 또는 대상을 알고 있다면, 그러한 사건에 부딪혔을 때 먼저 "이거 무섭지."라고 하여 미리 그 두려움의 대상에 직면할 것을 알려 줌으로써 영유아가 스스로 앞으로 일어날 일을 예기하도록 해 준다. 이때 교사는 영유아가 두려워하는 것에는 이유가 있음을 이해해야 한다. 그리고 어른의 입장에서 그것이 별것 아니라는 태도보다는 영유아의 입장에서 그대로 이해하고, 영유아가 그 대상을 왜 두려워하는지에 대해 대화하거나 관찰을 통해 이해하도록 한다.

(7) 영유아의 짜증스러운 울음이나 요구를 어떻게 받아들이는가

영유아는 때때로 자신의 요구를 표현하는 방식으로 울거나 찡찡거리며 반응한다. 이에 대해 어른은 부적응 행동의 표현이라고 간주하기도 하고, 행동적 관점에서는 이러한 행동에 대해 애정적으로 반응해 주는 것은 부적응 행동을 더 부추기는 결과를 가져온다고 주장한다. 그래서 영유아가 이러한 요구를 하면 무시하거나 때론 협박을 하며 제지하려 한다. 그러나 반응적 교수 관점에서는 이러한 영유아의 요구 표현이 부적응적인 표현 방식이라 할지라도 초기에는 즉시 애정적으로 반응(예: 스킨십, 부드러운 목소리)해 주도록 한다. 영유아의 울음이나 찡찡거리는 행동은 어른의 관심을 얻기 위한 영유아의 노력이며, 이에 대해 어떻게 반응해 주는가가 영유아가 스스로 사랑받고 있고 편안하다는 정서적 안정을 가지는 데 중요한 사건이 된다.

영유아가 갖는 안정감은 영유아가 필요한 때에 어른이 영유아에게 안정을 주고 영유아를 잡아 줄 것이라는 확신에서부터 생겨난다. 영유아가 관심을 끌기 위해 하는 요구에 반응한다고 해서 영유아가 버릇없어지는 것이 아니다. 오히려 그것은 영유아에게 사랑과 애정을 확인시켜 주고, 영유아가 스스로 자신의 감정을 통제하고 불안해

하는 요소에 대해 효과적으로 대처하는 방법을 배울 수 있도록 해 준다.

영유아가 관심을 끌기 위한 방식으로 나타내는 부정적인 울음이나 그 외의 표현은 영유아의 발달수준에 따라 영향을 받는다. 생후 첫 2년 동안 교사는 영유아의 요구에 가능한 한 즉시 주의를 두며 반응해 주어야 한다. 이후 시기에는 어른의 대처 기술이 더욱 좋아짐에 따라 점차적으로 좀 더 오랜 시간 동안 영유아의 반응을 지연하며 스스로 조절하는 능력을 키워 간다. 이렇게 반응을 지연할 때 가능한 한 즉시 영유아의 요구를 처리해 줄 것임을 영유아가 알게 해 주어야 한다.

영유아가 관심을 끌려고 하는 요구를 무시하지 말아야 한다. 영유아가 어른에게 관심을 받고 싶어 하는 것은 지극히 정상적이다. 영유아는 어른이 주는 관심을 통해 사회정서 능력을 더더욱 성숙하게 발전시켜 나간다. 영유아를 안아 주고, 말로 달래 주고, 부드럽게 토닥여 주면서 진정시킬 때와 강압적으로 저지했을 때의 차이를 비교해 보는 것도 도움이 된다.

2) 훈육의 기준

반응적 훈육은 영유아의 흥미와 관심에 1차적 초점을 두지만 그렇다고 해서 이것이 영유아의 모든 것을 허용하는 것으로 인식되어서는 안 된다. 반응적 훈육은 먼저 영유아중심적인 상호작용을 하지만 영유아의 행동에 대한 즉각적 훈육의 기준은 다음과 같다.

(1) 영유아의 현재 행동이 영유아의 안전 또는 안정을 해치는가

영유아가 날카로운 물건을 가지고 장난하는 것을 따라 하며 상호작용을 하지는 않는다.

아직 소근육이 발달하지 않은 영유아가 날카로운 물건을 사용하는 것은 위험한 일이다. 또는 흔들거리는 책상 위에 올라간다거나 딱딱한 물건을 사람에게 던지는 행동 등은 안전을 해치는 일이므로 제지해야 한다. 그렇다면 볼풀장에서 볼풀 공을 던지고 노는 행동은 어떠한가? 지금 던지는 행동이 이후 영유아에게 뭐든 던지는 행동으로 이어질 것이라고 생각하며 활동을 제지하는 것은 바람직하지 않다. 안전상 문제가 없는 놀이라면 그대로 인정해 주어야 한다. 영유아는 자신이 하는 행동이 그대로 받아들여질 때 상대가 자신을 존중한다고 느끼고, 그렇게 반응해 주는 상대에게 신뢰를 느끼기 때문이다.

(2) 영유아의 행동이 가정 및 사회의 규범을 벗어나는가

영유아가 행동하는 중에 장난으로 엄마의 뺨을 때리거나 밖에서 다른 사람에게 침을 뱉는다면 이것을 그대로 따라 하며 상호작용을 하지 않는다.

가정이나 사회에서는 반드시 지켜야 할 규칙이나 규범이 있다. 수업 중에도 지켜야 할 규칙이 있다. 화가 난다고 교사를 때리거나 교사에게 물건을 던지는 등의 행동은 바람직하지 않은 행동이다. 원인에 따라 다르겠지만, 다른 사람을 존중해야 한다는 기본 규칙에 어긋나는 행동에는 단호하게 반응해 줄 필요가 있다. 약 만 3세가 되면서 유아는 사회적 관계성을 인식하고 자신이 사회 안에서 지켜야 할 규칙을 하나씩 배워 가며 사회적 인간으로서 성장해 간다.

(3) 영유아의 발달수준에 적합한 수행인가

생후 18개월의 영아가 1,000ml 우유팩을 들고 스스로 컵에 따르려다가 엎질러서 엄마를 화나게 했다면 이것은 잘못된 행동인가? 이는 영아의 발달수준에서 볼 때 잘못한 수행이라기보다는 능력 부족이다. 따라서 능력 부족으로 인한 것을 잘못한 것으로 혼내는 것은 적합하지 않다.

또한 만 1세 된 영아가 손에 쥔 물건을 던지는 것은 부적응 행동이 아니다. 만 1세 된 영아가 물건을 던지는 것은 물건을 흔드는 발달적 행동의 하나이며 공격적 의미는 없기 때문이다. 만일 "던지면 안 돼요. 살살 가지고 놀아야지요."라고

말하며 제지한다면 영아는 상대가 자신의 놀이를 방해한다고 이해할 것이다. 그러나 만 5세 된 유아가 자신의 화난 마음을 표출하거나 상대를 공격하기 위해 물건을 던진다면 이는 제지되어야 할 행동이다.

　이처럼 영유아의 발달수준에 따라 행동에 대한 판단 기준이 달라져야 한다. 부적응 행동이 영유아의 발달에 비추어 허용 가능한 행동인지 아닌지를 생각해 볼 필요가 있다.

훈육을 해야 하는 기준

- 현재 행동이 영유아의 안전 또는 안정을 해치는가?
- 가정 및 사회의 규범에 벗어나는 행동인가?
- 현재 영유아의 발달수준에 적합한 행동인가?

---

3) 반응적 훈육 방법

(1) 훈육이 필요한 행동 범위를 정한다

　모든 경우에 있어서 영유아를 위해 설정한 제한은 영유아의 현재 발달수준을 고려하여 그에 합당하게 정해야 한다. 여기서 훈육을 위한 행동 범위는 영유아의 안전과 건강(즉, 어른의 돌봄 없이 멀리 달아나는 것, 뜨거운 불에 손을 대는 것)을 위해 필수적이거나 가족 또는 사회의 중심 가치(예: 고의로 어른을 때리는 것)를 유지하는 데 중요한 것으로 한계를 설정한다.

(2) 영유아 특성에 적합한 환경을 조성한다

　영유아는 각기 다른 기질 또는 성향을 가진다. 교사의 제안에 잘 순응하기도 하지만 때론 그렇지 못하기도 하다. 따라서 교사는 영유아의 각기 다양한 특성을 이해하고 적합한 환경을 먼저 조성하여야 한다. 만일 '산만한 영유아'가 있다면 단순히 주어진 과제를 수행하지 못한다고 판단하기 전에 주위 환경을 단순하게 정리하고 과제

수행 시간을 짧게 제시해야 할 것이다. 예컨대, 30분 동안 수행하기를 기대한다면 10분씩 나누어 수행하도록 제한을 두어 과제에 참여할 가능성을 높여 주는 것이다. 또한 '편식, 특히 당근을 싫어하는 영유아'가 있다면 당근을 가지고 실갱이를 하기보다 당근을 대체할 다른 것을 제안해 보도록 한다.

(3) 영유아가 규칙이나 제한을 위반한 경우 즉각적으로 훈육한다

교사는 나중에 혼내겠다고 훈육을 미루거나 위협하지 않는다. 그리고 훈육은 영유아가 훈육을 받았다는 것을 인식할 수 있을 만큼 엄하게 해야 하지만, 그렇다고 신체적으로 또는 심리적으로 해를 입을 만큼 심하게 해서는 안 된다.

(4) 훈육으로 인하여 영유아와의 관계를 손상시키지 않는다

훈육은 영유아가 신뢰하고 애착을 가지는 사람이 실행할 때 효과적이다. 반응성 상호작용에서는 영유아를 훈육한 후에 바로 사랑과 애정으로 위로하고 다시 용기를 주어, 훈육한 것이 영유아에게 자신을 미워해서가 아니라 영유아가 했던 행동 때문이었다는 것을 인식하도록 해 주어야 한다.

4) 반응적 훈육을 위한 반응성 상호작용 교수 전략

반응성 상호작용 교수 전략	반응성 상호작용
발달수준에 적합한 기대 가지기	• 발달문제가 있거나 또는 어린 영유아에게 현재 발달수준이 아닌 나이(또래) 수준에 맞추어 수행하도록 요구하고 기대하고 있는 것은 아닌지 생각해 본다. • 일상 중에 영유아가 하는 행동을 발달적으로 해석해 보고 의미 있게 여겨 준다.
아동의 행동 관찰하기	• 영유아의 행동에는 다 이유가 있다. 영유아가 짜증을 내거나 화를 낸다면, 우선 영유아가 한 행동과 왜 그렇게 했을지의 관계를 생각해 본다. • 영유아가 다양한 상황에서 나타내는 미세한 표시와 소리를 주의 깊게 살피고 경청해 준다.

아동의 신호, 울음 또는 비언어적인 요구에 즉시 반응하기	• 말 이전 단계에서 영유아가 자신의 요구를 알리기 위해 사용하는 울음 또는 비언어적 단서에 즉각적으로 반응해 준다. • 영유아의 비언어적 신호와 울음에 즉각적으로 반응한다.
아동의 불안 정서 수용하기	• 영유아는 그리 무섭게 보이지 않는 사람, 장소, 소리 등에 두려움을 나타내기도 한다. 영유아가 어떤 상황에서 갑자기 짜증, 거부를 나타낼 때 안정하도록 강요하기보다 현재 영유아가 느끼는 감정을 공감해 준다. • 영유아가 느끼는 두려움은 사람과 사건에 대한 이해가 부족하기 때문이라고 여기며, 영유아가 공포에 대처할 수 있도록 안정시켜 주고 지지해 준다.
일상적인 일을 즐거운 놀이로 전환하기	• 옷 입히기, 밥 먹이기, 목욕시키기, 잠재우기 등과 같은 영유아를 돌보는 평상시 일과를 놀이처럼 바꾸어 본다. • 놀이의 즐거움은 영유아를 더욱 협력적으로 만들어 주고, 활동에 대한 즐거움을 촉진해 준다. • 영유아와 함께 노래 또는 게임을 하면서 평상시 일과를 놀이적으로 만들어 본다.
소란스럽거나 짜증 내고 화낼 때 달래 주기	• 영유아가 소란스럽거나 짜증을 부려 화낼 때 영유아의 입장에서 이해하려고 노력한다. • 영유아가 자신의 감정에 대해 효과적으로 대처하는 법을 배우려면 생애 초기에 부모가 주는 안정과 애정이 중요하다. • 영유아가 소란스럽거나 화를 낼 때 안아 주거나 부드럽게 토닥이면서 신체적으로 진정시키고, 말로 달래 준다.
어른의 요구에 불응하는 것을 아동의 선택이나 능력 부족으로 해석하기	• 영유아가 어른의 요구에 따르지 않는 이유는 어른이 자신에게 하도록 요구하는 것이 너무 어렵거나 흥미가 없기 때문이다. • 영유아가 순종하지 않는 것을 인정해 줌으로써 영유아와의 상호작용을 유지하도록 한다. • 영유아가 순종하지 않는 것을 영유아의 선택으로 인정해 주는 것이 불순종하는 것을 가르치는 것이 아님을 이해한다. • 교사가 영유아의 제한 능력과 희망사항을 알고 반응해 줄수록 더욱 성공적으로 영유아의 자발적인 협력을 이끌어 낼 수 있다.
즉시 훈계하고 위로하기	• 영유아가 부적응 행동을 하고 있는 그 순간 또는 직후에 즉시 훈계한다. 그리고 훈계한 후 몇 분간 영유아를 진정시켜 준다. • 영유아에게 자신의 행동 때문에 훈계를 받았지만 교사가 여전히 자신을 사랑하고 있다는 것을 알도록 한다. • 훈계는 영유아의 주의를 집중시키고, 잘못하고 있다는 것을 알게 할 만큼 충분히 강력해야 한다. 단, 신체적으로 상처를 주거나 해치면서 훈계를 해서는 안 된다.

출처: Mahoney & MacDonald (2008).

4. 반응적 훈육 방법: 자기조절력 키우기

영유아의 상황에 맞지 않는 부적응 행동에 대해서는 즉각적으로 훈육해야 한다. 훈육은 영유아의 바람직하지 않거나 해로운 행동에 대해 일어나는 자연스럽고 즉각적인 결과로 생각한다. 따라서 영유아를 훈육하기 위하여 어떤 전략(예: 날카롭게 꾸짖기, 저지하기)을 사용하였는지에 상관없이 훈육은 영유아의 주의를 모으고 잘못하고 있다는 것을 알게 할 만큼 충분히 강력해야 한다. 단, 영유아에게 신체적으로 상처를 주거나 해치면서 훈육을 해서는 결코 안 된다.

영유아는 열 번 잘해 주다가 한 번만 "안 돼."라고 말해도 자신의 행동을 저지당했다고 느끼고, 때론 수용해 주지 않았다는 이유만으로 서운해한다. 그러나 안전이나 안정을 해치는 행동, 가정이나 사회의 규범에 어긋나는 행동, 발달수준에 적합하지 않은 행동을 할 경우에는 즉각적으로 훈육을 해야 한다. 하지만 처음부터 행동에 대해 훈육을 하기보다는 왜 그 행동이 잘못되었는지 설명해 주고, 대안적 행동을 알려 주어야 한다. 그리고 서로의 합의를 통해 어떻게 행동해야 하는지에 대한 규칙을 정하고 영유아 스스로 규칙을 지킬 수 있도록 해야 영유아가 내적 동기를 키워 스스로

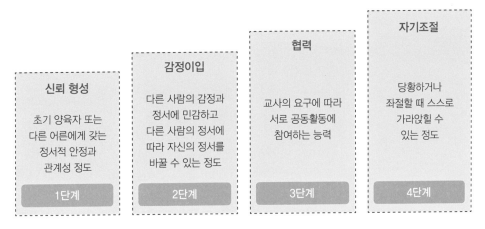

[그림 9-2] 자기조절 능력 발달과정

출처: Mahoney & MacDonald (2008).

해도 되는 일과 안 되는 일을 구분하고 어떻게 행동해야 할지를 알게 된다. 이것이 바로 자기조절 능력이다. 부적응 행동의 궁극적인 지도를 위해 영유아의 자기조절 능력을 키우는 반응적 훈육 방법 및 절차는 다음과 같다.

1) 영유아와 신뢰관계를 형성한다

신뢰는 긍정적 관계와 학습의 기본적인 요소이다. 영유아가 교사를 신뢰할 때 영유아는 자신의 감정이나 일에 대해 교사에게 알리는 것을 편안하게 생각한다. 그리고 궁극적으로 상대의 입장에서 생각하는 감정이입을 발달시키고 안정된 정서를 유지한다.

영유아는 어른의 행동과 말을 통해 신뢰를 학습한다. 교사는 영유아가 자신에게 관심을 가져 달라는 신호를 인식하고, 작은 행동에도 반응해 줄 때 교사를 신뢰할 수 있게 된다. 영유아를 주의 깊게 관찰하고 교사가 보거나 들은 것에 대해 영유아에게 즉각적으로 반응해 준다. 때로는 미소 짓기와 같은 비언어적 표현이 될 수도 있고, 때로는 직접적으로 "~했어."와 같은 언어적 반영일 수 있다.

교사가 영유아가 현재 하는 것에 대해 부정(예: "아니야." "잘못되었는데?" 등)하거나 새로운 것으로 변화시켜 주어(예: "이렇게 하는 것이 더 좋겠다." "이렇게 해 보는 게 어때?" 등) 확장하는 것은 영유아와의 관계 형성을 방해한다. 따라서 영유아의 성공적인 학습 수행과 확장을 위해서는 신뢰로운 관계 형성과 유지가 선행되어야 한다.

2) 교사가 먼저 긍정적 반응의 모델링이 된다

교사는 평소 영유아가 다른 사람에게 대하기를 원하는 태도로 영유아를 대해야 한다. 영유아는 자신을 돌보고 교육을 해 주는 교사를 바라보며 같은 모습을 가지려고 한다. 교사가 영유아에게 긍정적이고 협력적인 모습을 모델링해 줄 때 영유아는 교사가 보여 준 방식대로 다른 사람과 상호작용하려고 노력한다. 예컨대, 영유아가 교사의 제안에 "네, 그래요."라는 긍정적 반응을 원한다면 교사는 일상에서 자주 "좋아, 그게 좋겠다."와 같은 긍정적 메시지의 모델링이 되어야 한다. 교사가 일상에서 "아니야." "그렇게 하지 마." "지금은 안 돼."와 같은 부정적 표현을 모델링하면서 영유아가 긍정적 표현을 학습하기를 기대할 수는 없다.

3) 영유아의 부정적 감정의 이유를 이해한다

영유아의 분노발작, 물기, 때리기 등과 같은 과도한 행동은 부정적 감정표현을 동반한다. 교사 또한 이러한 상황에서는 자신의 감정이 부정적으로 강하게 표현될 수 있다. 영유아가 이와 같은 과격한 행동을 보일 때 '부정적 행동'에만 초점을 두기보다는 그런 행동을 하게 된 이유와 상황을 이해할 필요가 있다.

먼저, 영유아에 대한 발달적 이해가 필요하다. 만일 영유아가 현재 만 4세이지만 언어 능력과 사회적응 수준은 16개월이라면, 이 유아를 만 4세의 수준으로 보아 상대의 감정을 이해하고 사회관계를 형성하기 위한 규칙 따르기를 할 수 있는 것으로 이해해서는 안 된다. 왜냐하면 이 유아의 현재 기능 수준은 16개월이며, 16개월이라는 발달적 수행 수준은 자신의 의미를 언어로 표현할 수 없고, 관계성보다는 자신의 요구를 우선시하기 때문이다. 따라서 영유아의 행동은 현재 영유아 수준에서 할 수 있는 자신만의 표현 방법일 수 있다.

교사가 영유아와 긍정적인 관계를 형성하고 지속적으로 반응하기 전략으로 상호작용을 하였다면 영유아는 이러한 상황에서 좀 더 긍정적인 방법으로 대처할 수 있도록 스스로 감정을 조절하는 방법을 키우게 된다.

4) 부적응 행동에 대해 한계 설정을 한다

반응성 상호작용은 영유아중심적이지만 그렇다고 영유아의 요구, 영유아가 현재 하는 행동에 대해 무조건 허용하는 것은 아니다. 반응적인 교사는 영유아의 현재 발

달수준을 이해하고 영유아가 할 수 있는 능력 범위의 한계를 설정한다. 그리고 이러한 분명하고 명확한 한계선 안에서 영유아에게 선택할 기회를 줄 때 영유아는 편안함을 느끼게 된다. 영유아는 아직 어리고, 세상의 경험과 논리적 사고를 조합할 능력이 부족하다. 따라서 영유아에게 선택할 기회를 준다는 것은 광범위한 범위에서 '네 마음대로 해라.'가 아님을 명심해야 한다.

교사가 영유아의 발달수준에 적합한 한계를 설정해 줄 때 영유아는 교사에 대한 믿음을 키우며 신뢰관계를 형성한다. 그리고 자신의 수행과 결과 간에 인과관계성이 명확하기 때문에 다음에 이와 같은 상황에서 같은 결과를 예측할 수 있다. 이것은 영유아가 안정감과 유능감을 키우도록 해 준다.

5) 규칙을 함께 정하고 주지시킨다

영유아가 지켜야 할 규칙이나 행동을 미리 정해 영유아와 합의를 한다. 예를 들어, 수업 중에 짜증이 나서 물건을 던지는 영유아의 경우 화가 나면 교사에게 "선생님, 저 이건 재미없어요."라고 말하기로 약속한다. 그리고 수업 전에 "오늘 재미있게 수업해 봐요! 그런데 수업에서 정말 하기 어려운 것이 있으면 물건을 던지지 말고 선생님께 말해 주세요." "화가 나는 일이 있으면 화났다고 말해 주세요."라고 영유아에게 말하고 시작한다. 이때 지켜야 할 규칙을 말로 나눌 때에는 영유아와 눈을 맞추고 서로 말한 것을 주지하는지 확인해야 진정한 의미에서 서로 합의한 것이 된다.

6) 부적절한 행동은 무시한다

영유아가 수업을 하기 싫다고 연필로 교사의 손등을 때렸다면 이것은 바람직한 행동이 아니다. 이때 친절한 목소리로 "그러면 나쁜 사람이에요. 착한 사람은 어떻게 해야 돼요?"라고 설명할 필요는 없다. 그렇다고 훈육을 하며 수업 분위기를 해치는 것도 짧은 시간에 하기는 어려운 일이다. 이 경우에 교사는 어떤 반응도 피드백이 되지 않도록 아무 말 없이 단호한 얼굴로 그 상황을 가능한 한 무시하는 것이 좋다. 만일 영유아가 수업 중에 누워 버렸다면 놀이처럼 전환하는 것도 좋다. "일어나세요. 그러면 안 돼요."라고 훈육하기보다는 간지럼을 태우며 영유아의 행동을 자연스럽게 놀이로 전환할 수 있다. 반드시 훈육해야 하는 상황이 아니라면[1] 무시하거나 놀이로 전환하는 것이 더 바람직하다.

7) 훈육은 단호한 태도로 즉시 한다

영유아가 부적응 행동을 했을 때에는 그 순간 또는 직후에 바로 훈육하는 것이 효과적이다. 부적응 행동으로 교사도 화가 났다는 것을 단호한 표정이나 태도로 알린 후 그 행동이 잘못된 것임을 영유아가 명확히 알 수 있도록 해야 한다. 때로는 영유아가 지나치게 흥분되어 있다면 자신의 감정을 가라앉힐 수 있도록 손을 잡는 등의 신체적 제재를 가하기도 한다. 그러나 훈육을 한 후에는 자신이 잘못해서 훈육을 받았지만 교사가 여전히 자신을 사랑하고 있다는 것을 알 수 있도록 영유아를 안아 주거나 보듬어 주어 위로해 주어야 한다. 반응적 훈육에서 부적응 행동은 영유아의 학습 성취를 위해 수정되어야 하지만 영유아와의 관계를 해치지 않고 신뢰를 유지하면서 자기조절력을 키워 나가는 것을 중요시하기 때문이다.

8) 부정적 행동보다 먼저 긍정적 행동에 반응한다

벌이든 보상이든 일시적 효과가 있을 뿐 자발성에 근거하지 않으면 바람직한 행동

---

1) 이 장의 3절에 나온 '2) 훈육의 기준'을 참조할 것.

을 습관화하지는 못한다. 따라서 영유아의 바람직한 행동에 먼저 긍정적 반응을 하는 것이 중요하다. 긍정적 표현의 대표적인 칭찬을 표현할 때에도 기술이 필요하다.

　영유아가 무언가 활동을 하는 중간에 영유아에게 잘하고 있다는 격려의 신호를 보내면 영유아는 과제를 끝까지 수행할 것이다. 이때 영유아는 성공에만 목표를 두는 것이 아니라 실패를 두려워하지 않고 도전 자체를 즐기는 영유아로 성장할 것이며 영유아의 자신감도 높아질 것이다. 예를 들어, 퍼즐을 맞추는 도중에 영유아와 눈이 마주치면 아무 말 없이 미소를 지어 준다. 영유아가 퍼즐을 맞출 때 "이번엔 동그라미를 다 맞췄구나." 등과 같이 그저 영유아의 활동을 옆에서 지켜보며 있는 그대로 기술해 주는 것만으로도 영유아는 교사가 자신의 활동에 관심을 가지고 있고 지지하고 있다고 인식하여 끝까지 과제를 실행하려고 노력할 것이다.

효율적인 칭찬 방법

- **칭찬의 내용은 구체적으로 기술해 준다.**

　칭찬할 때는 "좋아!" "멋져!" 등과 같이 추상적으로 칭찬하기보다는 "인사를 참 잘하네!" "선생님을 도와줘서 고마워!" 등과 같이 구체적 내용으로 표현해 주는 것이 좋다. 무엇을 잘해서 칭찬을 받는 것인지 인과적 사실을 구체적으로 묘사해 줄 때 영유아는 그것을 사실로서 진심으로 받아들인다.

- **평소의 말투와 구별되게 표현한다.**

　칭찬받는 사람이 인식할 수 있도록 표현해 준다. 평소 말투보다 조금 더 활기 있게 표현할 때 영유아는 더 잘 인식한다.

- **결과보다는 과정을 격려한다.**

　성취한 결과에 대해 칭찬한다면 이것은 평가의 의미로 인식될 것이다. 따라서 성취에 대해 "잘했어."라고 판단하기보다는 하고 있는 사항에 대한 기술로서 "여기에 별을 그려 주었네." "이런 방법도 있었구나." 등과 같이 과정을 격려하는 것이 좋다.

참고문헌

경기도교육청(2017). 놀이2017-놀이로 유아교육 본질 찾기.

경기도교육청(2019). 놀이2019-놀이로 유아의 삶을 담다.

고윤지, 김명순(2013). 유아의 놀이성, 놀이주도성 및 의사소통 능력 수준에 따른 놀이 행동. 아동학회, 34(1), 175-189.

곽금주(2016). 발달심리학: 아동기를 중심으로. 서울: 학지사.

곽금주, 김민화, 한은주(2004). 영아-어머니의 상호작용 방식과 영아기 사회적 의사소통 능력. 아동학회지, 25(5), 111-128.

곽금주, 김연수(2014). 영아발달. 서울: 학지사.

곽향림(2009). 구성주의 관점에서 본 자유선택활동시간에서의 교사-유아 간 상호작용의 의미와 특성. 열린 유아교육연구, 14(6), 59-82.

곽향림(2015). 구성주의 유아교육 교수학습법. 경기: 공동체.

교육부(2019). 2019년 누리과정 개정안.

길현주, 김수영(2014). 교사의 수용적, 반응적 태도 및 언어적 상호작용이 유아의 사회적 유능감에 미치는 영향. 아동교육, 23(2), 39-52.

김영희(2002). 유아교육과정. 서울: 동문사.

김유미(2009). 뇌를 알면 아이가 보인다: 행복한 육아를 위한 우리 아이 두뇌 들여다보기. 서울: 해나무.

김정미(2004). 어머니의 반응적 상호작용 특성이 발달장애 아동의 포괄적 발달행동에 미치는 긍정적 효과. 한국심리학회지: 발달, 17(3), 25-41.

김정미(2008). 반응성 교수(RT) 중재가 장애영유아 발달에 미치는 영향. 한국특수교육학회 추계 학술대회 자료집, 203-215.

김정미(2009). 영유아 모-아 상호작용과 중심축 발달행동과의 관계분석. 유아특수교육연구, 9(4), 143-162.

김정미(2014). 영유아 발달 진단 및 중재를 위한 반응성 상호작용(RT) 중심 프로그램 적용. 유아특수교육연구, 14(4), 173-194.

김정미(2015). 영유아 교사 효능감 검사 도구 개발 및 타당화. 유아교육연구, 35(4), 55-72.

김정미(2017). 아이의 잠재력을 이끄는 반응육아법. 서울: 한솔수북.

김정미(2019). 영유아 대상 아동 상호작용 검사(CIBT)도구 개발 및 타당화 연구. 유아특수교육연구, 19(1), 245-264.

김정미, 신희선(2013). KCDR-R 영유아 발달선별검사. 서울: 인싸이트.

김정미, 이현숙(2016). 영유아 교사 상호작용행동 검사(IBST)의 타당화 연구. 유아특수교육연구, 16(2), 201-220.

김정미, 임미선(2017). 반응성 교수(RT) 교사 교육 프로그램이 교사 효능감과 교사-장애유아 상호작용에 미치는 영향. 유아특수교육연구, 17(4), 245-275.

김정미, 임희선(2014). 부모 상호작용행동 검사(IBSP)와 아동 상호작용행동 검사(IBSC)의 개발 및 타당화 연구. 유아교육연구, 34(4), 441-464.

김정미, 정빛나(2016). 영유아 교사의 반응성 상호작용 증진 교육프로그램 개발 및 적용효과. 유아교육연구, 36(3), 151-170.

노안영, 강영신(2003). 성격심리학. 서울: 학지사.

도례미, 조수철, 김붕년, 신민섭(2010). 아동기 실행기능 발달. 한국심리치료학회지, 2(2), 1-12.

문혁준, 김정희, 안선희, 양성은, 임연진, 한세영(2010). 아동발달. 서울: 창지사.

박성연, 서소정, Bornstein, M. (2005). 어머니-영아 간의 상호작용방식이 영아발달에 미치는 영향. 아동학회지, 26(5), 15-30.

방명애, 박현옥, 김은경, 이효정(2018). 자폐성 장애학생 교육. 서울: 학지사.

보건복지부(2017). 2017 어린이집 평가인증 안내(장애아 전문어린이집).

보건복지부, 한국보육진흥원(2019). 2019 어린이집 평가 매뉴얼.

송영선(2015). 교사의 반응성 상호작용에 따른 영아의 사회·인지 놀이 행동. 중앙대학교 사회개발대학원 석사학위논문.

신명희, 서은희, 송수지, 김은경, 원영실, 노원경, 김정민, 강소연, 임호용(2013). 발달심리학. 서울: 학지사.

심성경, 김경의, 이효숙, 변길희, 박유미, 박주희(2010). 아동발달. 서울: 학지사.

양심영, 이옥임(2011). 영아-교사 상호작용 증진 교사교육 프로그램의 적용과정에서 나타나는 영아교사의 인식 탐색. 한국영유아보육학, 67(67), 43-66.

엄미리(2013). 반응성 교수 전략에 대한 교사 훈련이 교사 주도행동과 발달지체 유아의 중심축 행동에 미치는 영향. 한국성서대학교 대학원 석사학위논문.

유미숙, 박영애, 유가효, 방은령, 장현숙, 전혜숙(2014). 놀이와 아동발달. 서울: 시그마프레스.

육아정책연구소(2018). 육아정책연구소 해외육아정책동향 2018년 3월 15일 기사.

이경진, 이유진(2017). 보육교사의 반응성 상호작용 전략 적용을 통한 영아의 중심축 행동 발달. 한국보육학회지, 17(1), 1-28.

이기숙, 장영희, 정미라, 엄정애(2012). 유아교육개론. 경기: 양서원.

이영, 이정희, 김온기, 이미란, 조성연, 이정림, 박신진, 유영미, 이재선, 신혜원, 나종혜, 정지나, 문영경(2017). 영유아발달. 서울: 학지사.

이현순(1991). 극놀이 영역에서의 교사의 개입이 유아의 놀이 지속시간에 미치는 영향. 유아교육연구, 11(1), 185-198.

임우영, 안선희(2011). 유아교사-부모 협력과 교사-유아 상호작용 간의 관계. 미래유아교육학회지, 18(4), 323-350.

임효진, 선혜연, 황매향(2016). 교육심리학. 서울: 학이시습.

정옥분(2014). 발달심리학(개정판). 서울: 학지사.

최선희, 황혜정(2011). 교사-유아 간 상호작용과 유아의 부적응 행동과의 관계. 어린이미디어연구, 10(3), 1-18.

최일선, 박해미, 이진화(2013). 영유아 교사를 위한 교재 교구 연구 및 지도법. 서울: 교육아카데미.

한국형 발달지체 영아 조기개입 모형개발 및 현장타당화연구팀(2018). 한국형 발달지체 영아 조기개입 매뉴얼: 이론과 실제. 경기: 공동체.

한솔교육연구원(2014). 한솔교육이론. 서울: ㈜한솔교육.

한솔교육희망재단(2016). 도담뜰 한솔교육희망재단 중점프로그램. 서울: 나눔사.

Ainsworth, M. D. S., Bell, S. M., & Stayton, D. F. (1974). Infant-mother attachment and social development: Socialization as a product of reciprocal responsiveness to signals. In M. P. M. Richards (Ed.), *The integration of a child into a social world* (pp. 99-135). New York: Cambridge University Press.

Atkinson, J. W. (1964). *An introduction to motivation*. Princeton, NJ: VonNostrand.

Baldwin, V. L., Fredericks, H. D., & Brodsky, G. (1973). *Isn't it time he outgrew this? A training program for parents of restarted children*. Springfield, IL: Charles C. Thomas Publisher.

Berk, L. E. (2006). *Child development* (7th ed.). New York: Allyn & Bacon.

Bornstein, M. H., & Arterberry, M. E. (2003). Recognition, discrimination and categorization of smiling by 5-months old infants. *Developmental Science, 6*(5), 585-599.

Bredekamp, S. (1993). Myths about developmentally appropriate practice: A response to Fowell and Lawton. *Early Childhood Research Quarterly, 8*, 117-119.

Bruner, J. (1974). From communication to language: A psychological perspective. *Cognition, 3*, 255-277.

Bruner, J. (1983). *Child talk*. New York: Norton.

DEC. (2014). Recommended practices in Early intervention/Early Childhood Special Education. http://www.dec-sped.org/recommendedpractices.

De Kruif, R. E. L., McWilliam, R. A., Ridley, S. M., & Wakely, M. B. (2000). Classification of teachers' interaction behaviors in early childhood classrooms. *Early Childhood Research Quarterly, 15*(2), 247-268.

De Wolff, M. S., & van Ijzendoorn, M. H. (1997). Sensitivity and attachment: A meta-analysis of parental antecedents of infant attachment. *Child Development, 68*(4), 571-591.

Dombro, A. L., Jablon, J. R., & Stetson, C. (2011). *Powerful interactions: How to connect with children to extend their learning*. WA: National Association for the Education of Young Children.

Downer, J., Sabol, T. J., & Hamre, B. (2010). Teacher-child interactions in the classroom: Toward a theory of within-and cross-domain links to children's developmental outcomes. *Early Education and Development, 21*(5), 699-723.

Dunn, J., & Cuting, A. L. (1999). Theory of mind, emotion understanding, language, and family background: Individual differences and interrelations. *Child Development, 70*(4), 853-865.

Dunst, C., Mahoney, G., & Buchan, K. (1996). Promoting the cognitive competence of young children with or at-risk for developmental disabilities. In S. Odom & M. McLean (Eds.), *Early intervention for infants and young children and their families* (pp. 159-195). Austin, TX: PRO-ED.

Edward, S. E. (2004). 힐가드와 애트킨슨 심리학(제14판) [*Atkinson and Hilgard's introduction to psychology: Essentia* (14th ed.)]. (장현갑, 이진환, 신형정, 정봉교, 이광오, 정영숙 공역). 서울: 박학사. (원저는 2003년에 출판).

Erikson, E. H. (1960). Youth and the life cycle. *Children, 7*, 43-49.

Erikson, E. H. (1963). *Childhood and society* (2nd ed.). New York: Norton.

Galinsky, E. (2010). *Mind in the making: The seven essential life skills every child needs.* New York: HarperStudio.

Gates, M. K. (2007). *Differences in parenting styles and responsiveness: A comparison of mothers and fathers of toddlers.* Alberta, Canada: University of Alberta.

Gestwicki, C. (2007). *Developmental appropriate practice: Curriculum and development in early education* (3rd ed.). MA: Thomson Delmar Learning.

Girolametto, L., Pearce, P. S., & Weitzman, E. (1996). Interactive focused stimulation for toddlers with expressive vocabulary delays. *Journal of Speech, Language, and Hearing Research, 39*(6), 1274-1283.

Hamre, B., Hatfield, B., Pianta, R., & Jamil, F. (2014). Evidence for gerneral and domain specific elements of teacher-child interactions: Associations with preschool children's development. *Child Dvelopment, 85*(3), 1257-1274.

Hatch, A., Bowman, B., Jor'Dan, J. R., Morgan, C. L., Hart, C., Soto, L. D., Lubeck, S., & Hyson, M. (2002). Developmentally appropriate practice: Continuing the dialogue. *Contemporary Issues in Early Childhood, 3*(3), 439-457.

Hestenes, I., Kontos, S., & Bryan, Y. (1993). Children's emotional expression in child care centers varying in quality. *Early Childhood Research Quarterly, 8*(3), 295-307.

Hughes, F. P. (2010). *Children, play, and development* (4th ed.). CA: SAGE Publication.

Kail, R. V. (2008). 아동과 발달(제4판) [*Children and their development* (4th ed.)]. (권민균, 김정민, 최형성 공역). 서울: 시그마프레스. (원저는 2006년에 출판).

King, N. R. (1979). Play: The kindergartner's perspective. *Elementary School Journal, 80*, 81-87.

Kontos, S., & Wilcox-Herzog, A. (1997). Teachers' interactions with children: Why are they so important? Research in review. *Young Children, 52*(2), 4-12.

Kuhl, P. K., Tsao, F. M., & Liu, H. M. (2003). Foreign-language experience in infancy: Effects of short-term exposure and social interaction on phonetic learning. *Proceedings of the National Academy of Sciences, 100*(15), 9096-9101.

Landry, S. H., Smith, K. E., Swank, P. R., & Miller-Loncar, C. L. (2000). Early maternal and child influences on children's later independent cognitive and social functioning. *Child Development, 71*(2), 358-375.

Lenneberg, E. H. (1967). *Biological foundations of language*. New York: Wiley.

Lewis, M. (2008). The emergence of human emotions. In M. Lewis, J. M. Haviland-Jones, & L. F. Barrett (Eds.), *Handbook of emotions* (pp. 304-319). New York: The Guilford Press.

Lorenz, K. Z. (1952). *King Solomon's ring*. New York: Crowell.

Lorenz, K. Z. (1965). *Evolution and the modification of behavior*. Chicago, IL: University of Chicago Press.

Luby, J. L., Barch, D. M., Belden, A., Gaffrey, M. S., Tillman, R., Babb, C., Tomoyuki, N., Hideo, S., & Botteron, K. N. (2012). Maternal support in early childhood predicts larger hippocampal volumes at school age. *Proceedings of the National Academy of Sciences, 109*(8), 2854-2859.

MacDonald, J. (1985). Language through conversation: A model for language delayed persons. In A. Rogers-Warren & S. Warren (Eds.), *Teaching functional language*. Austin, TX: PRO-ED.

MacDonald, J., & Gillette, Y. (1984). Conversational engineering. *Educational Seminars in Speech and Language, 5*(3), 171-183.

MacLean, P. D. (1990). *The truine brain in evolution: Role in paleocerebral functions*. New

York: Plenum Press.

Mahoney, G. (1999). *The Maternal Behavior Rating Scale-Revised* (unpublished). Available from the author, Mandel school of Applied Social Sciences, 11235 Bellflower Rd., Cleveland, OH 44106-7164.

Mahoney, G., Boyce, G., Fewell, R., Spiker, D., & Wheeden, C. A. (1998). The relationship of parent-child interaction to the effectiveness of early intervention services for at-risk children and children with disabilities. *Topics in Early Childhood Special Education, 18*(1), 5-17.

Mahoney, G., Kim, J. M., & Lin, C. (2007). Pivotal behavior model of developmental learning. *Infants & Young Children, 20*(4), 311-325.

Mahoney, G., & MacDonald, J. (2008). 부모와 교사를 위한 반응성 교수 교육과정 (*Autism and developmental delays in young children: The responsive teaching curriculum for parents and professionals*). (김정미 역). 서울: 학지사. (원저는 2007년에 출판).

Mahoney, G., & Perales, F. (2002). *Pivotal developmental behaviors: Implications for early development and intervention.* Presented at the Conference on Research Innovations in Early Intervention. San Diego, CA., February, 2002.

Mahoney, G., & Perales, F. (2010). 발달 레인보우: 연령별 영유아 발달 프로파일 (*Developmental rainbow: Early childhood development profile*). (김정미 역). 서울: 학지사. (원저는 1996년에 출판).

Mahoney, G., & Perales, F. (2021, 출판중). RT 반응성 상호작용 교수 (*Responsive teaching: Relationship-based developmental intervention*). (김정미 역). 서울: 학지사. (원저는 2019년에 출판).

Mahoney, G., Robinson, C., & Powell, A. (1992). Focusing on parent-child interaction: The bridge to developmentally appropriate practices. *Topics in Early Childhood Special Education, 12*(1), 105-120.

Mahoney, G., & Wheeden, C. A. (1999). The effect of teacher style on interactive engagement of preschool-aged children with special learning needs. *Early Childhood Research Quarterly, 14*(1), 51-68.

Mahoney, G., Wheeden, C. A., & Perales, F. (2004). Relationship of preschool special education outcomes to instructional practices and parent-child interaction. *Research in Developmental Disabilities, 25*(6), 539-558.

Maslow, A. (1970). *Motivation and personality* (2nd ed.). New York: Harper & Row.

McCollum, J. A., Ree, Y., & Chen, Y. (2000). Interpreting parent-infant interactions: Crosscultural lessons. *Infant and Young Children, 12*, 22-33.

McWilliam, R. A. (2010). *Routines-based early intervention: Supporting young children and their families*. Baltimore, MD: Paul H. Brookes.

Morales, M., Mundy, P., Delgado, C. E. F., Yale, M., Messinger, D., Neal, R., & Schwartz, H. (2000). Responding to joint attention across the 6-through 24-month age period and early language acquisition. *Journal of Applied Developmental Psychology, 21*(3), 283-298.

Nelson, C. A. (1999). How important are the first years of life? *Applied Developmental Science, 3*(4), 235-238.

Nelson, K. (1973). Structure and strategy in learning to talk. *Monographs of the Society for Research in Child Development, 38*(1-2, Serial No 149), 136.

O'Conner, E., & McCartney, K. (2007). Examining teacher-child relationships and achievement as part of an ecological model of development. *American Educational Research Journal, 44*, 340-369.

OECD. (2012). *Education and Social Progress (ESP) Project Update, 25-26 October 2012*. Paris: OECD.

Papalia, D, E., & Olds, S. W. (1998). *Human development* (7th ed.). New York: McGraw-Hill.

Piaget, J. (1954). *The construction of reality in the child*. New York: Basic Books.

Piaget, J. (1963). *The psychology of intelligence*. Totowa, NJ: Little field, Adams.

Rubin, K. H., Fein, G. C., & Vandenberg, B. (1983). Play. In P. H. Mussen (Ed.), *Handbook of child psychology* (4th ed., pp. 693-774). New York: Wiley.

Santrock, J. W. (2004). *Child development: An introduction* (10th ed.). New York: McGraw-Hill.

Scammon, R. E. (1930). *The measurement of man* (pp. 171-215). Minneapolis, MN: University of Minnesota Press.

Shaffer, D. R. (1993). *Developmental psychology: Childhood & adolescence* (3rd ed.). CA:

Brooks/Cole.

Shelov, S. P., & Altmann, T. R. (2009). *Caring for your baby and young child: Birth to age 5* (5th ed.). New York: Bantam Books.

Shonkoff, J. P., & Phillips, D. A. (2000). *From neourons to neighborhoods: The science of early childhood development.* WA: National Academy Press.

Skinner, B. F. (1938). *The behavior of organisms: An experimental analysis.* Englewood Cliffs, NJ: Prentice-Hall.

Spiker, D., Ferguson, J., & Brooks-Gunn, J. (1993). Enhancing maternal interactive behavior and child social competence in low birth weight, premature infants. *Child Development, 64*(3), 754-768.

Thomas, A., & Chess, S. (1986). The New York longitudinal study: From infancy to early adult life. In R. Plomin & J. Dunn (Eds.), *The study of temperament: Change, continuities, and challenges.* Hillsdale, NJ: Erlbaum.

Vygotsky, L. (1978). *Mind in society.* Cambridge, MA: Harvard University Press.

Weiner, B. (1980). *Human motivation.* New York: Holt, Rinehart & Winston.

Wilcox-Herzog, A., & Ward, S. L. (2004). Measuring teachers' perceived interactions with children: A tool for assessing beliefs and intentions. *Early Childhood Research and Practice, 6*(2), 1-13.

Wittmer, D. S., & Petersen, S. H. (2011). 영아 발달과 반응적 교육: 관계중심 접근법 (*Infant and toddler development and responsive program planning: A relationship-based approach*). (이승연, 김은영, 강재희, 문혜련, 이성희 공역). 서울: 학지사. (원저는 2006년에 출판).

Zeanah, C. H., Fox, N. A., & Nelson, C. A. (2012). The Bucharest Early Intervention Project: Case study in the ethics of mental health research. *Journal of Nervous and Mental Disease, 200*(3), 243-247.

A Review of the Universe-Structures, Evolutions, Observations, and Theories. http://universe-review.ca/R10-16-ANS12.htm

KOSIS 국가통계포털(2018). 2018년 통계자료.

찾아보기

내용

저자 소개

김정미 Ph.D(jeongmeex@hanmail.net, http://www.rtinkorea.com)

중앙대학교 심리학과 발달심리전공 박사 졸업

미국 Case Western Reserve University, MSASS 박사후 연구원

백석예술대학교 사회복지학부 영유아보육전공 교수

㈜한솔교육 한솔교육연구원 원장

현 한국RT센터 대표

　　한양대학교 대학원 아동심리치료학과 겸임교수

주요 저 · 역서

놀이중심 반응성 상호작용 교수법 2_실제편(학지사, 2021)

부모–아동 상호작용 증진을 위한 RT 반응성 교수 교육과정(역, 학지사, 2021)

놀이 상호작용 관찰 평가를 위한 K–MBRS & K–CBRS 부모–아동 상호작용 행동평가(인싸
　　이트, 2020)

CIBT 아동상호작용 검사(인싸이트, 2019)

아이의 잠재력을 이끄는 반응육아법(한솔수북, 2017)

RT 부모교육: 영유아 반응성 상호작용 중심(공저, 창지사, 2013)

K–MBRS & K–CBRS 부모아동 상호작용 행동평가(인싸이트, 2012)

K–CDI 아동발달검사(인싸이트, 2010)

발달 레인보우: 연령별 영유아 발달 프로파일(역, 학지사, 2010)

부모와 교사를 위한 반응성 교수 교육과정(역, 학지사, 2008)

2020년 어린이집 평가지표와 2019년 개정 누리과정 반영

놀이중심 반응성 상호작용 교수법 1_이해편(2판)
Play-Based Responsive Teaching
for Early Childhood Teachers (2nd ed.)

2020년   2월 28일 1판 1쇄 발행
2021년   1월 30일 2판 1쇄 발행

지은이 • 김정미
펴낸이 • 김진환
펴낸곳 • ㈜**학지사**

　　　　　04031 서울특별시 마포구 양화로 15길 20 마인드월드빌딩
대표전화 • 02-330-5114　　팩스 • 02-324-2345
등록번호 • 제313-2006-000265호

홈페이지 • http://www.hakjisa.co.kr
페이스북 • https://www.facebook.com/hakjisa

ISBN 978-89-997-2269-1 93370

정가 22,000원

출판 · 교육 · 미디어기업 **학지사**

간호보건의학출판 **학지사메디컬** www.hakjisamd.co.kr
심리검사연구소 **인싸이트** www.inpsyt.co.kr
학술논문서비스 **뉴논문** www.newnonmun.com
원격교육연수원 **카운피아** www.counpia.com